JN117032

俺のダチ。

MINORU SUZUKI　　Dear My Friends

ワニブックス

前書き

――この本は、これまで『KAMINOGE』（玄文社）や『Sports Graphic Number』（文藝春秋）で行ってきた鈴木さんの対談を集めた本ですけど、ここでは前書き代わりに鈴木さんのピンのインタビューを行わせていただけたらと思います。

鈴木 いきなり対談じゃねえじゃん（笑）。

――一応、この本の聞き手と構成を務めたボク（ライター、堀江ガンツ）との対談ということで。ボクも「俺のダチ」に入れてもらってよろしいでしょうか？（笑）。

鈴木 まあ、ガンツとの付き合いも長いからね。それでいいよ（笑）。

――対談では35年のキャリアの中で出会ったバラエティ豊かな人たちが出てきてますが、本書を読み返すとあらためて鈴木さんは出会いに恵まれた人だなと思いました。

鈴木 それは自分でも思うね。プロレスラーを目指してから自分の性格が変わって、いろんな人と出会うことで人生が開けた気がする。俺は子どもの頃、ガキ大将的なポジションにいたはずなのに、小学校高学年ぐらいになってから仲間はずれにされるようになったんだよ。鬱陶しがられたんだろうね。そこからは、ひとりで絵を描いたり、プラモデルを作ったりして、引きこもる子どもだった。好きだったプロレスを観に行くのもひとりだったしね。

――今の鈴木さんからは想像がつかないですね。

鈴木　それが中3の1学期に自分の中で大事件が起こるんだよ。新日本プロレスで『第1回IWGPリーグ戦』が行われて、その決勝戦でアントニオ猪木がハルク・ホーガンに失神KO負けして病院送りにされるという、いまでいう「舌出し失神事件」が起こってさ。あれが子ども心にものすごくショックだった。

――無敵のヒーローだったアントニオ猪木が大舞台で醜態を晒したわけですからね。

鈴木　あれを目の当たりにしたあと、親に「俺がレスラーになって猪木の仇をとるんだ！」って本当に言ったんだよね。「うるさいな。そんなこと言ってないで、早く飯食え！」って言われたその日から、急に人との出会いが始まるんだよ。IWGP決勝の3日後、まず金子ジム（スカイジム）の金子武雄《たけお》さんと出会ってね。

――元・日本プロレスのレスラーだった金子さんですね。藤原喜明さんも新日本入るまえ、金子さんのジムで体を鍛えていたという。

鈴木　当時、ウチは酒屋をやってて、たまたま金子さんが買い物に来たんだよね。俺は金子さんの存在なんてまったく知らなかったんだけどさ。そのとき、俺は母親の袖を引っ張りながら、「ねえ、プロレスラーになってもいいでしょ」とか言ってたんだよ。そしたら金子さんが、「坊や、レスラーになりたいのか。おじさんもレスラーだったんだよ」「猪木とか、俺がジムで教えてたんだ」って言われて。でも、全然信用しなかったんだよ。「嘘だあ！　おじさんのことなんか知らないよ」って言ってさ。

――（ジャイアント）馬場さん、猪木さんの先輩ですからね。そりゃ、当時の中学生は知りませんよね。

鈴木　そしたら「俺のジムに来いよ」って言われて、本当に実家のすぐ近くのボディビルジムでね。そこからスカイジムに毎日のように通うようになって、金子さんからプロレスの寝技を教えてもらったんだよ。当時は、いまみたいに柔術や総合格闘技の道場なんてないし、もちろんプロレスを教えてくれるところなんかなかったから、衝撃的でしたね。

――アニマル浜口ジムもまだない時代ですもんね。

鈴木　金子さんのジムで練習するようになって、友達に気を遣って生きていくことをやめたんだよ。「俺が生きる世界はここなんだ」「誰かに仲良くしてもらうために生きてるんじゃない」って、吹っ切れた。そこからプロレスに対して一直線になったね。

――まさに金子さんとの出会いで人生が変わっていったわけですね。

鈴木　本当に人との出会いだね。そしてレスリング部のある横浜高校に入ってからは、高校1年で全国大会に出たとき、国士舘大学の監督でミュンヘン五輪の金メダリストである伊達治一郎《じいちろう》さんに「おまえ、おもしろいから来いよ」って言われて、週末は国士舘大学で練習するようになって。あとはある日、国士舘の道場にゴツい爺さんが来てるなと思ったら、ビクトル古賀さんで。「プロレスラーになりたくて来ているんです」って言ったら、いろんな技を教えてくれて。ビクトル投げや跳びつき腕十字は、ビクトル古賀直伝だからね（笑）。

——すごい運や出会いを引き寄せてますよね。

鈴木 そして新日本に入門してからは、藤原さんに「横浜から来ました、練習生の鈴木です！ 稽古つけてください」って言ったら、「金子さんが言ってたヤツは、おまえか。よし、来い！」って言ってもらえて、そこから強くなるための関節技の練習を毎日するようになってね。また、新日本の合宿所には同い年の船木（誠勝）という先輩がいて、仲良くなっていくことによって自分のプロレスに対する意識がどんどん変わり、縁がまた増えていったんだよ。

——藤原さんや船木さんとの出会いで方向性が決まったことで、デビューから1年足らずで新生UWFに移籍するわけですよね。

鈴木 UWFでは前田（日明）さんに反発して大喧嘩したり、モーリス・スミスという本当に強い人と出会って、手も足も出ないでKOで負けて。自分の弱さを痛感することで、「強くなりたい」という気持ちがさらに強くなって、誰にも言わずにシンサック(・ソーシリパン)さんのジムでキックボクシングの練習をするようになってね。

——UWF解散後は、藤原組に行くことでカール・ゴッチさんとの関係も生まれましたね。

鈴木 藤原組にゴッチさんがコーチとして来るなんて、知らなかったからね。ある日、道場に行ったら「あれ？ なんか外国人がいるな。……あっ！ カール・ゴッチだ！」みたいな。そこから毎日、ゴッチさんと練習するのが楽しくてね。ゴッチさんはまた、教えるのが上手いんだよ。「次、これをやってみろ」って言われてやってみると、「船木はできるな。OK！」「鈴木、おまえはできないけどいいよ。次にいこう」みたいな言い方をしてね。そう言われると俺もムキになって練習して、なんとかゴッチさんを振り向かせようとしていた。のちに、この話を藤原さんにしたら、「ゴッチさん、それはおまえの性格を見てわざと言ってるよ。おまえはそれでも食いついてくるから。ゴッチさんは多分、おまえのこと好きだよ」って言ってもらえたよ。

——そこからゴッチさんが亡くなるまで手紙のやり取りが続くわけですもんね。

鈴木 そのあと、パンクラスでもいろんな出会いがあり、35歳でプロレスの世界に戻ってくるんだけど、そのまえに俺は引退するつもりだった。首をケガして勝てなくなった俺は現役を続けちゃダメだと思い込んでたんだよね。最後に若手時代にさんざん試合した佐々木健介と闘って終わりにしようと思ったら、その試合が中止になった。代わりに（獣神サンダー・）ライガーがパンクラスに出てくることになって、「えっ？　できんのか？」みたいな気持ちはあったけど、あの人の本気度に心が動かされてね。ライガーに触れたことでプロレスがやりたくて仕方なくなって、当時のパンクラスの社長に「俺、パンクラスを辞めて、プロレスがやりたいです」って伝えたんだよ。

――そしてプロレスに戻ることで、さらにいろんな出会いがあり、新たな人生が開けていくわけですよね。

鈴木　プロレスに戻ってはきたものの15年近く離れていたから、誰も知り合いはいなくてね。唯一、同じＵＷＦ系で顔見知りだった髙山（善廣）と仲良くなって、プロレスをどうやればいいいか迷ってた俺にいろんなヒントをくれたんだよ。

――髙山さんもＵインターから全日本に行ったときは苦労したでしょうから、鈴木さんの悩みがわかったんでしょうね。

鈴木　だから、髙山がいなかったら、いまのプロレスラー鈴木みのるはいなかったと思う。そして髙山が「鈴木さん、ノアに行かない？　絶対に面白いと思うんだよ」って誘ってくれて、髙山の橋渡しでノアに参戦してね。そこで小橋建太、秋山準、丸藤正道《なおみち》と出会うことで、俺の知らないプロレスを知ることができた。昔、「新日本は攻めのプロレス」「全日本は守りのプロレス」みたいに言われたけど、その意味がわかったんだよね。そして、自分のプロレスに対する考えがある程度固まったとき、武藤全日本から声がかかったんだよ。

――鈴木さんは、全日本でプロレスラーとして覚醒した感じがありました。

鈴木　そこでも、いろんな出会いが大きかったんだよ。TARUが作った『VOODOO―MURDERS』に触れたことで、プロレスにおけるヒール、悪役について知ることができて。NOSAWA（論外）、MAZADAとの出会いで『GURENTAI』というユニットを組んだことで、また自分のプロレス観が広がった。あとは（アブドーラ・ザ・）ブッチャーとの出会いも大きかったよ。俺は馬場さんに会うことはできなかったけど、ブッチャーを通じて昭和全日本に触れることができた。ブッチャーと対談して、この本に載せたかったくらいだよ。そうやって、いろんな人からいろんなことを学んで、満を持して新日本に戻ってきて今年で12年だからね。

――いろんな要素が合わさって、鈴木みのる像が完成したんですね。

鈴木　出会いが自分を作ってくれた。今回、この本に出てくれた人たちは、みんなそうやって出会ってきた「俺のダチ」なんだよ。

――中村あゆみさんにも出ていただいていますが、あゆみさんとの出会いから『風になれ』

という世界中のファンに愛されるテーマ曲も生まれたわけですしね。

鈴木　高校生のときにファンになった俺のアイドルに曲を作ってもらい、その曲がいまや世界中のプロレスファンに歌われるって凄くないですか？　いま、世界中どこのリングに上がっても、観客が「かっぜ〜に〜なれ〜！」って叫んでくれるからね。

――凄い話だと思いますよ。

鈴木　そうやって、いろんな人が俺の力になってくれたんだよ。それにしても、天龍（源一郎）さんや佐山（サトル）さんといったプロレス界の大御所がいたかと思えば、モーリス・スミス、ジョシュ・バーネットというUFCチャンピオンがいて、中井（祐樹）という柔術界のトップもいれば、葛西純というデスマッチ王もいる。そして、俺のいまのパートナーが最後を締めるって、幅が広すぎるだろう（笑）。

――愛甲猛《あいこうたけし》さんもいますしね。

鈴木　愛甲さんも凄い人だよ。俺の原点である横浜高校の名を全国に轟かせた人だからね。この本を読めば、鈴木みのるという人間がどのようにして形成されてきたかわかると思う。それ以前に、対談自体がどれも単純に面白いから、俺のダチとのダベリをじっくり楽しんでくれ！

CONTENTS

CONTENTS

堀江ガンツ

GANTS HORIE

プロレス・格闘技ライター。『紙のプロレス』編集部を経て、2010年からフリーランスで活動。『KAMINOGE』『Number』『週刊プレイボーイ』『BUBKA』『昭和40年男』ほか、さまざまな媒体で執筆。著書は『闘魂と王道 - 昭和プロレスの16年戦争 -』、電子書籍『GO FOR BROKE “ザ・レスラー”マサ斎藤かく語りき』、玉袋筋太郎との共著『プロレス取調室』シリーズなど。WOWOW『UFC- 究極格闘技 -』やABEMA『プロレスリング・ノア中継』で解説も務める。『KAMINOGE』誌上では鈴木みのるのインタビュー連載「鈴木みのるのふたり言」を長年続けており、連載をまとめた書籍『プロレスで〈自由〉になる方法』『ギラギラ幸福論 白の章 黒の章』も出版している。

鈴木みのる×天龍源一郎

多大な影響を与えてくれた男

若かりし頃の鈴木みのるは天龍源一郎に対しても突っ張っていた。そんな鈴木がプロレス界に戻ったときに天龍に言われていまもなお根強く残っている言葉とは？　また、天龍のお店でふたりが殴り合いのケンカをしたエピソードなど、みどころ盛りだくさんとなっている。

写真：菊池茂夫

MINORU
KAZENINARE
1968/6/17
2014
MINORU

「年月が人間を変えるんだなってしみじみ思ったよ（笑）」（天龍）

――今日は「現在の鈴木みのるに多大な影響を与えた男」として、天龍さんに来ていただいたんですよ。

天龍 そうなの？ 俺はまた、SWS（注1）時代に全日本系と新日本系がくだらないことで揉めてた、胸くそ悪い話でもするのかと思ったよ（笑）。

鈴木 それも含めてです（笑）。

――いや、藤原組（注2）時代、SWSの大将である天龍さんに、あれだけ反発していた鈴木さんが、どのようにして「影響を受けた」と言うようにまでなったのか、そこを掘り下げたいんですよね。

天龍 俺もそこは聞きたいね。一体、何があったの？（笑）。

鈴木 まず、最初に天龍さんとお会いしたのは、プロレス大賞（注3）の授賞式なんですよ。まだ俺が新日本の若手だったとき。

天龍 何年ぐらいの話？

鈴木 88年か89年でしたね。

――天龍革命（注4）のまっただ中ですね。

鈴木 確か、天龍さんが2年連続か3年連続でMVPを獲ったときだったと思うんですよ。

天龍 棚橋（弘至）やオカダ（・カズチカ）がいなかったから獲れたんだろうね（ニヤリ）。

――いやいや（笑）。

鈴木 その授賞式の歓談タイムに、天龍さんのほうから声をかけてもらったんです。天龍さんから「お！ 鈴木実だ！ 俺、『週プロ』でおまえのことを知ってるよ」とか言われて、「ありがとうございます」と言いながら、「天龍が俺の名前を知ってるぞ〜!」みたいな(笑)。

――それは、若手にとってうれしいでしょうね。

鈴木 うん。で、ちょっと離れたところで、ジャンボ鶴田さんがずっとケーキを食ってるっていう(笑)。

――マイペースで(笑)。

鈴木 その次に会ったのが、SWSのときなんですよ。

――鈴木さんが一番突っ張っていた頃ですね。

鈴木 突っ張ってましたね。まだ若手のくせに、凄いことをやってる人とか、評価されてる人に対して、いつも「この野郎!」っていう気持ちがあったんですよ。ホント、すいません(笑)。

――自分より評価されている人に対して、無闇に噛み付いていた(笑)。

鈴木 俺なんかデビューして3年くらいだし、天龍さんは凄く上の存在なんだけど、なんか悔しかったんだよね。例えば、俺が誰かの顔面を蹴っても「また、あいつやりやがった」ぐらいにしか思われないのが、天龍さんの顔面蹴りは「すげえ!」って言われることに対しても反発してたりしてたんで。

――それプラス、SWSに合流するということについても、何か思いがあったりしたんですか?

鈴木 最初は藤原さんにくっついていったんだけど、やっぱりおごった気持ちをUWFを経由して持っていたんだよね。「俺のほうが凄いのに、俺たちのほうが凄いことやってんのに、なんだよ」っていう気持ちが、SWSに参加してから全員に対してありましたね。

天龍 あれはどういう経緯で俺たちがやっているプロレスのところに合流することになったの?

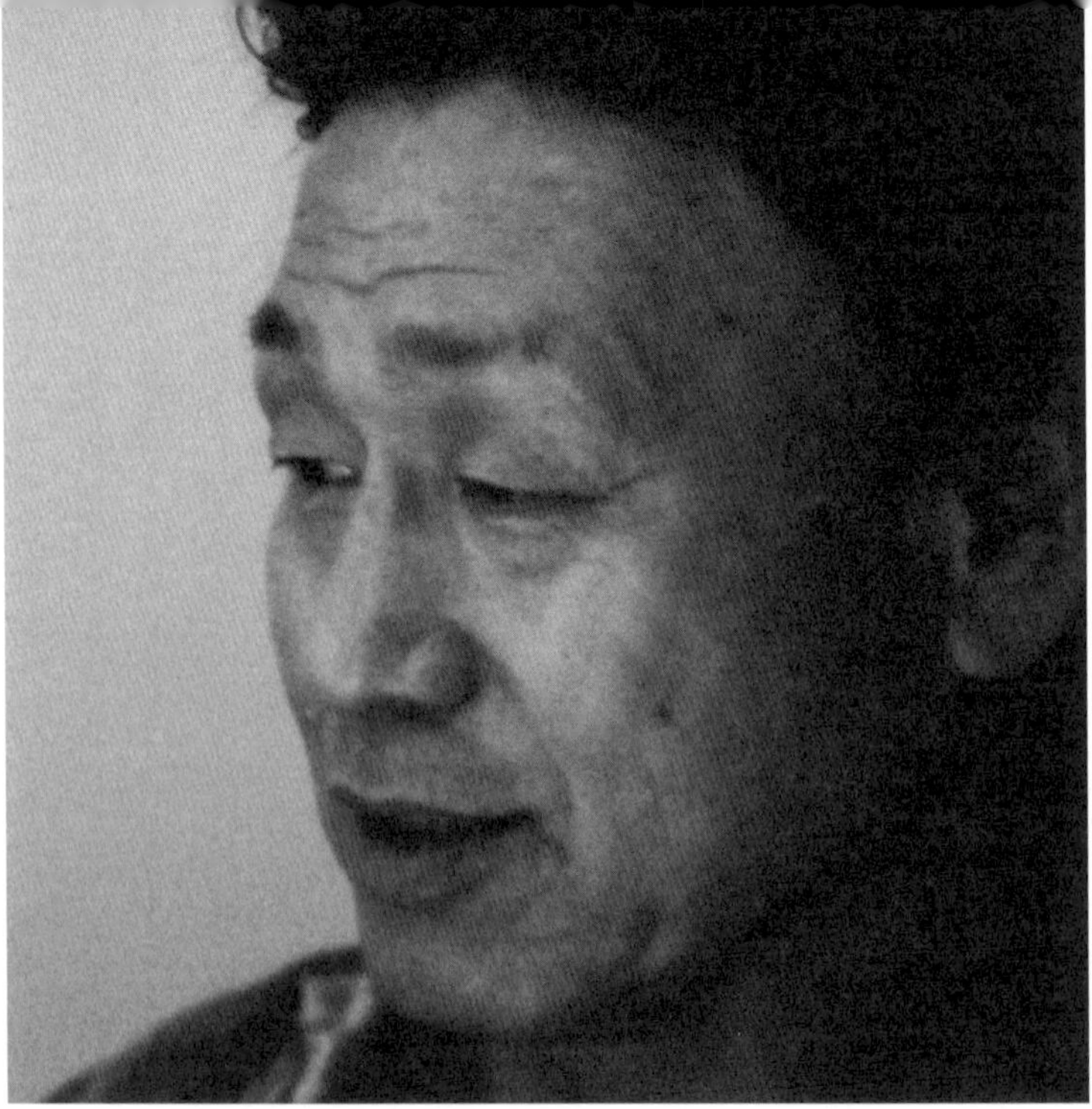

鈴木　ＵＷＦが分裂したとき、船木（誠勝）と一緒に藤原（喜明）さんのところに相談に行ったんですよ。それで藤原さんが、「ＳＷＳの田中八郎社長が道場を用意してくれるっていうから、一緒にやらねえか」って言ってくれて。「どういうカタチでやるんですか？」って聞いたら、「いや、ＳＷＳとは別だ」って最初は言ってたような気がします。

天龍　そうだったんだ。

――ところが別々の団体のはずが、ＳＷＳのビッグマッチになると関連会社として一緒にやることになったわけですよね。

天龍　俺が最初に田中八郎氏と会って話をしたとき、田中八郎氏の意見と俺の目指しているプロレスには、微妙にズレがあったんだよね。田中八郎氏は「ＵＷＦみたいな真剣なスポーツを目指している」って言うから、「だったら俺じゃなくて、前田日明選手をスカウトしたらいいじゃないですか」って、捨て台詞を言ったのを憶えてますよ。そしたら田中八郎氏は、「いやいや、そうじゃなくて、プロレスもやりたいんです」って言うから、「だったら、理解できますよ」って話が落ちついたんだよね。だから、当初からSWSは鈴木選手が言ったような試合もやっていきたいし、それと同時に、プロレスにも興味があったというのが正直なところだったと思うんだよね。

――プロレスとUWFの両方を握るという。

天龍　両方握るのはいいんだけど、それが別々じゃなくて、メガネスーパー本体のリングで、一緒に闘えばいいじゃないかっていう、その究極が神戸大会（注5）だったと思うんだよね。まだ、コミュニケーションも何もなくて、お互い、UWF（藤原組）は自分のスタイルを崩さないし、プロレス側はプロレス側で「ふざけんな」って思ってたんだから。また、お互いが「自分たちを応援してくれたファンを裏切れない」って思ってたから、よけいに譲れない部分が大きかったんだよね。

――なるほど。

天龍　とくに、鈴木選手とか若い選手のほうが、抵抗は大きかったと思うよ。プロレスにいろんな意味で嫌気が差して、自分たちのやりたいことを始めたのにさ、またプロレスをやらなきゃいけないってことに、まだ葛藤があったと思う。ファンに言ってきたことと、違うことをやるわけだからね。

鈴木　あの頃は、プロレスをやるのがカッコ悪いと思ってたんですよ。要はまだ本当にガキだったんで、「自分の理想を追っている」という姿を、人に描いてもらった気持ちよさがあったんです。やっぱり、そういう人間は他人とぶつかりますよね。いま、俺の前にそういうヤツがいたら、間違いなくぶん殴るもん。

天龍　俺、いまの鈴木選手のいろんな話を聞いていて、年月が人間を変えるんだなってしみじみ思ったよ（笑）。

鈴木　ハハハハ！　少しは大人になりました（笑）。

天龍　やっぱり、人生の中で「この野郎」と思いながらも何もできない自分がいて、それを乗り越えて、乗り越えて、こんにちの鈴木みのるがあるんだなって。本当に含蓄《がんちく》のある言葉だと思いますよ。俺も若いとき、ウチの女房に「あんたね、男の意地なんて所詮自己満足なんだよ！」って言われたことがあるんだけど、その言葉が若い頃の鈴木選手にもピッタリとハマると思ってね。

鈴木　そうですね（笑）。

天龍　「ふざけんなよ！」って思いながらプライドを貫いてるんだけど、それはもう男の自己満足なんだよ。

――天龍さんも若い頃、そういう部分があったんじゃないですか？　だからこそ、いつも不機嫌だったというか。

天龍　理想を求めながら、理想じゃない自分との葛藤があって、それで不機嫌になっちゃったんだよね。プロレスがうまくいかないとき、周りから「プロレスはそんな簡単なもんじゃねえよ」とか言われると、「何が簡単じゃねえだよ、ふざけやがって」って思ってね。それまで相撲でガチンコでやってきた自分っていうのがいるから、なんかやられたら、最後はガチンコでやって逆転してやればいいやっていう心根《こころね》は持ってましたよ。そんな客はそっちのけの自己満足な自分がいて、鬱憤《うっぷん》が溜まってましたね。
――そして鈴木さんは、突っ張っていたからこそ、SWSと藤原組が一致団結していくために組まれた懇親会でも、天龍さんの酒を断《ことわ》ったりしたんですよね（笑）。
鈴木　そんなこともあったなあ。なんか恥ずかしくなってきたな、ハハハハ！　あれは銀座のクラブですよね？
天龍　いや、赤坂だよ。そこに田中八郎氏が藤原組とSWSの選手を呼んで懇親会を開いたんで、俺は船木選手とか鈴木選手にも「飲もうよ」って誘ったんだけどね。船木選手は飲んだけど、鈴木選手だけは「いや」って断ってね。「この野郎！　コミュニケーションのための場だろうが！」って思ったのは憶えてますよ。
鈴木　詳しく話すと、「まあまあ座れよ」って言われたんで、「お疲れ様です」って言って座ったんですけど、「まあ、飲めよ」って言われたから、「車で来たんで、お酒は無理です」って断ったの。で、「だったら車置いてけよ」って言われたんだけど、「いや、明日練習があるから無理です」って言って。「おまえ、明日の練習と俺が注《つ》ぐ酒、どっちが大事だ？」って聞かれて、「練習に決まってんじゃないですか！」って言って、バーンと立ち上がって、「失礼します」って言ったら、天龍さんが「帰れ！」って。
天龍　ああ、そう（笑）。
鈴木　はい。俺は鮮明に憶えてますね。で、帰ろうと思ったら、酔っ払った折原昌夫がトイレから出てきて、「向こう行け！」って突き飛ばしたんですよ（笑）。
天龍　たぶんね、「この野郎、俺の酒が飲めないのか！」っていうのは、相撲の世界でよくあったから、そこから出てきた言葉だよね。

鈴木　あの頃は、ＳＷＳの人たちを敵視しかしてなかったんですよ。俺たちがやってることと、いわゆる「プロレス」は別だと思ってたから、同じ業界の人間だとも思ってないし、一緒に団体を盛り上げる気持ちもない。だから変な話、その敵の総大将が天龍さんだから、「こんな酒が飲めるか！」っていう気持ちがあったというか……すいませんでしたッ！

――アハハハハハ！

天龍　あのときはおもしろかったな、ホント（笑）。でも、いまにして思うと、あのときがあったから、いまこうして語り合うことができる。あれがあったから、「ああそうだったのか」ってわかるんだよね。

鈴木　突っ張ってましたね。

――でも、お酒の席でもそれぐらい突っ張ってたら、そりゃリング上ではまったく譲らないですよね。

鈴木　和《なご》みはない。

――天龍さんは鈴木さんの当時の試合を観て、どう思いましたか？

天龍　いや、ＳＷＳの頃は、ほとんど観たことなかったね。

鈴木　知ってるのは、もめ事を起こしたということぐらいで（笑）。

天龍　噂で聞くと「俺たちが仕掛けていくと、屁をかましてて、自分の好きなことばっかりやってきて、ブーたれますよ」っていうのは聞いたことがある。でも、「相手はＵＷＦだからしょうがないんじゃないの？」って、そのブーたれた選手に言ったのは憶えてますよ。俺のほうは、ＳＷＳのリングに上がってるんだったら、それなりのことは理解してるんじゃないかとは思ってたんだけど……。そこは鈴木選手に聞いたほうがいいんじゃない？　そんなことまったく思ってなかったかもしれないけど（笑）。

鈴木　はい……思ってなかったです（笑）。

――全然、理解してなかった（笑）。

鈴木　もうなんか、当時は一緒にいいものを作ろうという感覚がまったくなかったんですよね。あの頃はひねくれてたんで、すべて被害妄想というか、なんかちょっと言われただけで、なんでも高圧的に聞こえちゃうんですよ。だからSWSの誰が何を言っても、「ふざけんな、この野郎！」としか思っていなかったのも事実で。

天龍　でも、それは裏で藤原選手がいろんな人に頭下げて謝ってくれたり、取り繕ってくれたりしたから、できたんだよね。

鈴木　はい。当時はそれをまったく知らずに、突っ張ってたんですよ。それで藤原さんに、「おまえなぁ、少しは向こうのことを考えろ」って言われても、「なんで藤原さんが向こうの肩持つんですか？」みたいに言い返して、藤原さんとケンカ始めちゃって（笑）。

――藤原さんは俺たちの味方じゃないんですか？　っていう。

鈴木　そんなことばっかり言ってるから、藤原さんもだんだん面倒くさくなって、「おまえらなんか知らねえ、出ていけ！」って最後別れたんですよ。

天龍　ああ、そう！

鈴木　それが藤原さんの最後の言葉です。もう……親子ゲンカだよね（苦笑）。

天龍　あの頃の藤原選手は、船木選手や鈴木選手という自分の団体の若い選手たちと、SWSの田中八郎氏とのあいだに挟まって、苦労したと思うよ。若い選手たちのやりたいことをやらせて、彼らの夢をかなえるためには、自分が泥を被ってもしょうがないっていうね。俺も少なからずそういう思いをしているからわかる。でも、いまは藤原選手と和解してるんでしょ？

鈴木　はい、いまは親父と仲直りして（笑）。

天龍　じゃあ、良かったじゃない（笑）。若い頃っていうのは、そういうことがあるんだよ。

——鈴木さんは、「こんな試合やらせやがって、SWSふざけんな！」って言って、天龍さんを怒らせたこともあるんですよね？

鈴木　ああ、あったね。俺が「SWSなんて」って言ったら、それを天龍さんが聞いたか、何かで読んだかして、「SWSって言うな。SWSの中には寝ないでチケット売ってる営業の人たちや、そういう頑張ってる裏方の人たちも含まれるんだ。気に入らないなら、『天龍、気に入らねえ』って言え！」って言われたんですよ。

天龍　ああ、そうだったかね（笑）。

鈴木　そう言われて、ボクは「屁理屈言いやがって」って思ってたんですけどね（笑）。ホント、すいませんでした！

天龍　当時の天龍源一郎は、本当に人間ができていたねえ（笑）。

鈴木　俺は全然、人間ができてなかったな（笑）。

「俺が子どもの頃に夢見ていたプロレスって、こんなんだったっけな？」（鈴木）

——当時は天龍さんも藤原さんも、本当に大変だったでしょうね（笑）。

天龍　いろんな面ですっごい気苦労が多かったね。SWSにいた2年ぐらいは、楽しいと思ってリングに行ったことがなかったもん。待遇の

面は恵まれていたけど、なんか気が重くてね。当時は毎週、水曜日か木曜日にミーティングがあって小田原のメガネスーパー本社に行ってたんだけど、それとは別に選手が次から次にチョロチョロ来て、勝手に田中八郎氏と話をしようとするんだよね。もう「こいつも？」「あいつも？」「あれ？」って、そんな感じで。で、これダメだなと思ったもん。

鈴木　ハハハハ！　いまの超おもしろいですね、これダメだなって（笑）。

天龍　どうすんのこれって。

――それを天龍さんは単なるいち所属選手じゃない立場で、初めて経験したわけですもんね。

天龍　そうだね。全日本でレボリューションを自分でやってた頃も、俺の中では全日本とは別働隊だと思っていて、まずは後楽園を満員にするところから始めて、それがかなってから、ますますプロレスが楽しくなるっていう相乗効果があったんですよ。ジャンボ鶴田っていう対抗馬もいたしね。それをSWSでも目一杯やろうとしたんだけど、リング上以外の気苦労ばっかりだった。リング上でも対抗するヤツがいないし（笑）。

――反発はするけど、対抗する人がいない（笑）。

鈴木　で、みんなで揉めてるときに、また火を点けるヤツがポンと来るわけですよ（笑）。

――それは大変ですね。鈴木さんは当時、マッチメイカーの（ザ・グレート・）カブキさんとかともぶつかったりしたんですか？

鈴木　いや、SWSの人とはあまり会わないので。結局、実際にぶつかったのは藤原さんであって、天龍さんとぶつかったって言っても、何度かあっただけ。あとは頭の中で、SWSや天龍社長に対して「この野郎！」って思ってたくらいですね。

――では、何かあるたびに、〝支店長〟である藤原さんが本社に呼ばれて（笑）。

鈴木　だから当時、藤原さんに対して、「なんだあのオヤジ、全然練習しねえじゃねえか。道場にも来ねえしよ。もういいよ」って思ってたからね。でも、じつは藤原さんは道場に来ないでチケット売りに行ってたんだよ。

――営業に奔走して、自分の練習どころじゃなかったんですね。

鈴木　それはあとになってわかったんだけどね。藤原さんに言われたもん、「おまえあのとき、俺のこと練習しねえって思ってたろ？　チケット売りに行ってたんだぞ」って。藤原組は大きい会場でもやらなきゃいけなかったんで、藤原さんは昔からの知り合いとかタニマチの人たちひとりひとりに会いにいって、買ってもらってたんだって。俺らは一切営業なんかしないで、練習だけしてたんだけどね。

天龍　田中八郎社長とか、メガネスーパーの上の人は、「もっと大きな会場でやってくださいよ」とか平気で言うんだよね。だから、藤原選手もそういうことがあったと思うよ。

――藤原組は東京体育館でやったり、さらに東京ドームでやったりもしてましたからね(笑)。

鈴木　そのたびに、藤原さんは営業にかけずり回ってたんだけど、俺らはそんなことまったく知らずに練習だけやってね。藤原さんの苦労がわかったのは、自分たちでパンクラスを立ち上げようってなったときですよ。最初は団体とか会社なんて、簡単にできると思ってたんだけど、世間知らずだったっていうことを痛感させられたね。お金なんて、銀行に行ったら貸してくれるものだと思ってたのに、俺たちには1万円すら貸してくれない。自分の社会的信用ってそんなもんなんだって。それぐらい世の中をナメてて、プロレス自体をナメてたんだと思うんですよね。そうやって、本当にいちからやったのがパンクラスです。

天龍　でも、自分で苦労して理想の団体を作ったんだから、藤原組の頃より充実感はあったんじゃないの?

鈴木　自分のやりたいことの行き着く先がパンクラスだったんで、自分がいいときは良かったんですよ。でも、続けていくと、自分が相手をやっつけるだけじゃなくて、自分のことをやっつけるヤツも出てくるんです。勝てなくなっちゃったんですね。そのときの俺は「仕方ないな」って思いつつも、「俺が子どもの頃に夢見ていたプロレスって、こんなんだったたっけな?」って思い出しちゃったんですよ。「俺がやりたいことって、本当にこれだったのかな」って。だから、自分が本当はプロレスをやりたいっていうことに、自分自身、薄々は気づいていたんだけど、自分が作ってきた言葉だけのプライドを壊せないでいたんですよね。

天龍　いままで理想を語っていた自分の言葉が呪縛になったんだ。

鈴木　ええ。それで、20代後半で「もう引退するしかない」っていう状態になったというか、「引退しなきゃいけないんだ」って自分で思い込んでたんですね。でも、心のどこかでは「まだやりたい」「プロレスをやりたい」っていう気持ちがあって、そのとき、いろんな偶然が重なって、プロレスに戻ることができたんですよ。

「プロレスに戻ってきたとき、俺はよく戻ってきてくれたなって思ったね」（天龍）

――引退を考えていたときは、やはり「プロレスに戻るのは恥ずかしいことだ」と思っていたわけですか？

鈴木　思ってましたね。

天龍　これは船木選手とも同じようなことを話したことがあるんだけど、パッと辞めればカッコいいっていう思いと同時に、家族を養わなきゃいけない現実だとか、プロレスをやりたい気持ちもあったと思うんだよね。でも、自分が言ってきたことに対する世間体の呪縛もあって、凄い葛藤があったと思うんだよ。だから、鈴木選手や船木選手がプロレスに戻ってきたとき、俺はよく戻ってきてくれたなって思ったね。

鈴木　20代の頃は、カッコいい死に方ばかりを追いかけてたんですよね。でも、どうやったら自分がカッコよく終われるかって考えていたのに、カッコ悪く辞めさせられそうになったんですよ。そのとき、「弱い人間は、辞め方すら選べないんだ」って思ったんです。これじゃいけないと思って、何カ月も毎日頭の中で考えて、「ここでやらなかったら、俺の人生ここで終わりだ」と思って、みんなに「どうしてもプロレスをやりたいんだ」って話したんですよ。

天龍　みんなっていうのは昔の仲間？

鈴木　パンクラスの仲間ですよ。みんなビックリしてましたけど、「どうしてもやりたいんだ」ってことを話したんですね。これをやってダメなら諦めがつくけど、やっぱり俺はプロレスラーになりたくて中学の頃からずっとやってきたのに、大きなプロレスという括《くく》りの端っこだけをやって、まだやってないことがたくさんあるって気づいたんです。それをやってから辞めないと、気が済まないというのがあったんで。

天龍　でも、それは鈴木選手の年齢が答えを出させてくれたんだよ。昔はわからなかっただろうけど、いまになると、（ジャイアント）馬場さんが言ってた「すべてを超えたものがプロレスだ」っていう言葉の意味がわかるでしょ？

鈴木　そうですね（笑）。

天龍　本当にすべてを超えたものだよ、プロレスは。あの頃の馬場さんは地位もお金もあったのに、野外の会場で、虫がいっぱい死んでるようなリングでバーンと受け身を取って、背中にいっぱい虫がついてね。「こんなことやらなくてもいいじゃない」って思うんだけど、やっぱそれを毎日淡々とこなしていくのがプロレスなんだよ。プロレスって、本当に凄いと思うよ。

鈴木選手だって凄いと思うでしょう、いまは？

鈴木　そうですね。

天龍　他のどんなスポーツよりも凄いと思うよ。野球なんて周りのことは会社がすべて用意してくれて、客入りが悪くても親会社がもの凄い額の年俸を保証してくれてね。それだけやってもらったんなら、せめてグラウンドの中では毎試合、お客さんを惹き付けるプレーを見せろよって思いますよ。

――少しはユニフォーム汚せよって（笑）。

天龍　他のスポーツを見てもそう思うよ。みんな過保護でさ。プロレスは売り上げの中から、みんなのファイトマネーを捻出して、大して高くないカネで、命懸けてやってんだよ。バスで全国を回ってさ。子どもが学校に行けば、「おまえはプロレスラーの子どもだろ？」っていじめられて。

鈴木　（天龍プロジェクト嶋田紋奈《あやな》代表に向かって）いじめられた？

紋奈　はい。

鈴木　どういじめられるの？

紋奈　おまえの父ちゃん、血の袋とか入れてんだろうって。

鈴木　ああ。それ俺の親に言われたことある。自分の親に、「あんた何かつけて、血を流したふりしてんの？」って（笑）。

紋奈　親御さんはわからないですもんね。

「プロレスにもう一回チャレンジしたいという気持ちがあったんです」（鈴木）

――でも、そういういろんなことを乗り越えて、プロレスラーとしての自我が作られていくわけ

ですよね。

鈴木　ボクがプロレスに戻るときは、「プロレスに戻る」っていうこと自体が、パンクラスの仲間とか自分自身を裏切ってしまうという気持ちがあったんですよ。でも、パンクラスで築いてきたものとか、これまでの自分とか、すべてを捨ててでもプロレスにもう一回チャレンジしたいという気持ちがあったんです。で、戻ったとき、すぐに控え室で天龍さんと一緒になったんですよ。

――新日本の会場ですか？

鈴木　うん。東京ドーム。そのとき「いままでの自分を捨てなきゃいけない」って思ってたんで、まずは天龍さんに挨拶に行ったんです。俺がのこのこ現われて、何を言われるかわからないけど、過去にひどいことをしたのは絶対に俺だなと思って。ゴマをすりにいくわけでもなく、まず自分の気持ちを天龍さんに開いてみようって。そのときのこと憶えてます？　憶えてないですよね？

天龍　憶えてないね（笑）。

鈴木　で、控え室に挨拶に行って、「若いときにSWSでさんざんお世話になりました。またプロレスをやることになり、一緒の世界でやらせていただくことになったので、よろしくお願いします」って挨拶したのを憶えている。

――鈴木さんはプロレスに戻る通過儀礼として、天龍さんに若い時の非礼を詫びたという。

鈴木　はい、失礼なことをずいぶんやってきたんで。

天龍　アポロ菅原との試合（注6）とかあったからね。かの有名な神戸の大会だよ！（笑）。

――ダハハハハ！　かの有名な（笑）。

天龍　あんなことしたら、普通、新神戸から新幹線で帰れないよ。

――あの大会はめちゃくちゃでしたけど、そもそも鈴木みのるvsアポロ菅原から始まったんですよね（笑）。

天龍　恐ろしいよ。神戸で興行やるのにいろいろ根回ししてたのに、どうすんだよ、これ。こんなヘタ打ってって。俺がビビったよ（笑）。

鈴木　やっぱり、あの頃は頭が凝り固まってて、引くに引けないっていうのがあったんですよね。で、セコンドを見たら、（カール・）ゴッチ（注7）さんが「行け！　行け！」ってやってるんですよ（笑）。

天龍　ゴッチさんが来てたの？

鈴木　あのときは藤原組のコーチで日本に長期滞在してたんで、あの会場にも来てたんですよ。で、ゴッチさんが何か言ってるから、「え、なに？」って聞き返したら、「（相手が）仕掛けてきてる。行け！」って。で、レフェリーの空中《そらなか》（正三《まさみ》）さんも「行け！」って、みんなが煽るわけですよ。

天龍　アポロ菅原もレスリングやってたから、そういうのもあったと思うんだよね。

鈴木　あと、ボクに対して、「この小僧が！」っていうのは絶対あったと思いますよ。キャリアも年齢もずっと上の人なんで。

天龍　大雑把に「この新弟子が！」っていうのがあったかもしれないね。

鈴木　「生意気な！」っていうのはあったと思うんですよね。

天龍　あのときは、「なんかグチャグチャになったみたいですよ」っていう報告が俺のところに来て、「ええ!?」って思ってたら、そのあとに北尾（光司）があれでしょ？　もう、ふざけんなですよ！

――次から次へと問題が起きて（笑）。

天龍　賑やかだったね、あの控え室は（笑）。イスはぶん投げるわ、机は倒すわ。

鈴木　試合後、控え室でボク、真っ先に藤原さんに怒られたんですよ。「おまえはプロなのに、なんで試合を成立させられないんだ。おまえなんかプロ失格だ、辞めちまえ！」って。で、そのあとにゴッチさんがスッと来て、「なんでおまえはあいつをやっつけられねえんだ！」って怒られて。「ええっ!?　全然違うじゃん！」って。

――まったく違う理由で、藤原さんとゴッチさんふたりに怒られて（笑）。

鈴木　ゴッチさんに「もうおまえなんか知らない。一緒に練習しない」って言われて、シュンとなっているときに、控え室の壁がドーンって大きな音がして。何があったのと思ったら、北尾が控え室で暴れてたんですよ。

天龍 イスや机をぶん投げてたんだよな（笑）。

鈴木 そしたら俺が怒られてたことなんて、もうなくなっちゃってたよ（笑）。

――もっと大きな不祥事が起きたために（笑）。

鈴木 そんなことがありましたね。

「客が何を観たいのかを察知することができるレスラーが、いいレスラーなんだ」（天龍）

――じゃあ鈴木さんは、パンクラスを経て、プロレスに戻ってから、いろんなことがわかったわけですか。

鈴木 たぶん自分の視野がホントに狭かったんだろうね。自分の枠内のことしか目に入らなくなってた。その枠を取るのに凄く勇気がいったし。でも、それを一個取ったら、そこからポロポロとどんどん取れていきましたけどね。

天龍 でも、そのときにも葛藤はあるわけじゃない？ そこを乗り越えて考え方が変わったっていうのは、何か環境の変化があったの？ たとえば、結婚したとか、子どもが生まれたとか。

鈴木 いや、一番は自分の身体の変化です。自分のことを強いと思ってたのに、身体を壊してダメになったんですよ。

――パンクラス時代にケガをしたんですよね。

鈴木 そう。首をケガしたら、神経麻痺が出て。腕もこんなに細くなっちゃって。そのときに、いろんなものがガラッと変わりましたね。あと、自分がプロレスに戻って、ちょっとできるようになったときに天龍さんから言われた一言がいまも根強く残ってます。

天龍 何をまたそんな、何も出てこないよ（笑）。

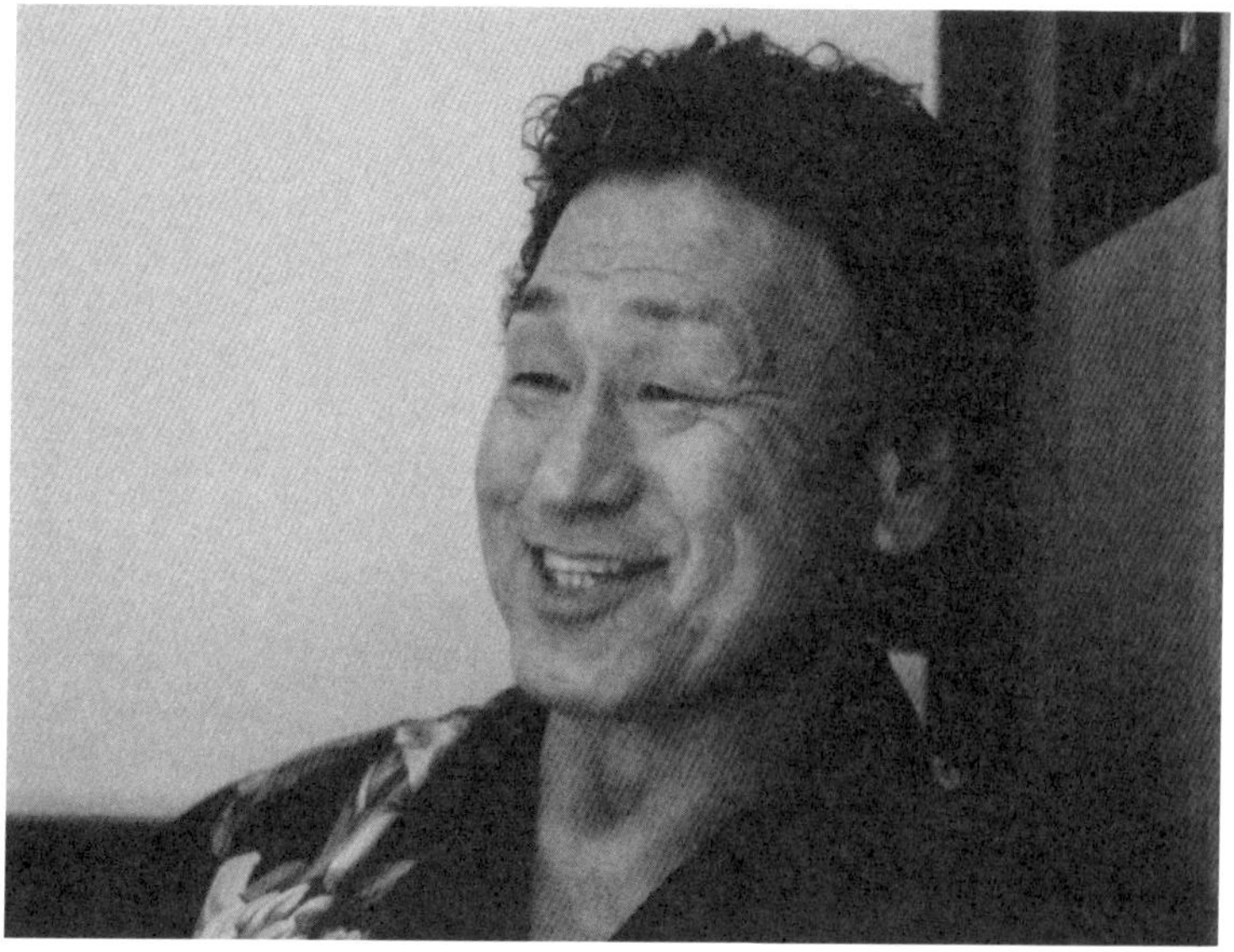

鈴木　大丈夫です、よいしょしているんですから（笑）。そのとき天龍さんに言われたのが、「いいレスラーっていうのは、自分が何をしたいかを見せるレスラーじゃないんだ。客が何を観たいのかを察知することができるレスラーが、いいレスラーなんだ」って言ったんですよ。そんな考え方を一切したことがなかったので、衝撃でしたね。

天龍　ちょっと、これは書かないで。これを読んで、みんなが真似するといけないから。これは俺の奥の手だから（笑）。

――天龍さんのプロレス奥義（笑）。

鈴木　でも、あの一言は本当に衝撃的でしたね。それまで俺は「相手なんか、やっつけちゃえばいいんだ」っていう教えでずっと育ってきたから。自分がどんな技をやるかしか考えてなかったんですよ。プロレスに戻ってきても、どうやればカッコよく見えるかしか考えてなくて、観ている人が何を観たいかを察知するなんて、考えたこともなかった。そっから、徐々に徐々に自分は変わっていったんですよ。考え方自体が変わっていったんで。

――そこからプロレスがおもしろくなっていった感じですか？

鈴木 はい。で、そのちょっと前に、髙山（善廣）がPRIDEでドン・フライと殴り合いをやったんですよ。

天龍 ああ。あれ、アメリカのプロスポーツ界で賞を獲ってるんだよね。俺がたまたまアメリカにいるときにテレビをつけたら、スポーツのゴールデンなんとかって表彰をやっていて、何かと思ったら、髙山とドン・フライなんだよ。「うっそー！　髙山が？」ってなって。

鈴木 あれ、じつは凄い賞らしいですね。

天龍 俺観てて、ビックリしたもん。試合映像も3分ぐらいしっかり流れてね、「髙山がアメリカのテレビ出てるじゃない……」って、あのときは驚いたね（笑）。

鈴木 あの試合について髙山に聞いたら、「客が求めてるのはこういうことでしょ？」って言ったんですよ。髙山は、客が自分に求めていることがちゃんとわかっていて、その上で、たまたまああいうシチュエーションになったから、躊躇《ちゅうちょ》なく殴り合いができたんだよね。

天龍 それがさっき言った、「いいレスラー」ってことなんだよね。逆にダメなヤツは、自己満足で客が求めてることと違うことをやって、そのくせ終わったら、新聞記者に「どうだった？」って聞いたりしてさ。ファッキュー！だよ。

――ダハハハハ！

天龍　おまえ、自分で考えろよって。

鈴木　だから、そんときの高山のものの考え方と、天龍さんがポロッと言った何気ない一言が自分の中に入ってきたときに、なんか変わることができたというか。プロレス自体の考えが変わりましたね。これは本当の話です。

――天龍さんがプロレスに対して、そういう考え方になったのは、きっかけはあったんですか?

天龍　俺の場合は、昔から馬場さんとホテルのレストランなんかで、プロレスの話をすることが多かったんですよ。馬場さんは難しい話はしないんだけど、「プロというのはお客がいて、リング内で俺たちがやることを喜んでくれて初めて成り立つ」っていう話をいつもしてたんだよね。自己満足じゃダメっていうのが基本中の基本だから。

鈴木　俺はそんなこと習ったことなかったな(笑)。

――俺が聞いてるプロレスと違うと(笑)。

鈴木　猪木さんに若手のときに教わったのは、「客はおまえらのケンカを観に来てる」って言われたことなんですよ。「きれいな技なんかどうでもいい。おまえらが本気で殴り合えば、それがプロレスなんだよ」って言われて育っちゃったんですよね。

天龍　でも、それはある意味、全日本でも同じですよ。日プロ出身のカブキさんとか、(グレート)小鹿さん、大熊(元司)さんなんかは、いま鈴木選手が言ったのと同じように「ガンガン行けばいいんだよ」って言ってましたよね。

鈴木　じゃあ、猪木さんが言ってたのは、日プロがそうだったんですかね? (山本)小鉄さんとか、星野(勘太郎)さんにも同じようなことを言われてたんですけど、あのお二人も日プロですからね。

天龍　やっぱり、力道山イズムですよ。

——力道山イズム！　馬場さんは若い頃からアメリカのトップでずっとやってきたんで、ほかの選手と感覚が違ったんですかね。

天龍　そうだろうね。最初から割り切っていたというか、プロレスというショービジネスを理解していたんだろうね。

——じゃあ、馬場さんのほうが特殊なんですね。考え方が帰国子女的というか。

天龍　あと、馬場さんは野球やってたじゃない？　だから、プロレスは自分がやってきたスポーツとは別物っていう考えでやってたんじゃないかな。その根底は力道山先生も同じだと思うけど、自分がやってきたバックボーンがあるから、それとはまったく違う、「お客が望んでいるものを演じる」っていうことを、あれだけできたんだと思うね。でも、猪木さんはそれがないじゃない？　だからガチガチの練習をして、そのあとに殺し合いじゃないよっていうプロレスを見せる。要はバックボーンっていう〝逃げ場〟がないから、ガチガチの練習がプライドになって、それを若い鈴木選手たちに植え付けたんだと思うね。

——馬場さんは「自分は巨人軍の野球選手だった」というよりどころがあるけど、猪木さんはそれがないから、道場での練習をよりどころにするしかなかったと。

天龍　だから、柔道から来た坂口（征二）さんなんかは、馬場さんの考えに近かったと思う。そういうバックボーンがある人って、プロレスの練習は適当にこなすのよ（笑）。必死になってプロレスの練習をしている人で、元柔道日本一とか、オリンピック選手なんていないと思うよ。

――バックボーンがしっかりある人は練習しない（笑）。

天龍　昔は俺もそうだったから。

鈴木　ハハハハハ！

天龍　ホント。「プロレスなんて」って思ってるあいだは、練習なんかしてなかったんだよね。だから猪木さんなんかは、プロレスに一生懸命打ち込んで、それをバックボーンにしていたんだと思う。

――アイデンティティがプロレスしかない人と、バックボーンがある人とでは、プロレスに対する考え方が違うわけですね。

鈴木　俺が若手の頃、長州さんがそうでしたね。俺たちが一生懸命スパーリングしていても、「俺はそんな練習、レスリングでさんざんやってきた。いま俺はプロレスという違うことをやっているから、その練習は俺にはいらない」みたいなことを言ってましたね。

「俺は天龍源一郎よりおもしろい試合をするぞ」（鈴木）

――でも、凄く不思議なのは、鈴木さんみたいに「プロレスなんかじゃなくて、俺はパンクラスをやってるんだ」っていう意識が強かった人や、天龍さんのように「俺は相撲でガチンコで勝ち越してきたんだ」っていう誇りを持っていた人が、どうしてここまでプロレスを好きになったのかなってことなんですよ。

天龍　いや、俺はプロレスの「お客さんの反応あってこそ」っていう部分にハマったんだよね。自分がやった動きに、お客さんがウワッと反応して、その反応を感じて、また仕掛けると、さらにワッと来る。その一体感に対する満足感は何ものにも代えがたいね。これは自分が攻めてるだけじゃなくて、やられてても何でもいいのよ。これが不思議なんだよね。若いときはやってるばかりだったけど、やられている俺を観て、お客がワッとなると、こっちも「おお！　俺に反応してるよ」ってなるんだよ。

――なんでもいいから、客の反応があると燃えてくると（笑）。

鈴木　だって、天龍源一郎という人がハヤブサの格好（注8）をして出てくるんですよ？　HGの格好（注9）をして出てくるんですよ？　腰振ってるんですよ？　それはお客だってビックリするし、天龍さんにしかできないことだよ。絶対にアントニオ猪木はHGの格好はしないし、鶴田さんは絶対にマスクは被らない。あと俺が印象に残ってるのは、神取忍との試合（注10）。

――神取さんをボコボコにして、お岩さんみたいな顔にした試合ですね。

天龍　俺はあれ、神取が化粧落ちただけだと思っているから。

――あれが素顔（笑）。

天龍　メイクが落ちたのを、俺に殴られたって言ってるだけだよ（笑）。

鈴木　でも、俺はあの試合で、天龍さんの覚悟を感じましたね。女子とやると、やっぱり力の差があるんで、大きなケガとか事故があるかもしれないじゃないですか？　だけど、そこをあえていくっていう覚悟の部分を感じたんで。俺も女子とやるときは、あれを超えたいなっていう気持ちはありますよ。そういう気持ちが、このあいだ華名（現・アスカ＝WWE所属）とやったときも実際にあったんで。それも含めて、いろんなところで、「俺は天龍源一郎よりおもしろい試合をするぞ」って思ってるんだけど、いつまで経っても新しいことを次から次へとやるんですよ、天龍さんは。

天龍　一方向しか見せられないと、お客は必ず浮気して、どっかに行っちゃうからね。だから賛否両論あっても、俺は新しいものを見せたいと思ってる。それと同時に、昔からずっと応援してくれている人、うちで旗振ってくれてるヤツらに嘘はつけないなって思ってる俺がいますね。手術をしてからは、「いまの現状はどんなにがんばってもこんなもんなんだよ。でも、許してくれ」って言いながらリングに上がってる俺がいるし、テレビでバカなことをやっても、大げさなことを言えば、それで少しでも被災地の人たちが喜んでくれればいいじゃないのっていう開き直りもある。そういうもんですよ、人生は。

――天龍さんはいろんなことをやってるのに、ちゃんと芯が通ってるっていうのがありますよね。

天龍　それを言われたら、あと求めることはカネだけだね（笑）。

鈴木　ボクは昔はお金の話を出せなかったんですよ。さっき言ったプライドの部分で、「金のためにやってるんじゃない」って、よく言ってたんです。でも、いま本当にお金は大事だと思いますね。お金を稼ぐって、すげえ大変なんだって。

天龍　それと同時に、男が生きていくって大変だよ。長く生きていれば恥も知って。でも、しょうがないんだよね、女房子どもがいれば、養っていかなきゃならないんだから。だからね、俺が電流爆破やったり、ハッスルに出たりすると「あんなことやって」って言う人もいますよ。猪木さんに勝ったときに、スパッと辞めていればカッコよかったかもしれない。でも、もっとプロレスを続けたいっていう俺の気持ちもあって。長く続けていれば、HGに負けたりすること（注11）もあったけど、でも、その代償と言ったらおかしいけど、家族とか周りの人にいろんなものを与えてきたっていう自負はありますよ。あとは見る人がどう感じるか、判断してもらえればいいと思ってるから。

鈴木　まだ現役を続けている先輩レスラーってたくさんいますけど、年間通してシリーズに出てる先輩って、もうほとんどいないんですよ。

天龍　ああ、そうだね。

鈴木　みんな、月に一回とか単発で出るかたちの人ばかりなんですけど、その中でも、試合でボクが1発殴ると、2発返してくるのは、天龍さんと藤原さんだけなんですよ（笑）。

天龍　ああ、そう（笑）。

鈴木　それをよく高山と話してるんです。「あの人たち、まだまだ元気だよな。いまでも俺たちに負けねえって顔してる」って。

――鈴木さんがプロレスに戻ってきて、天龍さんに影響を受けたっていうときの天龍さんの年齢にまだ全然いってないわけですもんね。

鈴木　全然です。新日本で外敵軍やってたとき、天龍さんは50歳を越えてたから。俺はまだまだヤングボーイ、グリーンボーイです（笑）。この前、デビューして26年になったんですけど、その話を先月、藤原さんと話したら、「なんだよ。まだそんだけしかやってねえのかよ」って言われて。「クソジジイ！『26年もよくやってきたな』って言えよ」って思いながら（笑）。ボクの中ではもう特別な存在になっちゃいまし

たね、天龍さんと藤原さんは。

天龍　ああ、そう。それは光栄ですよ。

鈴木　こんだけ言っときゃ、またなんかあるだろう（笑）。

――でも、それだけ天龍さんに対して尊敬の念があるのに、鈴木さんはプロレスに戻ってきたあと、いい歳して酒の席で天龍さんに殴りかかったんですよね？（笑）。

鈴木　あ、その話しちゃう？（笑）。

天龍　あれは俺の店（鮨処 しま田）で鈴木選手と（佐々木）健介と3人で飲んだときだよね。鈴木選手は「このあとサムライTVに出なきゃいけないんで」って、途中で帰ろうとしたんだけど、俺が「いいよ、いいよ。もっと飲めよ」って止めたの。

鈴木　全然憶えてないです（笑）。もうその時点で記憶がないですから。

――テレビ出演を控えてたのに、すでに記憶がないくらい飲んでましたか（笑）。

天龍　俺が「いいじゃん、飲めよ」って言ったら、彼が「わかりました！　今日は飲みますよ」って、付き合ってくれたのよ。

鈴木　やっぱり、若いときにお酒を断ったことがずっと心残りで。じゃあ今日はとことんやろうと思ったのが、違う方面になっちゃった（笑）。

天龍　あのとき、鈴木選手は指輪をしてたんだよね。それで「なんで指輪してんの？」って聞いたら、「いや、べつに意味はないですよ」って言うんだけど。俺は「それで殴ったら、相手が伸びるからやってんだろ？　殴ってみろ」って言ったの（笑）。

――ダハハハハ！

天龍　それで、「いいんスか？」、「いいよ。効きやしねえよ、そんなの」って言ったら、ガーンって思いっきり殴ってきたの（笑）。

――本当に入れちゃった（笑）。

天龍　もうそれで「てめえ、この野郎！」って始まっちゃってね。俺と鈴木選手が大ゲンカしてるとき、健介は止めなきゃいけないのに、カミさんに電話してるんだよ（笑）。

鈴木　俺はあとで聞いたんですけど、電話で「チャコちゃん、どうしよう？　天龍さんとみのるがケンカ始めちゃった」とか言ってたんですよね（笑）。

――カミさんの指示がないとケンカを止められない男（笑）。

天龍　そのとき個室だったんだけど、外のほかのお客にも聞こえるくらいにワーッってやってたらさ、ウチの女将（まき代《よ》）が入ってきて、「あんたら、なにやってんの！　やめなさい！」って一喝して終わったんだよね（笑）。

――鬼嫁じゃなくて、天龍さんの女将さんが止めましたか（笑）。

天龍　でも、鈴木選手はまだ酔っぱらってるからさ、「ふざけんな！」って店を出ていって、外に停めてあった自分の会社の車の窓ガラスを蹴飛ばして、割っちゃったんだよね。

鈴木　それは次の日に目が覚めたあと、会社の人に「昨日のこと憶えてる？」って聞かれて、「酔っ払って憶えてない」って言ったら、「サムライすっぽかして、天龍さんと揉めて、会社の車を壊したんだよ」って言われて、「ああ……」ってなったんですよ。

天龍　それからしばらくサムライから声がかからなくなったんだよね？（笑）。

鈴木　サムライからは4年間まったく声がかかんなかったです（笑）。

――サムライを出禁状態になって（笑）。

天龍　でも、あのとき、カアちゃんに電話してる健介を見て、「なんだよ、おまえが止めてくれよ」って思ったよ（笑）。

鈴木　それが健介ですから。

天龍　そこに「いいかげんにしなさい！」って入って来た、ウチの女将は凄かったけどね。

鈴木　それで確か、次の日に菓子折り持って謝りにいったの。

紋奈　受け取りました。

鈴木　でも、あのときは娘さんだとは思わなくて、「こっちが謝りに来てるのに、若い女連れかよ！」って思ったんだけど、帰りに「ウチの娘だよ」って言われたんだよね（笑）。

天龍　で、あのケンカの話に付け足すとね、あのときのパンチはいいパンチだったよ（ニヤリ）。キレイにチンをとらえていたから。やっぱり、指輪ハメてると効くもんだね。

鈴木　今日はハメてないです。
紋奈　あれから大将は指輪ハメるようになったんですよ。
――ダハハハハ！　そういうときのために（笑）。
天龍　いろんな思い出があるよな。あのとき鈴木選手はいくつぐらいだったの？　俺は40代だったよね？
鈴木　いや、50越えてます。ボクがまだ35ぐらいですから。
天龍　50越えて、酒飲んでケンカしてたんだ（笑）。女房にも「バカじゃないの！」って言われたからね。
紋奈　「あんたがケンカ売ったんやで！」って。
鈴木　それで次の日に天龍さんと奥さんと話をしたとき、「まあね、ウチのは酒飲んで、こんなことばっかりやってるからね。でも、本当に天龍を殴ったの初めて見た」って。
――ダハハハハ！　初めて酒の席で天龍を殴った男（笑）。
鈴木　「すいませんでしたぁ！」って、また謝ってね（笑）。
天龍　おもしろかったね（笑）。
――ハードコンタクトな交流ですね（笑）。
鈴木　レスラーのコミュニケーションです（笑）。
天龍　でも、そんなことがありながら、また「一緒に飲もうよ」って思ったのは、たぶん鈴木選手や船木選手があっちの世界から来て、プロレスで成功してほしいなっていう気持ちが凄くあったんだよね。「ほら、見たか」って、ファンに言わせたくないのよ。
――なるほど。いまはファンが普通に「あいつはプロレスできない」とか言いますからね。
天龍　それに乗っかってるレスラーもアホだよ。俺たちはお客に喜んでもらわなきゃいけないけど、ナメられてもいけない。だから、鈴木選手には、これからもいまの姿勢でがんばってほしいね。

鈴木 ありがとうございます。今度は酒の席じゃなくて、天龍さんの団体（天龍プロジェクト）に呼んでくださいよ。ちゃんとリング上で殴りにいきますから（笑）。

天龍 いいね〜。鈴木選手がうちの新木場大会に出てくれるの？（笑）。

鈴木 ギャラは要相談で！（笑）。

（注1）1990年にメガネスーパーが巨額の資金を投入して旗揚げしたプロレス団体。正式名称はスーパー・ワールド・スポーツ。天龍源一郎をはじめ、全日本プロレス、新日本プロレスから移籍した選手たちが集結したが、派閥争いが絶えず、1992年6月に解散。わずか2年間の活動期間だった。

（注2）新生UWF解散後、1991年3月に藤原喜明が中心となって旗揚げしたプロレス団体。正式名称はプロフェッショナルレスリング藤原組。当初、親会社はSWSと同じメガネスーパーだった。1992年12月に船木誠勝、鈴木みのる、高橋義生ら若手選手の大半が退団。その後も興行は継続されたが、現在は藤原個人事務所となっている。

（注3）東京スポーツ新聞社が選定する、その年に活躍したプロレスラーを表彰するイベント。昭和の時代、このプロレス大賞の授賞式が、新日本プロレスと全日本プロレスの主要選手が同席する貴重な機会だった。

（注4）1987年6月に天龍源一郎が盟友、阿修羅・原とともに全日本プロレス活性化を目指し、ジャンボ鶴田、輪島大士らをターゲットに激しい闘いを挑んだ運動。「レボリューション」とも呼ばれる。その後、川田利明、サムソン冬木、小川良成が加わり「天龍同盟」として1990年4月まで活動した。

（注5）1991年4月1日、兵庫県・神戸ワールド記念ホールで行われたSWSの大会。元横綱の北尾光司とWWEのジ・アースクエイク（ジョン・テンタ）の一戦と、鈴木みのるvsアポロ菅原の2試合が不穏試合となったことで有名。

（注6）1991年4月1日、WS神戸ワールド記念ホール大会で行われた鈴木みのるvsアポロ菅原。当時、藤原組所属でデビュー3年目の鈴木と、元・国際プロレスのベテランレスラー、アポロ菅原の闘いはまったく噛み合わない喧嘩まがいの不穏試合となり、最後はアポロがリングを降りたことで試合放棄という結果となった。

（注7）「プロレスの神様」の異名を持ち、アントニオ猪木をはじめ、藤原喜明、佐山サトル、前田日明らの師匠でもある伝説のプロレスラー。90年から92年は藤原組のコーチとして日本に住み、鈴木みのる、船木誠勝らを指導した。

（注8）2000年6月16日、FMW後楽園ホール大会で、〝理不

尽大王〟冬木弘道に痛ぶられるH（エイチ＝元祖ハヤブサ）の救出のために登場した、天龍源一郎そっくりの体型の大型マスクマン。天龍曰く、双子の兄とのこと。

（注9）２００７年7月11日、ハッスルの後楽園ホールに天龍が突如、お笑い芸人レイザーラモンＨＧと同じ格好で登場。ハードゲイに変身し、ＨＧばりの腰振りダンスまで披露し、会場を騒然とさせた。

（注10）２０００年7月2日、女子プロレス団体ＬＬＰＷのディファ有明大会で実現した天龍源一郎vs神取忍。神取の希望を天龍が受け入れる形で実現し、通常、男女ミックスドマッチはコミカルな展開になりがちだが、天龍は手を抜かず厳しい攻めに終始。天龍の顔面パンチにより、神取の顔が大きく腫れ上がる壮絶な闘いとなった。

（注11）２００７年6月17日、「ハッスル・エイド２００７」さいたまスーパーアリーナ大会で、天龍とＨＧの一騎打ちが実現。ジャイアント馬場、アントニオ猪木の両巨頭からピンフォールを奪った唯一の日本人レスラーである天龍が、本職はお笑い芸人であるＨＧに完璧なピンフォールを奪われ、ファンのみならず関係者も驚かせた。

天龍源一郎

1950年2月2日生まれ。福井県勝山市出身。「ミスター・プロレス」の異名をとる。2010年に「天龍プロジェクト」を発足。2015年11月15日、両国国技館でのオカダカズチカとのシングルマッチを最後に引退試合をもって53年の格闘技生活に幕を下ろす。

鈴木みのる×髙山善廣

独り立ちさせてくれた同志

盟友・髙山善廣との対談が実現した。髙山はパンクラスを経てプロレス界に戻ってきた鈴木みのるに対し、「鈴木さんのプロレス、つまんない」と言い放った。当時、〝プロレス界の帝王〟として活躍していた男が放ったその言葉の真意とは？

写真：菊池茂夫

Millennium Falcon
Top View
YOKOHAMA

「髙山が、好き勝手に暴れるやり方を教えてくれたの」（鈴木）

髙山　今日は鈴木さんと対談するってだけで、何も考えずに来ちゃったんだけど、何の話なの？

鈴木　俺もそう思った。何をしゃべんのかなって。

――鈴木さんには、ちゃんと説明しましたけど……（苦笑）。

鈴木　そうだっけ？　もう忘れたよ（笑）。

――あらためて説明すると、髙山さんは、こんにちのプロレスラー鈴木みのるを形成する上で大きな役割をはたしたと聞いてるんで。U系から馬場プロレス、猪木プロレス、そして現代のプロレスについての話ができたらな、と思いまして。

鈴木　要は3人でファミレスで、プロレスの雑談するだけだろ？　まあ、いいや。始めよう！

――よろしくお願いします（笑）。あらためて聞きますけど、鈴木さんがそもそもプロレスに開眼したのは、髙山さんの存在が大きかったんですよね？

鈴木　髙山は、プロレスラー鈴木みのるの〝ビッグ・マム〟だからね（笑）。（パンクラスから）プロレスに戻ってきたあとの俺に対して、肝っ玉母ちゃんのように、「ほら、行ってこい！　しっかりやってこい！」って、後ろから押してくれたり、「ケンカに負けた～？　じゃあ、もう一回やって来い！」って、強い母ちゃんがいたから、好き勝手にできたっていう。

髙山　そういうことだよね。エッヘン！（胸を張って）。

鈴木　髙山が、好き勝手に暴れるやり方を教えてくれたの。それまで俺は、新日本の前座から、UWF、藤原組、パンクラスと培ってきた、いろんな武器を持ってたんだけど、プロレスのリングでどう使ったらいいかわからなかった。その武器は、使い方によっては単なる〝凶器〟にもアドバンテージにもなる。だからこそ、使うことに躊躇してたんだけど。そんなとき、ビッグ・マムが、「ああ、もう貸してみなさい！　こう使うの！　ドーン！」っていう感じだったよね。

髙山　ガハハハハ！　たしかに印象で言えば、そんな感じ。

――平たく言うと、プロレスでの武器の使い方を教えてくれたと。

鈴木　だって俺、プロレスに戻ってきたとき、髙山しか話す人がいなくて。あとはみんな敵じゃない？　だから、当時は試合が終わるたびに「俺の試合どうだった？」って、髙山に聞いてたもんね。

髙山　そうだ、そうだ。そうだった（笑）。

――それこそ鈴木さん自身、自分がプロレスをできているのかどうか、わからない状態というか。

鈴木　うん。周りからどう映ってるのか、誰かに聞いてみなきゃダメだなって思ってたんだけど。誰に聞いても、みんな俺に気を遣って、「いや、いいと思います」としか言わないんだよ。

――ああ、なるほど。あの頃の新日のレスラーにとって、鈴木さんは業界の先輩ではあるけど、ある意味で〝新入り〟っていう微妙な立場ですもんね。

鈴木　で、髙山も後輩ではあるけど、〝帝王〟としてプロレス界の先頭を走ってる人間だったんで、ちょっと下からアドバイスをもらおうと

思ってね（笑）。

――髙山さんも鈴木さんのそういう悩みを観ていて感じてたんですか？

髙山　何をしていいのかわかんないんだろうなっていうのは、凄く伝わってきた。武器はいろいろ持ってても、どこでどういう武器を使えばいいのかっていうチョイスがわからなかっただろうし、それを観ながら「これは、ああなんだよな～」とか思ってて。

――U系からプロレスに飛び込んでくるっていうのは、髙山さんも通ってきた道ですもんね。

髙山　うん。俺は横に安生（洋二）さんがいたから、なんとなくできるようになってたけど（笑）。鈴木さんは最初ひとりでやってたから、相談する相手もいなかっただろうしね。

――でも、生粋のU系育ちのはずの安生さんは、なんで最初から通常のプロレスができたんですかね?(笑)。

髙山 安生さんは新日本だろうが、WARだろうが、全日本だろうが、不思議とできたんだよ。あの人はある意味、天才(笑)。

鈴木 プロレスも天才で、(シュートサインをしながら)こっちも天才。じつは安生洋二最強説は本当なんじゃねえかっていう(笑)。

——安生さんは『ハッスル』時代、TAJIRI選手とともに、ヘッドコーチだったんですよ。なぜかU系育ちと元WWEが一緒になって(笑)。

鈴木 そっちまでできちゃうのかよ!(笑)。

——で、『ハッスル』に、バレーボール出身で元新日本プロレスのジャイアント・バボっていたじゃないですか?

鈴木 ああ、長尾(浩志)ね。

——彼はもともとプロレスファンじゃないから、足4の字固めとかできなかったんですよ。そしたら安生さんが、「バカ野郎、4の字なんて俺は本能でできたぞ。プロレスラーだったら、4の字は他人に習うんじゃなく、本能でできるもんだ」って言ってたんですよ(笑)。

髙山 それは正しい! 俺だって、小学生の頃からできたもんね(笑)。

鈴木 これ、髙山ともよくそういう話になるんだけど、子どもの頃にプロレスをどういう見方をしていたかが、大人になってレスラーなってから出るよねって。

——ルーツであるファン時代がリングに反映されている、と。

鈴木 子どものときにそんなに好きじゃなくて、仕事としてやっている人はやっぱり本能で出てこないんだよね。

髙山 そう。

鈴木 それは技だけじゃなく、リング上での表情や立ち振る舞いにいたるまでね。

髙山　俺はその本能の話でいうと、Uインター時代にアメリカのビル（・ロビンソン）（注1）先生のところに練習に行かせてもらったとき、向こうのどインディーで試合もさせてもらったの。そのとき、試合前に「おまえヒールだから」って言われて、「ヒールってどうすればいいんだろう?」って考えたら、子どもの頃に観たアブドーラ・ザ・ブッチャーとかタイガー・ジェット・シン、あの人たちのマネをすればいいんだと思って。それでやってみたら大ウケで、試合後は「なんでおまえそんなことできるんだ?」って、みんな驚いてたからね。

——ブッチャーやシンの試合を観た記憶が、脳に刷り込まれてるわけですね（笑）。

髙山　まさに本能、ガハハハ！

——DNAに刻まれている（笑）。

鈴木　髙山はね、俺のそういう忘れていた記憶も、思い出させてくれたんだよ。

——鈴木さんはUWFへ移籍以降、とくにパンクラスなんかでは、そういうプロレスラーとしての本能を、全部脳の奥底に閉じ込めてなきゃいけなかったわけですよね?

鈴木　閉じ込めてたし、新しい知識も入れてなかった。パンクラスの頃は、ほとんどプロレスを観てなくて、雑誌でチラッと観るぐらい。映像なんか、全然観なかったもんね。それこそ、UFCやK-1の映像は、毎日のように観てたけど。

髙山　逆に鈴木さんはそのあいだのプロレスを観なかったから良かったよね。観ていたらそれが出ちゃって、鈴木みのるのいまの個性はなかったかもしれない。

鈴木　だから、俺は意識してるわけじゃなくて、ただ自分の知っていることを普通にやってるだけで、いまは〝昭和新日本〟って言われるからね。

――だから90年代のプロレスを一切観なかったことで、昭和最後の新日本の前座レスラーが、冷凍保存されていたみたいな感じでしたよね。

髙山　ホントそうだよ（笑）。

鈴木　それを髙山が解凍してくれたんだよ（笑）。髙山電子レンジ説、ハハハハ！

「受け身取ったら、鈴木みのるじゃないよ」（髙山）

――でも、髙山さんにとって鈴木さんって、もともとはU系の怖い先輩のイメージだったんですよね？

髙山　直接の先輩後輩だったことはないんだけど、新生UWFで鈴木さんの後輩だった垣原（賢人）さんが、「鈴木さん、怖いんだよ」って、ずっと言ってるから、当時のUインターの若手のあいだで怖いイメージができちゃった（笑）。

――垣原さんのフィルターを通した鈴木みのる像でしたか（笑）。

髙山　当時、Uインター道場の近くにある魚屋のおっちゃんと鈴木さんが仲良くて、ちゃんこの買い出しとかで会っちゃうと、「やっべーな」と思って、すげえ緊張してたから（笑）。

――じゃあ、それから何年も経って、鈴木さんがパンクラスから新日本に来るってなったとき、ちょっと緊張したりもしたんですか？

髙山　いや、さすがに緊張はないんだけど。どうなんだろうな、うまくいくのかなっていうのはあった。

――そうしたら案の定、苦しんでるように見えて。

髙山　苦しんでるっていうんじゃなくて、迷っているとか悩んでいるとかっていうのはわかった。で、ダメな人はそれすらないからね。迷ったり、悩んだりしないから。ダメなままずっといくだけだからね（笑）。

——どう見てもダメなのに、自分だけはプロレスがうまいと思ってたり（笑）。

髙山　ねえ！　誰とは言わないけど（笑）。

——そういう迷ってる鈴木さんを見て、髙山さんはズバリ「鈴木さんのプロレス、つまんない」って言ったんですよね？

髙山　ああ、プロレスに戻ってきて最初の頃ね。

鈴木　なんかのタイミングでボソッと言われたんだよね。「なんであんなに受け身取るの？受け身取ったら、鈴木みのるじゃないよ」って。俺、プロレスに馴染むために一生懸命がんばって受け身取ってたのに。「確かこうだったよな」って思いながら、基本に忠実な、両手をパンッと開く受け身取ってたから（笑）。

——髙山さんはなぜ、受け身を取る鈴木さんを「つまらない」と思ったんですか？

髙山　だって最初の頃、鈴木さんはシングルになると、言っちゃえば、このぐらいの（低いレベルの）相手とやってるわけ。それと同レベルの試合しちゃってるんだもん。

——なるほど。前座で一進一退の攻防を（笑）。

髙山　それじゃあ、ずっと〝そこ〟のままだからね。

——前座のレスラーと互角に闘ってたら、イコール、その選手も前座ってことですもんね。

鈴木　でも、当時の俺は、その意味すらわからなかったからね。髙山に「受け身取り過ぎっスよ。倒れたら鈴木みのるじゃないでしょう」って言われても、「受け身ぐらいできないと、使ってもらえなくなるんじゃないか」的に思ってただけだから。

髙山　受け身を取っちゃいけないわけじゃないけど、下のほうの選手とやるんだったら、何も受けずに一方的に勝つぐらいじゃないと、「鈴木みのる」にならないからね。

――〝パンクラスからプロレスに来た、危険な実力者〟にもならないわけですね。

髙山　そういう俺も、すげえ大昔、ノアの始めの頃「受け身取り過ぎ」って言われたけど（笑）。

――髙山さんは誰に言われたんですか？

髙山　結構大ベテランの人。「おまえデカいのに受け身取り過ぎだ」って言われたことある。あの頃、三沢（光晴）さんも小橋（建太）さんも、みんな受け身取りまくってたから、俺が取らないわけにいかないと思ってたんだよね。でも、一番デカい俺が、ほかの選手と同じように投げられて、倒れてたら、ある意味で昔からのプロレスを壊すよね。

――なるほど。昔のでっかいガイジンレスラーとか、なかなか倒れないからこそ、倒したときに観客がワッ！と盛り上がってたわけですしね。

髙山　そう。受け身を取れても取らなかった。

鈴木　そういえば、プロレスのビジネスを壊すっていう意味では、8年前、全日本に移ったとき、真っ先に和田京平（注2）に怒鳴られたのを急に思い出したよ。バスに乗るときにツカツカツカツカって来て、「てめえのなんかプロレスじゃねえよ！」って（笑）。

――ダハハハハ！

鈴木　「おまえは馬場さんが生きてたら、絶対ウチのリングには上がれねえ。ふざけんな！」って言われたんだよ。「うるせえなクソジジイ」って思ったけど。要はプロレスっていうのはロックアップから始まるもので、技を避けちゃいけないとか、馬場さんが当時の全日本の人たちに教えていたプロレスの様式というか、スタイルがあったんだけど。俺がそれをことごとくやらなかったから（笑）。

髙山　でも要はそれは、馬場さんを否定したアントニオ猪木のプロレスをやってたから言われたんだよ。

鈴木　だから、和田京平にバーッと言われても、その時点ではまったく変えなかったけどね。あと、渕正信にも言われた。忘れないよ。三冠（ヘビー級王座）獲ったときに、控え室まで本当に殴り込んで来たもん。

――へえ！　渕さんは、何が気に入らなかったんですか？

鈴木　あの頃はNOSAWA（論外）とMAZADAと組み始めたときで、ベルトを振り回して、踏んづけて、テーブルの上にバカーンと投げ出して、「獲りに来い！」ってやったんだよ。「何が全日本の至宝だ！」って。そしたら、渕正信がバーンと入ってきて、「てめえ！　このベルト何だと思ってんだ！」って、すげえ言われたよ。一本一本、説明受けたもん。

――インター、UN、PWFの歴史を（笑）。

鈴木　「このベルトは鶴田さんの何とかでな」とか「このベルトは馬場さんの何とかで」って。うるせえジジイだなって思って。でも、あんときの渕正信は、凄い形相だった。古いプロレスを守ってきた人の顔だよね。

髙山　でもさ、その渕さんの発言も少しおかしいところがあると思うんだけど。昔のレスラーなんてさ、タイトルマッチのとき、そのベルトで相手をぶん殴ってたりしてたからね。

――そうですね。ベルトで相手の頭をぶん殴るのは、昭和全日本プロレスのおなじみのシーンですよね（笑）。

鈴木　だから俺は、ぶっちゃけ天龍さんが三冠王者になる前、ベルトを放り投げてたのも知っていたし、ブルーザー・ブロディとかがインターのベルトを凶器にしていたのも知っているから、変な話だなと思って。

髙山　ねえ？　俺らのほうが正しく知ってんだよ、ベルトの歴史を（笑）。

――ファンとして観ているからこそ（笑）。

鈴木　だからさ、いつからかベルトの権威や価値を、自分たちで衣のように着ちゃってたんだよね。本来、ベルトは闘うためのひとつの手段であり、主役はレスラーでなければならなかったのに、「三冠戦」という権威と、３本のベルトが主役になっちゃったでしょ？　昔は、ベルトもそうだけど、鶴田vs天龍や、ハンセンvs馬場が観たいから行こうってなっていたはずなんだよな。

髙山　だから俺も、馬場さんが存命中の全日本に参戦するようになって、最初は凄い違和感を持ったの。あの当時、三冠は凄い権威があって。それはファンのあいだだけでなく、レスラーのあいだでもそうで。みんな「三冠タイトルマッチだから、ああだこうだ」って言ってる。でも、俺らが観ていた全日本プロレスのタイトルマッチはブッチャーが血だらけになったり、凶器攻撃のオンパレードで、ジョー樋口さんが失神して終わりとかだったじゃん。

――そうですよ。タイトルマッチと言えば、不透明決着がお約束でしたからね（笑）。

髙山　それが全日本プロレスだったのに、「タイトルマッチだから反則しちゃいけない」とか「リングアウトはダメだ」とか、おかしいなと思って（笑）。それは、いつも感じてた。

――昔なんか、インター、UN、PWFどころか、その上にあるNWAの世界タイトルマッチが、リングアウト、反則決着のオンパレードでしたからね（笑）。

髙山　いま、WWEがやってることを、何十年前の昭和からやっていたのが全日本なんだから。

鈴木　NWAなんて、せっかく勝ったと思ったら、反則やリングアウトだからタイトル移動しないとか、そればっかりだったからね。

髙山　そうそう。本当は、そういうプロレスならではのことをずっとやってるから〝王道〟なんだよね。

――外様の髙山さんのほうが、全日本の歴史に本当の意味でこだわりがあるっていうのがおもしろいですね（笑）。

髙山　俺はべつに四天王プロレスに憧れて全日本に入ったわけじゃなくて。俺がファン時代に憧れてた全日本っていうのは、そっちだからね。

――髙山さんが全日本に行くきっかけになったのは、Uインター神宮球場大会（96年9月11日）の川田利明戦ですか？

髙山　うん、やり返したいなと思って。そうこうしているうちにキングダム（注3）がグチャグチャになって。

――ファイトマネーも出なくなって。

髙山　じゃあ、行くかって（笑）。ちょうど馬場さんが、「ウチにおいで」って言ってくれたの。

――ほう！　馬場さん直々のお誘いだったんですか！

髙山　だから、「お願いします」って。

――そこから髙山さんはイチから全日本プロレスを覚えていくっていう感じだったんですか？

髙山　イチからっていうとほかの新弟子の人に申し訳ないけど、でも当時、森嶋（猛）、橋（誠）、丸藤（正道）が新弟子だった頃だから。一緒に道場で受け身取ったけどね。

――当時5年以上のキャリアがありながら、新弟子と一緒に受け身からスタートしたんですね。

髙山　まあ、彼らが100回受け身取るところ、俺は10回しか取ってないけどね。ガハハハ！

鈴木　1からじゃなくて、0・1からやりますって感じだな（笑）。

――全日本の教えは、やはりU系とは全然違いました？

髙山　もう全然。

鈴木　UWF系は受け身の練習から始まんねえもん。

――全日本は、とにかく1にも2にも受け身を徹底的にやらせるって言いますよね。

鈴木　毎日100本ぐらいやるんでしょう、あれ。

髙山　新弟子はね、凄いよ。

鈴木　（太陽）ケアとか言ってたもん。何回やったかわからないって。

鈴木　それが新日本だと、俺、若い頃に受け身の練習して猪木さんに怒られたからね。「なんでやられる練習をするんだ。やっつける練習をしろ！」って。

髙山　自分は毎回、ガイジンレスラーの大技受けてたのに（笑）。

鈴木　だから、それは（カッコ）があったと思うんだよね。「攻撃の練習だけしろ！（俺以外は）」っていう。

――なるほど（笑）。

鈴木　じゃなかったら、俺が目立たねえからって。

髙山　それあるかもね。受け身みんながしょっぱかったら、「猪木はうまいな」ってなるからね。そういう人だよね（笑）。

鈴木　だから、昔の新日本の教えっていうのも、ちょっとおかしいんだよ。新日本にも新日本の型があるんだけど、デビューしたらその型を壊せって言われるの。だから、型を順番通り最後まできっちりやって詰めていくのが全日本だとしたら、どこで壊すかがセンスだっていうのが新日本。そうなると、若手の試合なんか、最後は猿のケンカみたいな殴り合いになるんだけどさ（笑）。

「坂口さんは『型通りにやれ』って言い、猪木さんは『型を壊せ』って言う」（鈴木）

――新日本の前座の試合っていうのは、型がある中で、それぞれが型を壊すことでできあがっていたんですね。

鈴木　坂口（征二）さんは「型通りにやれ」って言うんだけどね。「型を壊せ」っていうのが猪木さん。お父さんとお母さんで言ってることが違うっていう、どんな家庭なんだよっていう話なんだけど。

髙山　子どもが不良になる家庭だね（笑）。

鈴木　だから、新日本出身のヤツは不良ばっかじゃん？

髙山　だから、みんな出て行っちゃうんだ（笑）。

鈴木　藤原（喜明）、前田（日明）、髙田（延彦）、長州（力）、あのへん全部不良だよ！

髙山　ああ、そりゃダメだろう。家庭不和だろう（笑）。

――髙山さんは全日本に入って、どなたがプロレスを教えてくれてたんですか？

髙山　馬場さんが試合前にセオリーみたいなことを言ってくれたことはあったね。凄い抽象的なんだけど、「お客さんが退屈しないようにするにはどうしたらいいと思う？」とか。

――禅問答みたいですね。

髙山　「え？」って言うと、「あのな、首を上下左右に振らせれば、お客さんは退屈しないんだ。だから、おまえはたまにはトップロープに上がったり、走ったり、お客さんの顔を動かすのは大事なんだぞ」とか、そういうこと言ってた。それ聞いて、「なるほど、確かにそうかもしれない」って思ったね。「だからプロレスは、たまに場外で暴れてもいいし、何をやってもいいんだよ」って。

――場外乱闘にもそういう意味があるってことですね。

髙山　馬場さんのそういう話はおもしろかったね。「人と違うことをやるのはいいことだ」とも言ってて、俺がトップロープをまたいで入場したら、「あれは誰もやらないから、おまえは凄くいいことをやってる」って言ってくれてね。

――へえ！

髙山　それでいい気になった、ガハハハ！

――そりゃ馬場さんに褒められたら、そうなりますね（笑）。

鈴木　俺は馬場さんに会ったことないんだよね。プロレス界の有名な人で、俺がまったく会ったことがないのは、馬場さんだけかもしれない。子どもの頃、プロレス会場で見たことはあるけど、この業界に入ってからはまったく会ったことない。だから、「どんな人だろう？」っていう、想像ばっかり膨らんでる。それで去年、小橋と対談したとき、「ぶっちゃけ馬場さんってどんな人？」って聞いたの。そしたら「いまの鈴木選手だったら、意外に『おもしろい』って言ってくれるかも」って。

髙山　ああ、そうだよね。

鈴木　「でも、昔の鈴木さんだったら、たぶん入れてもらえないと思います」って。

髙山　ガハハハハ！　そうだよね（笑）。

――でも馬場さんも、前田さんや髙田さんを入れようとしたことがあるくらいだから、そんな凝り固まった人でもないんですよね？

鈴木　船木を取ろうとしたこともあったしね。

髙山　でも、あれも馬場さんは見てないんだよ。周りの記者が「あれいいですよ」って言って、

「お、そうか？　じゃあ、入れてみよう」って、そういうレベルだと思う。

鈴木　知らなさそう。ヘタしたら、維新軍時代の長州力すら知らなかったかもしれない。

髙山　俺もそんな感じだと思う。

鈴木　逆に「俺はそいつのこと知らないんだけど」って言いながら、よ〜く見るのが猪木さん。

――そうなんですね。

鈴木　全日本で小うるさく言ってくる人はいなかったの？

髙山　どうだろう？

鈴木　（馬場さんの）奥さん？

髙山　元子さんは、俺は大丈夫だった。……「俺は大丈夫」っていうと語弊があるけど（笑）。

――ダハハハ！　普通は大丈夫じゃない、みたいで（笑）。

髙山　大丈夫じゃなくて、かわいがっていただきました（笑）。

鈴木　結局、元子さんにも俺、一度も会ってねえな。

髙山　だから、全日本で小うるさいのは川田（利明）ぐらいかな？（笑）。

鈴木　川田うるせえの、あいつ？

髙山　うるさいよ〜（笑）。

鈴木　何がうるさいの？

髙山　当時、フォアアームとパンチの区別がわかんなかったんだよ。で、適当にやってたら、フォアアームが変だとか、パンチはこうだとか、いちいちうるさく文句付けられて。「うるせえな〜」って。ずっと思ってたもん。その結果があの俺がボコボコにした試合（注4）ですよ。

鈴木　武道館でやったやつ？

髙山　そう。

――あのYouTubeでおなじみの（笑）。

鈴木　俺もYouTubeで観て、腹かかえて笑ったもん。掌底と蹴りでボッコボコにしちゃってさ（笑）。

――髙山さんは、その川田戦は例外として、素直に全日本のスタイルでやっていこうと思っていたわけですよね？

髙山　そうそう。そう思って一生懸命やったのに、あまりにも小うるさいから（笑）。

鈴木　確かに昔は小うるさい人が多かったよね。そういうふうに育ってるから、その人もそういうふうになる。たぶん、俺らはそういうのを受けてきた最後ぐらいの世代なんじゃないかな。

髙山　小うるさい人がいるのはうざったいけど、それをぶっ飛ばして、上にいけるヤツのほうがいいんだよ。

鈴木　いつの時代もそうだよね。「いつかあいつをぶっ飛ばしてやろう」ってぶっ飛ばせるヤツが上にいくし。

――でも、髙山さんは外様だから、縦の列がしっかりしてる全日本でのし上がるのは、大変だったんじゃないですか？

髙山　俺は逆に、外様だっていうのが個性だから良かったと思う。それが最初から全日本だったら、まったくつまんない男になったと思う。

――自分は外様だからいいんだっていうのは、途中から気づいたんですか？

髙山　いや、最初からだね。キングダムが潰れて、新日本に行くっていうチョイスもあったんだけど、全日本のほうが違いすぎるから、目立つと思ったの。新日本に行くと、UWFはもともと新日本の流れだし、同化しちゃうだろうなって。だったら全日本にひとりで行って、オンリーワンになろうと。

――そのチョイスは正解でしたよね。

YOKOHAMA
KAZENINARE
1968/6/17
GOTCH STYLE
PILEDRIVER
2014
1988/6/23
LONELY WARRIOR
MINORU
19 21 26 21 11 9
13 9 14 15 18 21
DROPKICK

鈴木　「スタイルが違いすぎるから目立ってい い」っていうのを、俺に教えてくれたのも髙山なんだよ。新日本でタッグを組んでる頃、俺の顔を見るたんびに「鈴木さん、ノア行こうよ、ノア」って言ってきてさ。俺は全然行く気なくて、「ノアなんかわかんないから、俺はいいよ」って言ってたんだけど、「鈴木さんが行ったら、絶対におもしろいよ。田上明vs鈴木みのるとか、三沢光晴vs鈴木みのる、見てぇ」とか言ってね。俺は全然そういう発想なかったのに。

——鈴木さんにしてみれば、「ノアみたいなプロレスを俺がやるのか？」って感じで、ピンと来てなかったわけですよね？

鈴木　そうそう。「あんなプロレスやったことねえし」って感じで。でも髙山は、そういう意味で言ってたんじゃないんだよね。

髙山　俺がオンリーワンになりたくて全日本に行ったのと一緒で、鈴木みのるという異分子が、王道を継承しているノアに行ったら、凄いミスマッチでおもしろいだろうなって。

鈴木　だからさ、俺がそのあとノアに行ったり、女子プロとやったり、メカマミーとやったり、NOSAWA&MAZADAみたいな〝ドブネズミ〟と組んだりしたのも、髙山っていう肝っ玉母ちゃんに、ミスマッチのおもしろさを教えてもらったことなんだよね（笑）。

——髙山さんは全日本に行くことで、もともと持っていたプロレス頭を解放することができて、どんどんプロレスが楽しくなっていった感じですか？

髙山　うん。だから、こういう言い方すると語弊があるけど、子どもの頃のプロレスごっこが頭の中で蘇ったというか。「俺、こんな技やりたかった、あんな技やりたかった」って（笑）。

――それを大観衆の前で一流レスラー相手にできる（笑）。

髙山　そう。俺はファン時代、ディック・マードック＆アドリアン・アドニス組とか、ああいう人たちのプロレスが凄い好きだったの。それでマードック＆アドニスみたいなタッグをやりたいな～と思って組んだのが、ノーフィアー（注5）だから。

――ノーフィアーはマードック＆アドニス組ごっこでしたか（笑）。

髙山　ちょうどその頃、大森隆男が四天王＋1になれなくて、なんか中途半端なところにいたじゃん？

鈴木　秋山（準）は入れたけど、大森は入れなかったんでしょ？

髙山　あぶれてたから、「いいオモチャが落ちてるな」って感じで（笑）。

鈴木　「このガラクタいらないなら、俺が使うよ」って（笑）。

髙山　うまい具合に、それがハマったんだよね。

「三沢さんのいい時期の最後にかろうじて間に合った」（髙山）

――全日本に入って、三沢さんという存在はどう感じていたんですか？

髙山　三沢さんは最初ちょっとわからなかった。俺の相手は川田だったじゃん？　だから、馬場さんがご存命中は、触れる機会があまりなかったんだよね。それが途中で川田がつまんなくなったから、ポイしちゃって（笑）。次に小橋建太がおもしろいなと思って、ずっとやって。三沢さんの凄さにホントの意味で気づき始めたのは、馬場さんが亡くなったちょっとあとだね。

鈴木　ノアの前？

髙山　ノアになるちょっと前。そこで三沢さんと絡み始めて。「わ、この人、凄い。懐がすっげえ深い」って。

――試合の中で、懐の深さがわかったんですか。

髙山　うん。なんか他の選手は、自分がいろいろ考えてやらないとつまんない試合になっちゃうと思ってたんだけど、三沢さんが相手だと、何も考えずに暴れて、いい試合になりそうだっていうのを感じたから。これは凄いと思って。だから、みんな「三沢さんは天才だ」って言うじゃん？　その理由がわかったね。

――相手がどんなふうに来ても、いい試合にしてしまう、と。

鈴木　俺は三沢さんとは、地方のタッグで2〜3回当たっただけなんだよな。だから、本当に触っただけだね。

髙山　鈴木さんがノアに来たときは、三沢さんも疲れているときだから、そういうあれは薄かったかもしれないね。

鈴木　疲れてた感じは見てわかったな。

――身体もかなりボロボロでしたもんね。

髙山　ホント、ボロボロだったよ。

――髙山さんは、三沢さんのいいときに間に合ったという。

髙山　ホントに最後だよね。三沢さんのいい時期の最後にかろうじて間に合ったという。全日本の終わりの頃から絡み出して、ノアになってからは小橋が長期欠場して三沢さんしかトップがいなかったし。まあ、田上さんもいらっしゃると言えば、いらっしゃるんだけど（笑）。

鈴木　そういえば、全日系の話をしてて思い出した。俺は一番全日本らしいレスラーに深く関わってたんだ。天龍のオヤジ。

髙山　ああ、そうだね。

鈴木　一番全日本らしいのはあの人だよ。

髙山　あの人が四天王プロレスの元だもんね。

鈴木　天龍vs輪島大士から始まってるんだから。

髙山　俺は天龍さんと、UインターvsWARの対抗戦のときタッグで当たって、グーで殴ってくるから、俺も殴り返したら、「この野郎！」って、バンバン殴ってきて、俺もバンバン殴って。それで気に入られたらしい。

――自分に対して殴り返してくるヤツを気に入るっていうのが、天龍さんらしいですね。

鈴木　俺が初めてリング上で当たったのは、天龍さんがもう54～55歳ぐらいだったけど、プロレスっておもしろいなって思ったよ。天龍さんも「おまえがやってるプロレスは、いままで誰もやってないものだけど、ちゃんとプロレスになってて、おもしろい」って言ってくれて。こっちは若い頃、SWS時代にさんざんツバかけたんで、プロレスに戻って、同じ業界でやっていくなら、ちゃんと話をしたいと思って、「あのときは大変失礼しました」って言ったんだよ（笑）。それ以来、一緒に試合やったりとか、組んだりするようになって。凄い影響をくれたよ。

――天龍さんもプロレスのことを考えるのが好きですもんね。だから、鈴木さんも髙山さんも、プロレスが好きだっていう素養が開いた感じがありますよね。

髙山　入ってくるやつは、基本的にみんな好きで入ってくるじゃん？　でも、「なんでプロレス好きなのにわかんねえの？」っていうヤツ多いよね。

鈴木　いるいる。

髙山　「なに観てたの？　バカじゃねえの！」っていうヤツが多いんだよ。

――「好き」にも深さのレベルがあるというか。

鈴木　だって、俺なんて子どもの頃は、学校に行く、家に帰ってくる、寝る以外は、プロレスしかないんだから。テレビでプロレスを観て、友達とプロレスの話をして、プロレスごっこして、プロレスのこと考えて、またテレビでプロレスを観るっていう。

――ボクもそうでしたけど、頭の中は、ほぼプロレスのことだけでしたもんね（笑）。

髙山　俺なんか、夢で闘ってたからね。

鈴木　いつ？

髙山　小学校の頃（笑）。俺、ジャンボ鶴田さんと組んで、ブッチャー＆シーク組と闘って、血みどろにされたことあるんだから。

鈴木　ハハハハハ！　小学生時代にブッチャー＆シーク組と闘ってたんだ（笑）。

髙山　言わなかったけ？　俺、そのトラウマがあるから、ブッチャーと初めて会ったとき、すげえ怖かったんだから。

――小学生時代の記憶が蘇って（笑）。実際にはやってないのに、血みどろにされた過去があるっていう。

髙山　凶器で血だるまにされて、泣いて目が覚めたから（笑）。

鈴木　ハハハハ！　俺なんかもブッチャーとか昔の有名選手に会うと、あの頃の怖いイメージがあるから、初対面だとやっぱり構えちゃうんだよね。「なんか変なことしてみろ、やってやんぞ！」って、ビームを目から出しながら（笑）。

髙山　でも、向こうも鈴木さんに対して、そう思ってるよ。「こいつ大丈夫か？」って（笑）。

鈴木　よく言われるもん。「あいつ頭おかしいだろう」って。

――もともとパンクラスみたいなシュートの世界にいて、目からビーム出してたら、警戒されますよね（笑）。髙山さんも全日本に行った頃、警戒されたりしませんでしたか？

髙山　やっぱりU系だったから、そういう警戒されることはあったね。でも、逆にスティーブ・ウィリアムスとかゲーリー・オブライトが「俺らの仲間だ」って囲ってくれたから、心強かった。

――そのグループにいたら最強ですね（笑）。鈴木さんも、プロレスに戻ってきたあとは、周りからかなり警戒されたんじゃないですか？

鈴木　戻ってきて何戦かしているときに、ある人に言われた。「向こうの控え室のヤツらみんな警戒してるぞ。何かしてくると思って」って。もちろん、俺はそんなつもりはないんだけど、「その誤解を解かないといい仕事にはならないぞ」って言われたね。結局、だから何をしたわけじゃなくて、時間が解決したんだけど。

「結局、プロレスの価値観って、客が『もう一回観たい』と思ってチケットを買うか、買わないか」（鈴木）

――一昨年、桜庭（和志）さんが新日本に参戦し始めたときも、そういう空気はあったんじゃないですか？

鈴木　選手の中にはやっぱりそういうのはあったんじゃないの？　どっちかと言うと、俺は桜庭と同じ控え室になることが多かったんで、向こうの控え室にいる連中の反応を直接見ることはなかったけど。

――では、桜庭さんを端から見て、かつて髙山さんが鈴木さんに対して「迷ってるな」と感じたのと、同じようなことを思ったりもしました？

鈴木　それは思うよ。思う、思う。

――鈴木さんの場合は、ストレートに「だから、つまんねえんだ」って言ってましたけど（笑）。

鈴木　だって、つまんねえじゃん。

髙山　ガハハハハ！

鈴木　結局、プロレスの価値観って、客が「もう一回観たい」と思ってチケットを買うか、買わないかだから。桜庭のプロレスが「もう一度観たい」と思われてるようには、全然感じないからね。

――いまの桜庭さんは何が足りないんですかね？

鈴木　もちろん、本人の何かが足りないとも思うし、あと桜庭が新日本に来てから対戦してきたのは、一部を除いて三流レスラーばっかじゃん。あいつとまともにぶつかろうとしないで、ビビりながらやってる藁人形《わら》みたいなヤツとしかやってない。だから、いつまで経っても、「どこまでやっていいかわからない」みたいな試合になるんだよ。

髙山　そうだよね。そのあと、今度はグレイシー（注6）だもんね。それじゃあ、プロレスラーとして価値が出ないよね。

「鈴木みのるっていう、良いお手本があるじゃない（笑）」（髙山）

――鈴木さんと髙山さんは、プロレスに思いっきり飛び込んじゃった感じですよね？

髙山　だって、最初からプロレスやるつもりで来ているからね。だから、桜庭のスタンスもあやふやで、かわいそうって言ったら、かわいそうだよね。せっかく新日本プロレスのリングに来てるのに、なんか総合みたいなことをやって、よくわかんないっていう。プロレスのリングなんだから、プロレスやりゃあいいのに。完璧なプロレスを。

鈴木　一時期やろうとしてたんだよ。なんかキドクラッチみたいなのをやったり、エルボーをバカーンとやってみたり。でも結局、しょっぱいからやめようってことになったんじゃないの？　でも、プロレスの技を出すのがプロレスじゃないからね。もともと自分がやってきたことを、プロレスに置き換えるだけで、たぶんできると思うんだけど。

髙山　だって、プロレスの技をほとんどやんない人が、これだけのし上がってるんだから。鈴木みのるっていう、良いお手本があるじゃない（笑）。

――桜庭さんは、まだどういうプロレスをやりたいのか見えない感じはありますよね？

髙山　そうだね。それがないから、まず始まらない。

――髙山さんは全日本に行ったときから、「こういうふうになりたい」っていうイメージはあったんですか？

髙山　具体的なイメージはそんなになかったんだけど、UWFルールではできなかったプロレス特有の動きってあるじゃない？　もう、それをなんでもやってやろうっていう、ワクワク感があったからね。プロレスファンだったら、子どもの頃、「プロレスでこういう技を使って、こういうことをやって、チャンピオンベルト巻いて、海外遠征に行って」っていう夢があったじゃない？　それを全部やっただけだから。やりすぎだって、言われたけどね（笑）。

――自分が楽しみ過ぎだと（笑）。桜庭さんの場合、プロレスのリング上で楽しそうじゃないですよね。

髙山　楽しめなきゃダメだよ。

鈴木　それこそPRIDEでやってるときはあれだけ楽しそうに試合してたのにね。あいつ、本当にプロレス好きだったのか？　あとは、PRIDE時代に比べて、試合への集中度も全然違うしね。

――そこも感じますか。

鈴木　みんな、感じてるでしょ？　なんで集中度が違うかって言ったら、べつに手を抜いてるわけじゃなくて、サイクルの違いがあるんだよ。それは自分でも経験してるからわかるんだけど、たとえば格闘技やってるときは、3カ月後の試合が決まって、それに向けて身体も気持ちも仕上げていく。でも、プロレスだと毎日試合があったりもするから、それまで3カ月かけて作っ

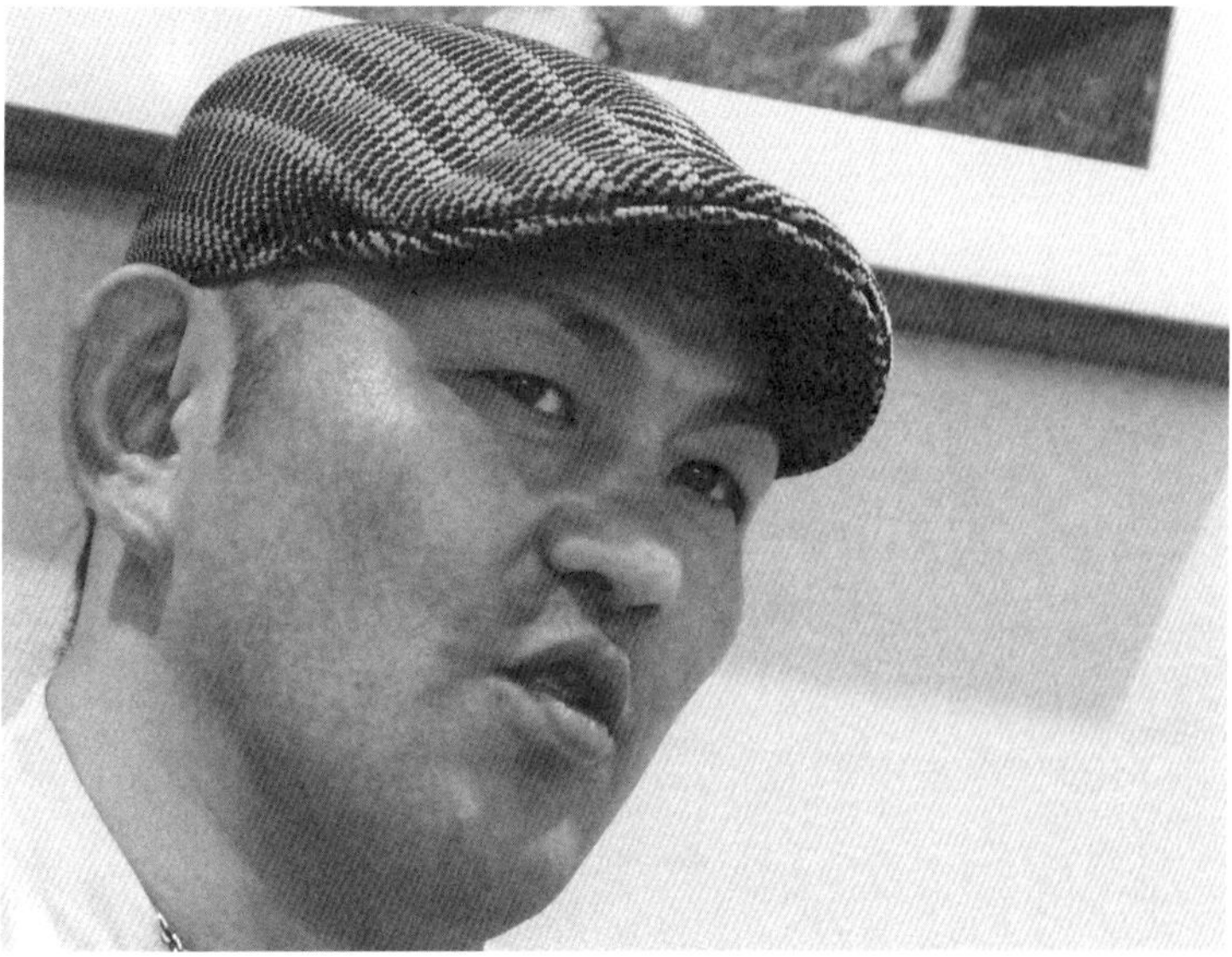

ていた気持ちと身体を、1日で作らなきゃいけない。

――なるほど。

鈴木　3カ月と1日って全然違うけど、やってることはじつは一緒なんですよ。リラックスする期間、栄養を補給する期間、練習する期間、気持ちを盛り上げる期間と、それを3カ月後に合わせるのと、その日の夜に合わせることの違いなだけで、一緒なんです。その1日で試合しなきゃいけないサイクルに、いまだ戸惑ってんのかなとは思うね。

――それで、心身ともに仕上がる前にリングに上がってしまっている、と。

鈴木　それは俺も最初は戸惑った部分だから。まあ、俺の場合は才能があったから、すぐ順応したけど（笑）。

髙山　カッケー！（笑）。

鈴木　才能が放っておかなかった（笑）。まあ、桜庭と同じ問題は、柴田（勝頼）なんかも抱えてるんだけど、あいつは新日本が長かったからね。あれで「勝ちたい」っていう感情以外が出せるようになったら、一気に溢れてくるかもしれないけど、俺が観るかぎりは、まだまだだな。

髙山　でも、本人の中では、プロレスがおもしろくなってきてるんじゃない？

鈴木　そうかもね。

髙山　プロレスがおもしろくなってるなら、また一気に上に上がっていく可能性もあるよ。

――桜庭さんはまだその段階にも行ってないというか。

髙山　まだ全然（笑）。

鈴木　健康診断の帰りのオッサンみたいな顔でリングに上がってくるからね。「ああ、数値高かったな～」みたいな（笑）。

――そこまで、元気ないですか（笑）。

鈴木　全然、元気ないじゃん。あのマスク（お面）を被って入場するのも、総合に出ていたときの桜庭のまんまなんだけど、ホントにただ、そのまま被ってるだけなんだよね。

――総合のときは、殺気や闘志を仮面で隠すような意味合いもありましたけど。

鈴木　いまは、そんな意味はなく、ただ被ってるだけでしょ？　技でもなんでもそうだけど、同じように見えることを、プロレスに転換する必要がある。たぶんちょっとしたことなんだけど、何か味付けさえ変えれば、同じことをやってもまったく変わると思うんだ。でも、それすらも自分でどうしたらいいかわからず、そのままになっちゃってるんだよね。まあ、こんなこと言うと、また「ＵＷＦの先輩面してる」って言われちゃうけど。

髙山　ガハハハハ！

鈴木　こっちは親切心で言ってやってんのにさ(笑)。

――桜庭選手とは4月の両国でタッグでやってみて、どうでした？

鈴木　あいつを起こそうと思ったんだよ。「目を覚ませ！　起きろ〜！」って。まだその段階。それで目が覚めるかどうかは知らない。でも、あいつの凄さっていうのは、俺は誰よりもわかってるから。ＰＲＩＤＥでやってたときのヴァンダレイ・シウバの嵐のような打撃をかいくぐって、「あそこであのタックル、どうやったらいけるんだよ⁉」っていう凄いタックルをするわけじゃん。それがどっかに出てくればいい気がするんだけど。

――それはもちろん、ただタックルをやれっていうわけじゃないんですよね。

鈴木　もちろん。新日本で普通にタックルやって、相手を転がしただけじゃ、だからなんだって話だから。あいつは、いまもモンゴリアンチョップやったりしてるけど、あれもＰＲＩＤＥでやってた形を、ただプロレスでやってるだけなんだよな。あれは、ホイス・グレイシーと極限の緊張感の中で、ある種、隙だらけのプロレス技を仕掛けて、それが相手にダメージを与えてるっていうところが凄いわけで。モンゴリアンチョップっていう技自体が凄いわけじゃないじゃん。

髙山　モンゴリアンチョップだったら、天山の方が凄いとか言われちゃう(笑)。

鈴木　だから、本来あいつがやるべきことは、あのＰＲＩＤＥ時代に持っていた、緊張感だったり、スリル、凄みっていうのを、プロレスに変換することなんだよ。タックルやモンゴリアンチョップを出すだけなら、誰だってできるんだから。俺だって、いまでこそスリーパーやって、（ゴッチ式）パイルドライバーの体勢に入ると、客がワーッてなるけど、最初の頃はうんともすんとも言われなかったからね。

――ああ、鈴木さんも。

鈴木　ぶっちゃけ、スリーパーなんか、相手の首持ってるだけじゃん（笑）。

高山　ダハハハハ！

鈴木　俺、藤原さんにもこれ言って、怒られたことあるんだよ。「脇固めって、腕持ってるだけですよね？」って（笑）。

――腕持ってるだけって（笑）。

鈴木　「おまえそういうこと言うなよ」って怒られた（笑）。

高山　昔のレスラーは、ヘタな人はすぐメイヤーして、スリーパーを取るって言われたよね。

鈴木　休むためにね。でも、そんなスリーパーをかけた瞬間に客がワーッてなって、相手が崩れた瞬間、「ああ、終わっちゃう」っていう空気を作るまでに時間がかかるというか。その観客の空気を作ることが、プロレスラーの本当の技術なわけじゃん。

――「これが出たらヤバイ」っていうのを、観客の脳裏に浸透させるわけですね。

高山　確かに、スリーパーなんて、見た目は全然おもしろくないもんね。俺も子どもの頃、バーン・ガニアのスリーパーが大嫌いだった。当時、本当につまんないなって思ったもん（笑）。

鈴木　そのつまんないスリーパーホールドを、凄みがある技に変えたのが、アントニオ猪木と藤原喜明。

――確かに、猪木さんが藤原さんをスリーパーで落として以来ですよね。あれが決まったら、試合が終わるっていう緊張感が観客に伝わったのは。

鈴木　あれもスリーパーっていう技自体が凄いんじゃなくて、観客に「うわっ！　これで試合が決まる！　藤原が落ちる！」って思わせる技術。ただのスリーパーを必殺技にしたこと自体が凄いんだよ。だからさっきの話だと、脇固めなんて、上に乗っかって腕持ってるだけなんだから、あれ、マッサージのおっさんと一緒だよ⁉

――形だけなら（笑）。

鈴木　だけど、藤原さんがやると、世界のフジワラ・アームバーになる。それは技を出すタイミングもそうだし、あとは藤原さんが観客に蓄積させてた、記憶の力でもある。だから変な話、パイルドライバーだって、俺以外のヤツがやるとコロンと寝かせてるだけで、俺がやると必殺技になるっていうところまで持ってきたんだよ。

「『こいつが使うこの技は違う』って思わせるのが技術」（鈴木）

――プロレスの技って、奥が深いですよね。

鈴木　技自体が凄いっていうのは、限界があるの。だって、昔はジャーマンを出すだけで「すげぇ！」って思われたけど、いまはほとんどの選手ができるよね？　普通に下のほうの試合でもポンポン出るし。だけど、髙山がやるジャーマンは超必殺技になるわけじゃない？　そこだよね。

髙山　俺がジャーマンを始めたときは、みんな投げっぱなしだったの。だから、俺が持論を説いて、投げっぱなしたらダメージが首に来ないで分散する、「だからカウント3取れないんだ、

バカ野郎！」って言って、俺はちゃんとホールドするって言ったんだよ。

――なるほど。フォールが取れる技にするための理屈がちゃんとあるわけですね。

鈴木　同じ技でも、観客に「こいつが使うこの技は違う」って思わせるのが技術。俺のパイルドライバーは、ゴッチさんの哲学が詰まってる技なんだよ。前に言われたことがあるんだよ。手のひらの上に竹の棒を立てて、パッと手を離してまっすぐに落ちれば、竹がパカンと割れるんだって。力がちゃんと伝達すれば割れる。割れないと倒れちゃう。そういうイメージでやると、効くぞって。で、普通に胴をクラッチするパイルドライバーだと、どうしても後ろに重心がいっちゃうから、まっすぐ落としにくい。でも、相手の股の下をクラッチすると、まっすぐ落とせるんだよ。

――なるほど。そういうメカニズムがちゃんとあるんですね。

鈴木　プロレス技の本を出そうかな？（笑）。

――でも、そういうディテールにこだわるのって、凄く大事なことですよね。

髙山　いま、理屈が通らない技って多いもん。

鈴木　これは歳とかキャリアじゃないんだよね。結局、俺はカール・ゴッチという人に習って、髙山はビル・ロビンソンという人に習ってるっていうのがあるから、技の一個一個が違うということを知ることができたけど、ほかの人は知ることすらできないからね。

髙山　ないね。

鈴木　カタチだけは同じっていう。だから、2～3日ゴッチ邸に行って、「ゴッチ直伝ジャーマンを身に付けた」っていうヤツもいるわけじゃない？　でも、本当にゴッチさんとブリッジの練習1年やってみ？　身体壊れるぞ？

髙山　ガハハハハ！　それはヤバそう。

鈴木　本当に大変なんだから。いまはヘッドロックだって、ヘタしたら相手にロープに飛ばしてもらうためにやってるようなヘッドロックじゃん。それ以外の意味はないもん。

――なるほど（笑）。

鈴木　俺なんか新弟子の頃、（山本）小鉄さんとかに本物のヘッドロックをやられたからね。あのときは、「ヘッドロック、こんな痛いんだ」って思った。あれ、ホント痛いんだから。

髙山　俺もビル・ロビンソンにやられたけど、頭蓋骨がミシミシってなって怖かったよ。

鈴木　極める位置があるんだよね。

――ボクもこのあいだ、ダニー・ホッジさんにちょっとやられましたけど、あれ危険ですよね、ホントに。

鈴木　あの時代の人はみんなおかしいよ。
髙山　ホント怖いよ、ヤバい。
――82歳なのに、「これは絶対殺される」って思いましたもん。
髙山　ねえ？
鈴木　ゴッチさんがよく言ってたのが、「いいか、関節技はテコの原理。パワーは関係ないんだから」ってことなんだけど。ゴッチさんはすげえ馬鹿力で、キュッと掴まれるだけで、すげえ痛いの（笑）。
髙山　俺もビル先生にそう思ったもん。この人はもともと、手の力つええじゃんって（笑）。
――技以前に（笑）。
髙山　だって、「痛い！」って言っても、「まだ技やってない」って言うんだから（笑）。
鈴木　そういう経験をしているっていうのも、現代プロレスの中で言ったら、もの凄い財産だよね。あの世代の人たちと、そういう時間を過ごす機会って、もうないもん。
髙山　そういえば昔、全日本で試合前の練習をしてるときに、馬場さんにヘッドロック取られたんだよ。あのときの馬場さんのヘッドロックもすげえ痛かった。
――へえ！
髙山　ホント痛かった。飛び上がったもん（笑）。
――それもいい話ですね！
鈴木　アントニオ猪木のアキレス腱固めみたいなもんだよね。あれは痛い。シャレになんないぐらい痛い。藤原さんもそうだけど、あの時代の人はここ（手首の硬い骨）を使うのがうまい。
髙山　そうそう。骨の硬いところを押し当てるのがうまいの。ビル先生もそうだったし、馬場さんもそうだった。すげえ痛かった。
――それがプロレスラーのテクニック、奥義なんでしょうね。

鈴木　なんか、桜庭の話から、プロレスの深い技の話までいっちゃったなあ。

「俺たち、ブロディ&ハンセンになればいいんですよ」（髙山）

――では、ちょっと話を戻すと、桜庭さんは本物の技術を持っている選手ですけど、いまの新日本で生き残るには、その技術をプロレスで使うやり方を覚えなければいけないって感じですかね。

鈴木　他の人間がどうなろうが、本当は関係ないけどね。ある意味、俺たちレスラーっていうのは、ひとつの駒でしかないわけだから。それは桜庭であろうと、俺であろうと、髙山であろうとそうなんだよ。商売している側の人間にしてみれば、仕入れてとりあえず売りには出すわけだけど、売れなかったら倉庫行きでしょ？　もしくは廃棄でしょう。その危機感は、常に俺も持っているし、みんなそうだよ。いま、アメリカからチャンピオンとしてＡＪスタイルズが来てるけど、あれだって、「こいつ、つまんねえな。客入んねえな」となったり、ケガして戦線離脱なんてしたら、「ギャラ高えし、売れねえから横置くか」って絶対になると思う。そうならないように、自分自身をブラッシュアップし続けることが大事だよね。

――プロレスラー稼業ってそうなんですよね、昔っから。

髙山　もともとそうだよ。

鈴木　だから、いまの新日本っていうのは、ちゃんとしたシステムに戻ってきたっていう感じはするけどね。まだ新日本だけかもしれないけど、会社が一番力持っていて、そこにレスラーがいる。一時、それが逆転しちゃってたじゃん？　レスラーのほうが力持って、「俺、これやりたくない。こっちやりたい」とか、レスラー主導でマッチメイクが決まってたから。

髙山　そうだよね。新日本とWWEっていう会社の力がレスラーより強いところが、いまは強い。

鈴木　俺は若い頃、会社に対して、「俺は人間であって、駒じゃねえ」とか言ったことがあるんだよ。「俺だって人間なんだ。こんなに努力してんだ」って。でも、会社にしてみたら、要は売れるか売れないか、買い手がつくかどうかだもん。商売だもんね。いいものじゃなきゃ売れないし。

――昔のガイジンレスラーなんか、言ってみればみんな、フリーで生き残っていたわけですもんね。

髙山　ホントに昔はそうだった。所属選手じゃなくて、自分の腕を売って歩いていたから。

鈴木　だから、髙山が俺に教えてくれたことの中に、「俺たち、ブロディ&ハンセンになればいいんですよ」って言われたことがあるんだよ。要はブロディもハンセンも全日本でタッグを組んでるだけじゃなくて、どこに行っても仕事がある、と。ブロディが新日本に行っても、ハンセンが全日本に行ってもトップで仕事があって、アメリカに戻ってもまた仕事があるってね。

――どこの団体に行ってもトップを取れる、フリーレスラーになろうってことですね。

鈴木　でも、最初に「ブロディ&ハンセンになればいい」って言われたときは、俺と髙山で、チェーンとかブルロープを振り回すのかな？って思ったんだけど（笑）。

――超獣コンビの表面だけマネて（笑）。

鈴木　確かにブロディとハンセンって、カッコいいよな。ああいうふうになればいいのかな？ってね。ハハハハハ！

髙山　そういうレベルだったんだ（笑）。

鈴木　最初はね。それがわかるようになったのは、髙山と離れてから。頼る人がいなくなったから、自分でなんとかしなきゃって考えるようになって、「ああ、こういうことなんだ」って、わかるようになった。だから、ちょっと悪い言い方になるかもしれないけど、髙山が病気（脳梗塞）で欠場してしまったのはつらいことだったけど、俺にとってはそれが良かったのかなって。ヘタしたら、ずっとあのままだったかもしれない。

――髙山さんの欠場が独り立ちできるきっかけになった、という。

鈴木　乳離れができた。それがなけりゃ、まだ「お母ちゃん、お母ちゃん」って言ってたかも（笑）。

髙山　いつまでもおっぱい吸ってるから、俺が乳首にカラシ塗っとかなきゃいけなかったかもしれない（笑）。ガハハハハ！

鈴木　髙山っていう肝っ玉母ちゃんに頼りっぱなしで、まだおしめしてたかもしれないよ（笑）。

――なるほど。そういう意味では、桜庭さんはまだ、肝っ玉母ちゃん的な存在が必要な時期ですかね？

鈴木　あいつはまだ、おしめが全然取れてないよ。だから俺がお乳を与えてあげようとしてやったんだけど、それを言うとまた、「ＵＷＦ系の先輩面してる」って言われるから、まあいいや！（笑）。

（注1）イギリスの名門ジム、ビリー・ライレー・ジム（通称スネークピット＝蛇の穴）出身の伝説的な実力派プロレスラー、〝人間風車〟ビル・ロビンソン。90年代にはUWFインターナショナルの顧問を務め、1999年からは宮戸優光が主宰する「スネークピット・ジャパン」のヘッドコーチとして、日本に10年間住んで多くの人を指導した。

（注2）全日本プロレスの終身名誉レフェリー。ジャイアント馬場の側近でもあった。

（注3）1996年末に解散したUWFインターナショナルの後継団体。プロレス界で最も早くオープンフィンガーグローブを導入し、バーリ・トゥード（総合格闘技＝MMA）に最も近いルールを採用するなど、先進的な団体だったが興行不振により約1年間で活動停止となった。

（注4）1997年10月21日、全日本プロレスの日本武道館で実現した髙山善廣と川田利明のシングルマッチ。全日本スタイルのプロレスを学ぼうと格闘技スタイルをあえて封印していた髙山に対し、川田が「キングダムの（格闘）スタイルで来い」と挑発。髙山はそれを受け、格闘スタイルで闘い打撃で圧倒した。試合結果は川田の勝ち。

（注5）1999年に髙山善廣と大森隆男が結成したタッグチーム。のちに浅子覚が加わり3人のユニットとなった。

（注6）2014年に新日本プロレスに参戦したダニエル・グレイシーとホーレス・グレイシー。ダニエルはヘンゾ・グレイシー、ハイアン・グレイシーの従兄弟で、ホーレスは伝説的な柔術家ホーウス・グレイシーの息子。両者ともにブラジリアン柔術黒帯。

髙山善廣

1966年9月19日生まれ。東京都墨田区出身。ニックネームは「プロレス界の帝王」。PRIDEなどでも活躍した。2017年5月4日、試合中に負傷し、以降長期欠場中。頸髄完全損傷の治療、リハビリに励んでいる。

鈴木みのる

同期デビューの
因縁の深いヤツ

×

小橋建太

1988年デビューの同期・小橋建太との対談がコロナ禍で実現。歩んできた道は違うものの同じ時代を生きたふたりの口から語られる言葉とは……。また、2005年の一騎打ちでお互いが思っていたことも明かされる。

写真：大甲邦喜

#エニ
フィットネ
DIESEL INDUSTRY EST. 1978
ONLY THE BRAVE
D RR-55
IT.HQ
D

「トレーニングはちゃんとやる。小橋建太を見習って（笑）」（鈴木）

——何かと因縁深いおふたりですけど、こうして対談をしたのは、鈴木さんの25周年DVD BOXのみですか？

鈴木　そうだね。あのとき、一回だけだね。

小橋　だって握手したのだって、俺の引退試合が終わったあとが初めてだからね。試合が終わったあともずっと待っててくれて、俺が武道館を出ようとしたときに、「最後だから握手しよう」って言ってきて。

鈴木　もう会うこともないだろうと思って握手したんだけど、それ以降のほうが会う機会が多かったという（笑）。

——そのあとも、『TAKAYAMANIA』（注1）とかで、何度かチョップも喰らってますからね（笑）。

小橋　現役時代は、こうして対談をするなんて考えられなかったから。

——小橋さんはいまトークイベントやプロデュース興行で、いろんな大物レスラーと対談をされてるじゃないですか。でも、鈴木さんと一緒にトークイベントやろうとは、これまで考えなかったんですか？

鈴木　避けてたの？（笑）。

小橋　いや、毎回候補には挙がってるんだけどなかなかスケジュールが合わなくてね。いま、新日本プロレス所属ではなくて、フリーとして個人でやってるって聞いて、俺にもチャンスがあるかなって。

鈴木　なんのチャンス？　殴るチャンス？　ヒザ蹴るよ（笑）。

小橋　違う違う。オファーのチャンスがあると思ったんで。

鈴木　いま、こういうプロレス関連のは俺個人でやってて、あとの芸能活動はすべてサンミュージックに所属してるんで。テレビやラジオはすべてあっちで。

小橋　ああ、そうなんだ。でも、いまフリーは大変でしょう？

鈴木　俺はどっかから給料をもらってるわけじゃないから。プロレスの試合をやってても「1試合いくら」でもらってるだけで、いまだに年間契約とかしてないんで。だからコロナ禍の試合のない期間は収入がゼロ（笑）。

小橋　それがまさしく鈴木みのるだね。流浪の道じゃないけど。

鈴木　いまコロナで国が補償とかいろいろ言ってるけど、期待するのはやめたんで。くれるならもらうけど、それに期待して動かないんだったらなんにもならないから、とにかくいまできることをやろうと思って。で、いま自分ができることはパイルドライバー（注2）という自分のお店なんで、通販の仕掛けを一生懸命やってるね。あとトレーニングはちゃんとやるっていう。小橋建太を見習って（笑）。

小橋　嫌味を言われるのかと思ったよ（笑）。

鈴木　見習ってそろそろ入院しなきゃなと思って。ちょっとまえまで入院してたんでしょ？

小橋　ちょっと膝の手術をしただけだから。でも、ホントに元気だから励まされますよ。顔を見たら憎たらしいけど（笑）。

――鈴木さんと小橋さんって、じつは完全な〝同期〟なんですよね。歩んできた道は違うものの。

鈴木　そう。お互い1987年に入門して88年デビューだね。

――たしか、デビューは小橋さんのほうが少し早いんですよね。3、4カ月くらい。

鈴木　何月？

小橋　88年の2月デビュー。

鈴木　俺は6月なんで、4カ月小橋のほうが早いんだ。

――おふたりは入門はいつですか？

鈴木　俺は87年3月。

――あっ、早いんですね。

鈴木　3月17日だよ、忘れない（笑）。でかいバッグを持って、この等々力駅から道場まで汗をダラダラかきながら歩いたのを憶えてるもん。

――じゃあ、小橋さんのほうが入門はちょっと遅かったんですね。

小橋　僕は87年6月だったんで。

鈴木　だから俺のほうが入門は早いのに、デビューまで1年3カ月もかかったのには理由があるんだよ。

小橋　どんな理由？

鈴木　入門した時点では、じつは俺のほうがエリートなんだよ。小橋は高校時代に柔道をやってて、俺はレスリングをやってたんだけど、全国大会で決勝戦まで出て、日本代表として海外で試合をやったりとかもしてたし。新日本に入るときもサンボのビクトル古賀（注3）さんの紹介もあってさ。ただ、俺の場合はやらかしてしまう（笑）。

小橋　昔からそんなイメージはあったけど、なんかやったの？

鈴木　たとえば、入門して半年くらいのときにすぐそこに目黒通りの陸橋があるんだけど、あそこの下でお巡りさんに捕まったことがあるんだよ（笑）。

小橋　えーっ？

――新弟子がなにをやってるんですか（笑）。

鈴木　いや、当時新日本の選手が出入りしてたラーメン屋さんがあって、そこにバイクで荷物を届けに行ったんだよね。それで帰りに上の陸橋を渡って帰ろうと思ったらお巡りさんに捕まって。「お前、酒飲んでるだろ！」って言われたんで、「いや、飲んでない」って言ったら、「飲んでるだろ。酒臭い」って言われて、「いや俺、ホントに一滴も飲んでない！」って言っても、「ダメだ。検査させろ」って。だから「じゃあ、検査して一滴も出なかったらどうすんの？　飲んでねえって言ってんだろ！」って、そこでお巡りさんとケンカをしたことがある（笑）。

小橋　で、そのときは飲んでたの？

鈴木　一滴も飲んでない。なんで飲んでないかっていうと、そのちょっと前に六本木でちょっと事件を起こしまして、謹慎中だった（笑）。

小橋　えっ？

鈴木　新弟子のくせに俺と船木（誠勝）のふたりでさ。当時19歳……もう時効だよね？

――未成年ですが、30年以上前の話ということで（笑）。

鈴木　六本木でちょっとお酒を飲んでしまい、道路で暴れてしまい、ちょっとチンピラっぽいヤツとケンカになってパトカー5台に囲まれて、そのまま麻布署に泊まったことがある。それで謹慎処分になって（笑）。

小橋　そのときもうデビューしてたんでしょ？

鈴木　いや、まだしてない。それで会社からは「クビだ」って言われて。入門して半年経った頃だったんで、じつはデビューの日も決まってたんだけど、その事件を起こしちゃったんで、そういう話が全部なくなってしまった。前田

（日明）さんが長州（力）さんの顔面を蹴った日があったでしょ？　本当はあの日の第1試合でデビューするはずだったんだよ。そこでちゃんとデビューしていれば、俺は小橋の先輩になってたんだけどね。87年デビューになるから（笑）。

――あのとき、船木さんが「鈴木がクビなら、同じことをした俺もクビにしてください」って機転を利かせて、鈴木さんはクビをまぬがれたんですよね。

鈴木　そうそう。船木はすでにスター候補みたいな感じだったから。「ああいうふうに言っても、俺がクビになるわけないじゃん」って言ってたから（笑）。

――確信犯だったという（笑）。それでクビはまぬがれたけど謹慎処分になったので、デビューまで1年3カ月もかかった、と。

鈴木　そういうこと（笑）。

小橋　でも、そのままだったら87年デビューなんで、良かったよ。

鈴木　なんで良かったの？

小橋　いや、88年デビューだからこうして話もできるわけでね。

鈴木　俺を先輩扱いせずに済んで良かったってことか（笑）。

小橋　これ以上でかい顔されずにすんだからね（笑）。

「〝鈴木実〟っていうのは、新日本の礼儀正しい若手っていうイメージがあった」（小橋）

――おふたりは、デビュー当時からお互いのことは知っていたわけですか？

鈴木　俺、デビューするまえから知ってたよ。なんか雑誌に「全日本プロレスに若手が入門して、いま練習生が何人いて」っていう情報が載ってるページがあって、「コイツら、俺と同期なんだ」って思ったのを憶えている。

小橋　俺、そんなコーナーがあったの知らなかったよ。

――モノクロページの情報コーナーのトピックスですよね。

鈴木　そうそう。

小橋　俺ももちろん、新日本にこういう若手選手がいるっていうのは知っていたし。あと〝鈴木実〟っていうのは、新日本の礼儀正しい若手っていうイメージがあった。

鈴木　俺の礼儀正しさをわかってくれてたんだ。あんま言われたことないけど（笑）。

小橋　プロレス大賞の授賞式で初めて会って、

そのとき船木選手も一緒にいて。それで僕を入れて、「3人で写真を撮ってもらえないですか?」って雑誌の記者に言われて、撮ることになったんですよ。で、俺と船木選手が端で、鈴木選手が真ん中だったんだけど、そしたら「真ん中で写真に写ると早死にするから」って言って、どいたんですよ。

鈴木 ああ、なんか言ったかもしれない。

小橋 それで船木選手を真ん中にして。そのときに「早死にするなんて、なんちゅうことを言うんだ?」と思ったんだけど、船木選手って先輩になるわけですよ。だから鈴木選手は自分が真ん中にきたときに「あっ、俺じゃない……」っていうことを察して、どいたんだろうなと。周りの人に気を配れる人なんだなっていうのをすごく感じたね。

鈴木 いやー、ちょっとそれは正しくない勘違いだね(笑)。そのときは先輩を真ん中にしなきゃっていうのはあったんだけど、本音を言えば自分が真ん中で写りたかった。

小橋 あっ、ホント?

鈴木 うん。

小橋 またー(笑)。

鈴木 だけど、その3人で自分が一番出遅れてるっていうのもわかってたから。当時、船木がずいぶん前を歩いてて、小橋も前を歩いてるっていうのがあったんで。

——おそらく、小橋さんが新人賞を取ったときのプロレス大賞ですよね。89年度かな?

鈴木 そうかもね。俺が入ったばかりの頃の新人賞はジョン・テンタ(注4)だったから(笑)。

小橋 あのとき、プロレス大賞の会場にはもう来てたでしょ?

鈴木 うん、来てた。新日本と全日本しかなかったんで、真っ二つに分かれてたよね。

小橋 そう。でスタッフ同士も口をきかないし、もうピリピリしてて。

鈴木 それでベテランの何人かだけが、両方を行き来して声をかけてたんだよね。新日本から全日本に行った永源（遙）さんとか。

――永源さんは治外法権（笑）。

鈴木 あと、（ドン）荒川さんとかね。それで徐々に酒を酌み交わし始めて、藤原（喜明）さんと天龍（源一郎）さんで飲みの勝負が始まってっていう。それを見てて、「うわー、面倒くせえな……」って（笑）。

小橋 そういう中で、写真を撮られる位置まで気遣いできる鈴木選手の行動っていうのは、記憶に残ってるんだよ。

鈴木 いや、自分が力不足だってわかってるから譲っただけだよ。

小橋 でも、そのあとの行動を見ててわかるよ。

鈴木 いや、褒めなくていいよ（笑）。

小橋 鈴木選手は、試合をするときとか、挑発するときとか、ホントに憎たらしいんだけど、なんか終わったあとに熱いものがあるっていうか、「あっ、これが鈴木みのるっていう選手なんだな」って。鈴木みのると誰がやってもそういうものが出来上がるので、その原点が30年ぐらいまえのプロレス大賞での行動だと俺は思ったのに、本人は頑なに否定するからね（笑）。

――そうやってスカすのも鈴木さんっていう（笑）。

「俺の人生なんて『チクショー！』しかないからね」（鈴木）

鈴木 でもね、ホントに若手時代から俺は悔しい思いをし続けてきたんだよ。すぐ上の先輩である船木は常に注目を浴びていてね。先輩だけど同い年ですごく仲も良かったから、それだけに悔しいなって。俺はいつも船木の後ろをくっついているだけで、「お前はなにもできない」って言われてきたから。そうこうしているうちに、全日本では小橋健太（当時）っていう名前がどんどん出てきて、そこでも「チクショー！」と思って。もう俺の人生なんて「チクショー！」しかないからね。世代で言うと、闘魂三銃士とキャリアはそんなに変わらないんだよ。俺と武藤（敬司）さんで3年しか違わないんで。

小橋　そうだっけ？　いや、5年くらい違うでしょ。

鈴木　違う違う。3年しか違わない。

——武藤さんは84年入門で半年経たずにデビューなんで、入門から数えるとちょうど3年違いですよね。鈴木さんはやらかしによる謹慎期間があるので、〝1年留年〟みたいな感じでデビューが遅れましたけど（笑）。

鈴木　ブリ返さなくていいよ！（笑）。俺は合宿所に入ったとき、上の先輩が蝶野（正洋）、橋本（真也）なんで。それで若手で第1試合をやってるときは、いつも佐々木健介に勝てなくて。UWFに移籍してからは、いつも船木がいて。17年前にプロレスに戻ってきたら、〝四天王〟と呼ばれた人たちや、〝三銃士〟と呼ばれた人たちがいてね。いまはオカダ・カズチカや内藤哲也という、10歳以上も歳が離れてるヤツらがトップに立ってて、俺はいつもイチバンになれない。だから俺がまだ現役でいられる原動力は、イチバンになったことがないっていうのがちょっとあるかも。

小橋　いまの言葉を聞いてもそうだけど、キツいことを言いながら、どこかあったかさを感じる。

鈴木　あら、また褒めてくれるんだ（笑）。

小橋　だけど、それがまた腹立つっていうね（笑）。

鈴木　なんで腹立つんだよ。腹立つところじゃないじゃん、それ（笑）。

小橋　なんかあるんだよ。少しのあったかさを感じても、刺々《とげとげ》しさが上回るっていうね。

――でも、小橋さんも若手時代からずっと活躍し続けているように見えながら、若い頃は相当ハングリー精神がありましたよね？

小橋　僕は全然エリートじゃないし、もともと全日本にずっと入れてもらえなかったからね。履歴書送っても相手にされなくて。それで、なんとか入門したあと、馬場さんの付き人をやっても、馬場さんはなかなか認めてくれないし。昔の全日本は、どっちかというとエリートの人たちが集まるところだったので。

――昭和の全日本はそうでしたよね。大相撲からの転向組とか、元オリンピック選手とかがメインを張るという。新弟子から入った選手は、ずっと前座みたいな。

小橋　だから自分の扱いも酷かったし、そういうのもあったから、なんとか努力して認められたいっていう気持ちだったんで。

――ただ、小橋さんも鈴木さんも、当時の若手としては異例なほど、早くからいいカードに抜擢されてましたよね。89年3月に、小橋さんは馬場さんと組んでアジアタッグに初挑戦して、同じ月に鈴木さんは猪木さんと一騎打ちをしているという。

小橋　あー、猪木さんとやってたね。それはすごい。

――デビュー9カ月で猪木さんとやるなんて、前代未聞でしたからね。

鈴木　いや、それは美談にしすぎなんだよ。俺は会社に文句を言ったんだもん。

小橋　えっ、なんで？

鈴木　当時、猪木さんが長州さんに初めてフォール負けして、「イチからやり直す」ってことで、次のシリーズは第1試合にずっと出てたんだよ。そのとき、猪木さんは第1試合なのにガウンを着て、入場テーマ曲付きで出てきてさ、相手は外国人なの。

――昔は新日も全日も、前半の試合はテーマ曲なしだったんですよね。

鈴木　俺はそれまで毎日第1試合だったのに、猪木さんがきたことで第2試合に繰り上がったんだよ。それまで「第1試合は大事だから、任せる」って言われてたので、誇りを持って闘ってたのに、そこをあっさりどかされてね。それでリングアナウンサーだった田中ケロさんに言ったの。「俺たちは1以下ですか？　俺は正直〝おまえらなんかいらない〟って言われてるふうにしか思えないです」って言ったら、「なんだおまえ、社長がやることに文句あるのか？」って言うんで、「あります！　第1試合は大事だから任せるって言ったのに、どかすってどういうことですか！」って文句を言ったことがあって。そしたら会社の会議にかかって、猪木さんが「おもしろい。やろう！」って。だから言ってみるもんだよね。

小橋　そこで「おもしろい。やろう！」って言える、猪木さんがすごいね。

鈴木　だから俺は、猪木さんと対戦しようっていう狙いがあって言ったわけじゃないんだよね。まあ、あれが全日本で、相手が馬場さんだったら、俺はクビだな（笑）。

「丸くならないのは鈴木みのるくらいだから（笑）」（小橋）

小橋　僕は現役時代、猪木さんとお会いする機会はあまりなかったんだけど、最近は話す機会が何度かあって。お会いするたびに、「こんなに心の大きな人なんだ」と感じることが多いですよ。

――全日本から見るイメージとは全然違ったというか。

小橋　そうですね。まあ、若い頃の猪木さんがどうだったかはわからないですけど。人は誰でも歳を重ねると丸くなるので。丸くならないのは、鈴木みのるくらいだから（笑）。

鈴木　丸くなんかなってたまるかよ！（笑）。逆に、俺は馬場さんにお会いしたことが一度もないの。直接挨拶したこともない。だから下手したら、俺のことなんて知らないんじゃないかな。

小橋　会ったこともなかったんだ。

鈴木　まったくない。

小橋　猪木さんとは会ったら挨拶くらいで、いろいろ話したりするようになったのは引退してからですね。

鈴木　猪木さんは、全日本、ノアが嫌いだったと思うからね。

小橋　嫌いだった?

鈴木　と思う。俺もそんなに詳しくないけど、昔は「全日本なんかに負けるな!」ってよく言ってたみたいだし。俺も周りの先輩とかに言われたことがあるしね。

小橋　それはやっぱり全日本にもあった。「新日本に負けるな!」っていうのは。

鈴木　どっちもどっちなんだよね(笑)。

――昔の全日本は格を重視する世界でしたから、デビュー1年の小橋さんが、馬場さんと組んでアジアタッグに挑戦というのも、当時はありえないカードでしたよね。

小橋　あれは僕が「アメリカに行きたい」って言い続けた結果、組まれたカードなんですよ。

鈴木　どういうこと?

小橋　僕はずっと「アメリカに修行に行かせてください」って言ってて。でも、馬場さんは「もうアメリカからは学ぶものはない。日本で俺が育てる」って言って行かせてもらえなかった。それでも何度もお願いして、一度、ドリー(・ファンクJr.)のところに行くっていう話もあったんだけど、それもなくなって。その代わりみたいな感じで、あのカードが組まれたんです。

鈴木　へえ〜。まったく方針が違うからすごくおもしろいよね。俺は同じくらいのキャリアのとき、アメリカに行きたいという発想は全くなくて。「とにかくチャンスください！　くれたら、どんな相手でもぶっ飛ばします！」って言って回って、いつもギラギラした目つきをしてたね。だから「目つきが悪いな、おまえ！」って先輩から殴られても、「うっせえな、この野郎！」って思いながら片付けをして。

小橋　あの頃はまだ、海外に修行に行くのがひとつのステータスだったんだけど、全然行ってないの？

鈴木　いわゆる海外武者修行みたいなのはいっさい行ってないね。その代わり、UWFに移ったり、パンクラスを作ったりして、格闘技修行してたんだよね。他の国のプロレスを学ぶんじゃなくて、いろんな格闘技を吸収したことが、いまのプロレスにも活きてるから。UWF、藤原組、パンクラスっていうのが、俺の長い武者修行期間だったんだと思う。

小橋　うまいんだよね〜、こういう言い回しが。

鈴木　で、そんなうまい言い回しが、このたび本になりまして（笑）。

小橋　えっ、そうなの？

鈴木　（本を取り出して）毎月、『KAMINOGE』で、ここにいるガンツと対談しているのをまとめた『鈴木みのる　ギラギラ幸福論』（注5）という本が、「白の章」「黒の章」と2冊出たので、これをプレゼントします（笑）。

小橋　あっ、ありがとうございます（笑）。

鈴木　まあ、こんなときだから家にいることも多いだろうし、暇つぶしに便所でクソでもしながら読んでくれればね（笑）。

――鈴木さんをはじめ新日系の選手って、昔か

ら自分がやってることや考えてることを、どんどん言語化して発信するタイプが多いですよね。それに対して全日本は、よけいなことはしゃべらずに、試合で魅せるみたいな。

小橋　そういう方針でしたよね。

鈴木　思想もスタイルも違ったよね。その象徴的なシーンが、（05年1月8日）日本武道館で俺が小橋が持っているGHCヘビー級王座に挑戦したときじゃないかな。カーンとゴングが鳴った瞬間に小橋がリングの真ん中に立って、両手を広げて構えたんだよね。それに対して俺は「どっから入ろう……」と思って、グルグル周りを回って。これがいまで言うところの全日本っぽいのと、新日本っぽいスタイルの違いを象徴するシーンだったのかなって。こっちは隙があれば行ってやろうっていう。小橋は憶えてる？

小橋　もちろん。あれは意識してやったので。鈴木選手は動きが速いんで、どこから入ってくるのかわからないから、真ん中で待ち構えるっていうのは考えてた。

――それは馬場さんから脈々と受け継がれるチャンピオンの闘い方みたいなものですかね？

小橋　うん、そうですね。

鈴木　新日本系は隙あらば殴れだから（笑）。

――もし馬場vs猪木が実現していたとしたら、同じように馬場さんが中央で構えて、猪木さんがぐるぐる回ったような気がするんですよ。

鈴木　確かに、そうなったかもしれないね。

小橋　２００５年に武道館でやったときは、〝馬場vs猪木〟っていうのも僕は意識しましたよ。なんでかと言うと、鈴木選手は〝アントニオ猪木〟っていうのを感じられるレスラーなんですよ。だから、僕も馬場さんの昔の構えを出したんです。「この選手とだったら出す意味があるな」と思って。

――なるほど。

小橋　あの構えのことは昔から知ってて、リングの中心で相手がどこから来てもいいように待ち構えて、相手を回らせるという。そして鈴木選手は隙を狙っていただろうから、ちょうどお互いに思ってることが合致したんでしょうね。

「小橋vs鈴木の実現を一番望んでたのも髙山なんだよ」（鈴木）

――そういえば、あの試合のテレビ解説を髙山（善廣）さんがやってて、「あの構えは、俺が昔持ってた馬場さんのブロマイドと同じだよ。それをいま小橋がやってるんだ」って言ってましたね（笑）。

鈴木　アイツはプロレス少年だからね（笑）。実は小橋vs鈴木の実現を一番望んでたのも髙山なんだよ。

小橋　そうなの？

鈴木　俺が新日本で髙山と組んでるとき、「鈴木さん、ノアに一緒に行かない？　俺、三沢さんに話をするからノアに行こうよ」って言うから、「えっ、ノア？　俺が行ってどうすんの？」って言ったら、「絶対に試合として成立しなさそうだからいいんだよ。鈴木みのるvs三沢光晴とか、鈴木みのるvs小橋建太、鈴木みのるvs田上明とか、見たいな～」とか言ってさ。

――どうなるかわからないからこそ、おもしろいと。

鈴木　それで髙山が三沢さんからオッケーもらって、俺はあいつのノリでノアに連れて行かれたんだよ（笑）。

小橋　GHCの防衛戦をやる前、2004年のグラジエーター（注6）と防衛戦をしたあとに鈴木選手がリングに入ってきたんだよね。

鈴木　あっ、憶えてる。横浜文体でしょ。

小橋　マイクで対戦をアピールしてきたんだけど、言うことがもう憎たらしくてね（笑）。

鈴木　あの日、忘れられないことがひとつあるんだよ。試合が終わって控え室に戻ろうとしたら、ひとりの女性客が俺の前に来て、「てめえなんかが来ていいところじゃねえんだよ！　帰れ！」って言うから、「うるせー！」って言い返したら、その女にツバをペッとかけられたの。あれは忘れられないね（笑）。

小橋　えーっ⁉　そんなことを……。

鈴木　ペッて顔にツバかけられたのを、俺は手で拭いて目の前でなめて睨みつけてやったら、「キャー！」って逃げて行ったんだけど。それ

だけノアのファンは、小橋建太や三沢さんたちが作ってきたリングが大好きで、熱狂的に応援してる人たちなんだなと感じてね。だからこそ、それをひっくり返してやろうと思ったね。

――鈴木さんは、その世界を汚す外敵って感じだったんでしょうね。

鈴木 その世界を汚すもなにもさ、リング上で殴り合ってるんだから一緒だろって話だよ。わりと俺は自由にいろいろやってきた気がする。逆に小橋とか当時の全日系の選手たちのほうは、決められたものを一個ずつやって上にあがっていった感じがするけどね。

――たしかに、小橋さんはひとつのものを究めていく感じですもんね。

小橋 僕にとってはそれが逆に自由だったんですよ。自分が目指したこの道だけをやることができたので。そこに迷いはなかった。

「常に意識してくれてたと思うと、一生懸命やってきてよかった」（小橋）

――おふたりとも「自分のやりたいことをやった」という意味では一緒だったわけですね。

鈴木 俺は新日本でデビューして1年も経たずにUWFに移籍して、そのUWFも2年経たずに解散したんで、藤原組に行って。短いスパンでいろんな団体に行って、自分が本当にやりたいことを求めてさまよっていた感じだけど、全日本にいた小橋建太は、常にひとつの道で着実に上がっていってたんだよね。新人賞もそうだし、タイトルもそうだし、変な話、正しい世界で上にあがっていくわけじゃん。それを見て、俺は悔しい思いをずっとしていて。やっていることは違っても、同じ年にデビューした人間としてすごく意識していたし、それはパンクラスになってからも変わらなかったね。

小橋　そう言ってくれるとなんかうれしいよね。

鈴木　いや、いつかはぶっ飛ばしてやろうって思ってるんだよ（笑）。

小橋　だってさ、格闘技方面に行ってたら、普通なら「小橋建太？　なに？」っていう感じじゃん。

鈴木　いや、「小橋建太？　俺のほうが強《つえ》えに決まってんじゃん。あんなヤツは秒殺だよ。ボコボコにしてやるよ！」って毎日人に言って、毎日思ってたけど、いつも俺よりも上にいるっていう。だから悔しかったなあ。

小橋　だけど、そうやって常に意識してくれてたんだと思うと、一生懸命やってきてよかったなって。

鈴木　何年も狙われてたんだよ（笑）。

小橋　いや、鈴木みのるにそう思われるっていうのは凄いことだよ。だって口は悪いし、言葉にトゲがあるからね。その人間が、自分をそういうふうに意識してたっていうのは、素直にうれしい。

鈴木　自分より評価されてるヤツがいると悔しいし、嫌だったんだよ（笑）。当時、小橋建太を筆頭に全日本の四天王プロレスっていうのは、世の中にも認知されていて、すごいプロレスだって最も評価されてたからね。極論を言えば、相撲だって敵視してたもん（笑）。

小橋　相撲？

鈴木　当時、若貴ブームだったじゃん。だから若乃花、貴乃花とか、あとは「曙と俺がやったらどうやって倒そうか……？」とか、よく考えてたんだよ。それから10年以上経って、曙と一緒にプロレスやるようになって、仲良くもなったんで一緒に飲んでるときに言ったことがあるんだよ。「昔、曙をどう倒すかずっと考えてた。まずローキックかな、とか」って言ったら、曙が「良かったー、あのときに会わなくて」って（笑）。それぐらい、三沢、小橋とか、相撲の若貴、曙とか、当時人気があった人たちより上に行きたいっていう気持ちが強かったね。

小橋　ホントに話がおもしろいね（笑）。

鈴木　そういう思いがなければ、一日に8時間とか練習できない。当時は起きてる時間はずっと練習してたから。ホントにやってた。

小橋　それはパンクラスの頃？

鈴木　そのまえの藤原組からずっとだね。最終的には藤原さんとケンカ別れして、出ていっちゃうんだけど（笑）。

小橋　ケンカ別れなんだ（笑）。

鈴木　どんどん格闘技志向が強くなって、現実路線の藤原さんと考えに溝ができちゃってね。「出て行け！」って言うから、「言われなくたって辞めますよ！」って大ゲンカをして（笑）。

――でも、すべては自分がやりたいことをやるためですよね。

鈴木　わがままだよね。

小橋　でも、自分を曲げないっていうのは、この世界では一番大事なことだから。自分がやりたいことを求め続けているという意味では、いろんな団体を渡り歩いていても、筋は一本通ってると思う。

――だから、おふたりとも自分がやりたいことを突き詰めてるんですよね。

小橋　僕自身、いろんなことがありましたけど、自分がやりたいプロレスっていうのは変わらなかったんで。

――SWSができたとき、揺れたりしたことはなかったですか？

鈴木　はい、またぶっこんできた（笑）。

小橋　いや、まったくなかったね。あれは何年でしたっけ？

――90年ですね。

小橋　じゃあ、まだ馬場さんの付き人をやってるかやってないかっていうときだったんで、SWSっていうのはまったく頭になかったですね。

――でも、天龍さんを始め選手大量離脱があって、キャリア2年でありながら、全日本を守らなきゃいけない立場になったのは、小橋さんのその後のプロレス人生にとっても大きかったんじゃないですか？

小橋　大きかったですね。やっぱり「全日本を守らなきゃいけない」っていう責任感が出てきて。あのとき、天龍さんの付き人を後輩の折原（昌夫）がやってて、折原が天龍さんを追ってSWSに行こうとしたとき、「なんで行くんだ！　行くなよ！」とか、いろいろ言ったとか言わないとかで。それがあとで天龍さんの耳に入ったみたいで、「小橋を殴る！」って、バットを持って全日本の道場まで来たっていう。

鈴木　あのオヤジもすげえな（笑）。

小橋　そのときはちょうど僕はいなくて、入門したばかりの浅子覚《さとる》が対応したらしいんだけど。天龍さんに「小橋はどこにいる？」って聞かれて、浅子が「いまはいません」って答えたら、天龍さんが「そうか……」って、浅子に小遣いを渡して帰って行ったっていう（笑）。

――それは折原さんを通じて、小橋さんが言ってたことが天龍さんの耳に入って怒ったということですか？

小橋　いや、俺はべつに言った憶えはないんだけどね。それで天龍さんは2回来たのかな。で、2回目も俺がいなくて。

――天龍さんも相当頭にきてたんですかね（笑）。

鈴木　でも、それは小橋建太が持ってる運というか。もし俺だったら1回目で天龍さんとハチ合わせになって、そのままぶん殴られた気がする（笑）。

――そして警察沙汰になってたかもしれないですね（笑）。

鈴木　「痛ってえな、クソジジイ！」って殴り返したりして、収拾がつかなくなってたかもしれないね（笑）。だから、ホント同じ頃にプロレスを始めたのに、俺と小橋じゃこうも違うのかって思うよね。

「自分が思った通りに生きたいっていうのが一番だから」（鈴木）

小橋　おもしろいよね。それでいまもプロレスのリングで輝いてるからさ、そこはうらやましい。こないだの獣神サンダー・ライガー選手との試合も見たけど、「これが鈴木みのるだな」って思ったよ。

鈴木　えっ!?　どこでだよ（笑）。

小橋　最後のシーンじゃなくて、引退する選手を容赦なくボッコボコやってて。

鈴木　あれに関しては、俺が全力でやって残りカスがないようにしてやらなきゃ、俺がやる意味がないと思ったから。

小橋　もちろん、その通り！　たとえば僕も、引退試合で相手に手を抜かれたら逆に腹が立ちますよ。そこを容赦なくガンガンいったのが、やっぱり鈴木みのるらしいなと。それで最後は、道場でスパーリングをした後のように、正座して礼をしてね。ホントね、悪いヤツなのか、真面目なのかわからなくなってくるよね（笑）。

鈴木　いや、俺は良いヤツなのか悪いヤツなのかっていうのはどうでもよくて、自分が思った通りに生きたいっていうのが一番だから。自分が気に入らなければ、「うっせーな！」って言うしね。だから、いま新日本に攻め入ってるけど、間違っているのはアイツらで、正しいのは俺だと思ってる。悪いことをしてるんじゃなくて、自分がやりたいようにやってるだけだから。

小橋　俺だって意外とそうだよ。プロレスだけじゃなく、このジムを作ったのも、自分自身が気に入ってやってることだから。ここは24時間オープンで、低料金で好きなときにやれると。それで良いマシンを入れていて、自分で実際にやってみてすごくやりやすかったんで、こういうジムを開けたらいいなって。

鈴木　完全に自分のためでもあるよね。24時間練習できるようにっていう（笑）。

小橋　最近、全人口で60歳以上が3人にひとりの割合でいるといわれる世の中で、好きなときに低料金でやれるトレーニング場を作ることができたら、それもひとつの社会貢献になるかなと思ってやってみようと思ったんだよ。

鈴木　社会貢献……俺の中にはない言葉だな(笑)。

小橋　いや、いろいろやってるじゃない。

――広い意味でプロレスもそうじゃないですか?

鈴木　俺はプロレスを大衆娯楽だと思ってる。学校から帰ってきて、「今日のプロレス楽しみなんだ!」っていう小学生がいて、仕事が終わったお父さんも、「今日は鈴木と○○の試合がある!」って楽しみにして来る。そういう世界にもともとあこがれてたから、その世界にいる自分に胸を張りたいと思っている。いま、「不要不急」なんて言葉があるけど、プロレスはどうしてもそこに入れられてしまうじゃん。

――生きていくために、必ずしも必要なものではない、ということで。

鈴木　だけど、俺自身はプロレスと出会ったことで人生が豊かになったので、それを見せたいなっていう気持ちはあるね。

――それだけに、いま新型コロナウイルスの影響で大会が開けない、試合ができないっていうことに対しては、忸怩《じくじ》たる思いがあるんじゃないですか?

鈴木　それでこの対談をねじ込んできたんでしょ?(笑)。

――いや、こんな時期だからこそ、おふたりを通じて、プロレスファンにポジティブなメッセージを誌面から発信できたらと思ったんですよ。

小橋　僕もそういう理由でこの対談をやりたい

っていう話を聞いたんで、この「外出するな」って言われてる中でもやろうと思ったんですよ(笑)。この対談で、少しでもファンのみんなが元気になるのなら、出る意味があるなと思ってね。

――いまとは状況が異なりますけど、95年の阪神淡路大震災の直後、小橋さんは大阪で川田利明選手と60分フルタイムをやって、試合でファンに勇気を与えたことがありましたよね。

小橋　あれはね、ウチの祖母が兵庫県に住んでて、あの当日も電話したんだけど繋がらなかったんですよ。「これはヤバいな」と思って。京都の母親とは電話が繋がったんですけど、兵庫県はまるっきりダメで。自分自身、どうしたらいいのかなと思って。でも、さっき鈴木選手が言ったように、プロレスは生きるのに必ずしも必要なものじゃないけど、それを楽しみにしてくれている人たちがいる。実際、震災からわずか2日後で、あんな状態だったのに、会場に行ったらたくさんの人たちが来てくれてたんですよ。もちろん席が空いてたりもしたけど。

――来たくても来られない人もいたでしょうね。

小橋　チケットは買ってたけど来られないとか、亡くなってしまった方もいたと思います。でも、それでもプロレスを観るために集まってくれた人たちがいるんですよ。そこで自分は全力ファイトをして、みんなに元気を出して欲しいっていう思いでやってたのを憶えてますね。あのとき、自分ができることはプロレスを一生懸命することなので。そういう思いしかなかったですね。

――こういうときって大会を開くことへの是非論が必ずあるじゃないですか。「こんなときにやるな！」っていう声もあったりはしますけど、あのときはやって良かったっていう声が結果的に多かったですよね。

小橋　僕自身、やってよかったと思いました。落ち込んでたファンのみんなが、少しでも元気になってくれたんだったら。

――鈴木さんは、2011年の東日本大震災のときは、ちょうど東北巡業中だったんですよね？

鈴木　現地にいたんだよ。当日、宮城県の石巻で全日本の大会があって、体育館に向かって仙台市内を車で走ってるときに地震が起きたんだよね。

――まさに現地ですね。

鈴木　いやー、凄かった。震度7っていうのを経験して、崩れた家の瓦礫をどかしてる家族とか、泣きながらポツンと立ってる女の子の姿なんかを見てきたんで。もちろん、その日の興行は中止になって、どうにかして東京に帰ろうってなったとき、ひとりの若者が俺に話しかけてきて、「本当は今日プロレスを見に行く予定だったんです。でも、行けなくなっちゃいました。無事、東京に帰ってください。この街は僕らがなんとかしますから。そしたらまた僕たちにプロレスを見せに帰ってきてください」って言われて、俺は生かされてる意味があると思ってね。

小橋　それは「必ずここに、プロレスを見せに戻ってこよう」と思うね。

鈴木　他人事とは思えないというか、被災した人たち全員は助けられないけど、プロレスが好きな人のうちの何割かを助けられるなと。だったら、その人たちのためだけでいいからやろうと思って。まあ、俺がやるとすごく批判されるんだけどね。「そんなのいまやってどうするんだ！」とか、「そんなやり方は間違ってる！」っていまも言われるけど、これでやめたら助かるかもしれないひとり、ふたりの命が助からなくなっちゃうんで、俺はやろうと思って。批判は慣れっこだから。俺は批判の中で生きてるからね（笑）。

小橋　たしかに阪神淡路大震災のときも、プロレスが大好きな人以外は、「なんで試合をやるんだ！」っていうのはあったと思うんだよね。

鈴木　プロレスが好きじゃない人にしてみたら、関係ないもんね。

——だからこそ、「こんなときに商売しやがって！」って言い出す人もいたりして。

小橋　ただ、いま鈴木選手が言ったように、少ない人であってもプロレスを見たいって言ってくれる人たちを元気にすることによって、その周りにいる人たちも元気にしていくと思うし。「いい試合を見られた。俺もがんばろう！」って思ってくれた人が、「みんながんばろうぜ！」って元気が広がっていくと思うんですよね。だから鈴木選手はそういう良いこともするんだよね……。

鈴木　何もその苦いものを食いながらしゃべってるみたいな顔にならなくてもいいだろ（笑）。

小橋　言葉のチョイスがすごくうまいから悔しい（笑）。

鈴木　いまも世界中に新型コロナウイルスという目に見えないものによって冒されている人がいて、たくさんの人が亡くなって、外も気軽に出歩けなくなっている。こんな日が来るなんて、みんな思ってもみなかったと思うんだよね。いまだからこそ、俺に何か発信できることがあるんじゃないかと考えていたとき、今回ガンツから「小橋さんと明るいメッセージを送るような対談ができませんか？」って言われて、「そうだな。会いたいな」と思ってね。だから、今日

DIESEL INDUSTRY
ONLY THE BRAVE
D RR-55
IT.HQ

はぶっ飛ばしにきたわけじゃないから（笑）。

小橋　ダメだよ、俺は病院から出てきたばかりなんだから（笑）。

鈴木　倒すならいまがチャンスだな～（笑）。

「プロレスがまた盛り上がってきたところでもあるんで、この流れを止めちゃいけない」（小橋）

――実際にいま自粛、自粛というなかで、みんな気持ちがどんより落ち込んでるじゃないですか。

鈴木　イライラしてるだろうね。

――こういうときこそ、エンターテインメントが力になるんじゃないかとも思うんですよね。

小橋　だからこの対談を、ガンツさんが「こういう時期だからこそやりたい」って言ってきてくれたとき、リング上ではないけど、これもひとつのプロレスの形として、ファンのみんなに喜んでもらえるんじゃないかなって、思ってね。

鈴木　プロレスが好きな人って、おじいちゃん、おばあちゃんの世代もいるし、俺らぐらいの40代、50代もいれば、いまや10代とか小学生までが熱狂してる。いろんな波はあったけど、プロレスがまた盛り上がってきたところでもあるんで、この流れを止めちゃいけないなっていう思いもあるね。

――東日本大震災のときは、『ALL TOGETHER』という武道館大会があって、プロレス界全体で元気を発信したことがありましたけど、プロレスができる状態になったら、そういったものもまたやってほしいですね。

小橋　もう少し経てばね。そういう大会もぜひやってほしい。

鈴木　俺たち自身はウイルスをやっつけられないんで、そこは専門家が闘ってくれてるから、その人たちの邪魔にならないようにしなきゃいけないという思いが、ひとつある。だから、いまはいつ大会が開けるようになっても、すぐに最高のパフォーマンスができるようトレーニングしながら、こういうメディアを通じた活動とかで、自分のできることをやろうかな、と。

小橋　でも、みんな外出もできなくて沈んでいるときだからこそ、こういう対談をみんなにも読んでほしいな。好きな人しか見ないものだけど、読んだ人が元気になってくれれば、それはなんらかの形でいい方向に広がっていくと思うので。

――元気が波及していけばいい、と。

小橋　そうですよ。

鈴木　俺は広がっていけばそれでいいけど、そこまでは考えてなくて。いまプロレスを求めてる人に、ちゃんと100パーセント渡したいっていう気持ちがある。好きな人に「しか」届かないじゃなくて、好きな人に「さえ」届けば、それでいいんじゃないかなって。だから、100パーセント届けるためにも、いまはコンディションを整えながら、追い込んでるよ。いま、この時期にしっかり練習しているヤツとしてないヤツとでは、試合が再開されたとき、ハッキリと差が出るんで。俺は埋もれたくないからね。

小橋　でも、気持ちも見た目も昔から変わってないよね。

鈴木　日本でも海外でも、俺の年齢を言ったら、みんなビックリするよ。レスラー仲間に、「実は小橋と同期なんだよ」って言うと、みんなが「えーっ⁉」って言うよ。要は、俺は年齢不詳のままなんだよね（笑）。

小橋　俺はもう引退して7年になるからね。

――もっと言えば、鈴木さんは田上さんとも同期ですもんね（笑）。

鈴木　そうだ。田上のデビューはいつだっけ？

――田上さんは、小橋さんよりちょっと早いですけど、88年1月ですよ。

鈴木　じゃあ、同じ88年デビューの同期だ（笑）。

小橋　同期対談をやるなら、俺よりもある意味、鈴木みのるvs田上明っていうのがおもしろかったかもしれないね。予想がつかなくて（笑）。

鈴木　会話が成立するかどうかもわかんないよ。何年か前、ノアに攻め込んで、悪いことしすぎたから話してくれないかもな（笑）。

――社長を困らせすぎましたからね（笑）。

小橋　そうか。あのとき田上さんが社長か。

――社長をボロクソに言ってましたからね（笑）。まあ、あの頃はGHCタイトルマッチの立会人になった小橋さんもずいぶんやられましたけどね。

小橋　酷かったよな～。

鈴木　思い出した。試合前、ベルトを立会人の小橋に渡すとき、手渡ししないで、わざわざベルトをマットの上に置いて。「拾え！」って言ったんだ（笑）。

小橋　そうそう！　あれは頭にきたね（笑）。ベルトを受け取りに行ったらベルトを放り投げてさ。

鈴木　あのときの対戦相手が丸藤（正道）で、俺が勝ったんだけど。試合後、小橋がベルトを渡しに来たときにすごい嫌そうな顔をしてたから、「よし、見下してやろう」と思って、コーナーの上に座って「ここへよこせ！」って言ったんだよ。そうすると必然的に、上の位置にいる俺に渡すことになるから。

――ベルトを〝献上〟するかたちになるわけですね（笑）。

鈴木 その写真をどうしても撮らせたかったんだよ。そうすることで、「小橋が俺にベルトを差し出した」事実を画《え》として残したかった。「ほら、俺のほうが上だろ」っていう画をね。

小橋 ホント性格悪いよな（笑）。結局、あのときはレフェリーがベルトを拾ったんだっけ？

鈴木 たしかそう。「拾え！」「おまえが拾え！」みたいなやりとりが続いて、埒が明かないから（笑）。

小橋 そういうこともあったな〜。今日はこれまでの遺恨を超えて、ポジティブな対談のはずなのに、思い出したらムカついてきたよ（笑）。

鈴木 アハハハハ！　こりゃ、3度目の対談はないかな（笑）。

――貴重な対談、ありがとうございました！

（笑）。

（注1）試合中の事故で頸髄完全断裂の重傷を負った高山善廣を支援するため2018年と2019年に後楽園ホールで開催されたプロレスイベント。

（注2）原宿の表参道に店舗を構える鈴木みのる経営のアパレルショップ。2023年にオープン8周年を迎えた。

（注3）旧ソ連時代にサンボ世界選手権で、日本人としては初めて優勝。ソ連政府から「ソ連邦功労スポーツマスター」「ソ連邦スポーツ英雄功労賞」を受け、日本でのサンボ普及に尽力した、伝説的なサンボ選手。

（注4）カナダ人巨漢プロレスラー。琴天山の四股名で大相撲で活躍後、1986年に全日本プロレスに入団。翌87年5月にデビューし、この年の「プロレス大賞」新人賞を受賞。89年からWWF（現WWE）に参戦し、ジ・アースクエイクのリングネームでハルク・ホーガンとも抗争を展開した。

（注5）『KAMINOGE』の連載「鈴木みのるのふたり言」をまとめて、2019年に徳間書店から発行された書籍。

（注6）1990年代後半、FMWの外国人レスラーとして活躍した大型レスラー。ECWでは世界ヘビー級王座を獲得。99年に全日本のリングに初登場し、小橋建太とシングルマッチを行ったことがきっかけで、ライバル関係となった。

小橋建太
1967年3月27日生まれ。京都府福知山市出身。全日本プロレス及びプロレスリング・ノアに所属していた。膝の手術や腎臓がんに見舞われながらも前例のない復帰を遂げながら戦線に立つ。2013年5月に引退し、現在は自身でプロデュースする興行などを開催。

鈴木みのる

歩んできた
道のりが同じ先人

×

初代 タイガーマスク

佐山サトル

佐山サトルと鈴木みのるはともに新日本プロレスに入門した。入った時期はひと回り違う。なのに、話をしていくにつれて同じ道を歩んできたことがわかった。共通の師匠はカール・ゴッチ。ふたりが語る〝神様〟と過ごした日々は必読だ。

写真：杉山拓也／文藝春秋

「ゴッチさんと練習していると、必ず佐山さんの話が出てくるんですよ」（鈴木）

――佐山さんは1975年に新日本プロレスに入門されて、鈴木さんは1987年入門。入った時期はひと回り違うんですけど、不思議と同じような道を歩んできた気がするんですよ。プロレスラーになりたくて、高校時代にアマチュアレスリングを始めたところから。

佐山　鈴木さんも新日本プロレスに入りたくてレスリング始めたんですか。

鈴木　本当は中学卒業したら、すぐに入りたかったんですよ。当時は中卒で入ってる選手がたくさんいたんで、俺もそうしよう、と。それで新日本プロレスに履歴書を持っていったら、「いまは中卒は取ってない」って言われて門前払いを食ったんです。それで困っていたら、中学の先生に「ジャンボ鶴田や長州力は、アマチュアレスリングでオリンピックに行ってスカウトされてプロレスラーになったんだぞ。おまえもレスリングやって、スカウトされればいいんじゃないか」って言われて、それでレスリング部のある高校に進学したんです。

佐山　ボクも学校の先生に「プロレスに行くのは、高校でレスリングやってからにしなさい」って言われて、レスリング始めたんですよ。まったく一緒だ。鳥肌立つな。

――佐山さんも鈴木さんも、当時としては身長が足りなかったこともありますよね。

佐山　ボクはちっちゃかったですからね。体力だったら負けない自信があったんだけど。

鈴木　あの頃、身長185センチくらいのレスラーはざらでしたからね。みんな大きかったですよ。入ってみたら、怪獣みたいだった。

佐山　ボクが新日本に入ってびっくりしたのはキラー・カーン。当時は小澤正志でしたけど、身体だけじゃなく、あんなに顔が大きい人がいるのかとびっくりした。

鈴木　このあいだ、久しぶりにタイガー戸口さんにお会いしたんですけど、やっぱり昔のレスラーはデカいですね。

佐山　戸口さんはときどき会うんですけど、イタリアのマフィアみたいな雰囲気を持ってますよ。レスラーらしいレスラーですよね。

——鈴木さんが新日本に入った1987年というと、佐山さんはすでにシューティングを始められてた頃ですよね。

佐山　そうですね。

鈴木　ボクは学生時代、佐山さんとビクトル古賀さんの『これがサンボだ！』（86年刊）っていう、サンボの技術解説書を読んだんですよ。「こんな格闘技があるんだ」と思ってたら、その後、ビクトル古賀さんにいろいろ指導していただけたんですよ。高校のレスリング部の監督と家が近いことで親交があって、ウチの高校の練習を観にきてくれて。それで、いろいろと教わりましたね。

佐山　そうですか。古賀さんは凄い人ですからね。若い頃に単身ロシアに送り込まれて、サンボの大会で優勝するって考えられないですよ。

——そして、佐山さんと鈴木さんの共通の先生といえば、カール・ゴッチさんですよね。

佐山　新弟子の頃、ゴッチさんが日本に滞在していたので下っ端の僕が世話役でしたから。ずっと一緒でしたよ。練習もキツかったけど、もっとキツいのは私生活。話すことが好きな人なので、疲れていても英語の話をずっと聞いてなきゃいけないし、几帳面でマナーにも厳しい。蕎麦をすすって食べたら怒られますからね。

鈴木　ボクもラーメン食べてるとき、「音を立てるな！」って怒られましたよ（笑）。

佐山　変わらないなあ（笑）。

――蕎麦やラーメンをすすって食べるのは日本の文化だと言ってもダメなんですね。

鈴木　ぜんぜんダメですよ。ゴッチさん頑固だから。

佐山　おかげでボクは、蕎麦やラーメンがうまく食べられなくなりましたもん。あと、フロリダのゴッチさんの家に練習に行かせてもらったときは、レストランでデザートのアイスクリームを頼んだんですよ。そしたら、「アイスクリームなんか食べるな！」って怒られましたからね。厳しいですよ。

鈴木　ボクは91～92年の藤原組のとき、ゴッチさんがコーチとして日本にいたんでずっと一緒に練習してたんですけど。藤原（喜明）さんと別れたあと、ひとりでフロリダ州タンパのゴッチさんの自宅を訪ねて、飛び込みで「練習つけてくれ」って行ったことがあるんです。

佐山　練習してくれなかったでしょ？

鈴木　「今日は忙しいから帰れ」って言われました。わざわざ日本から来たのに（笑）。

佐山　マンツーマンだとレスリングを教えてくれないんですよね。ちゃんとパートナーがいないと。だから藤原さんがゴッチさんのところに修行に行ったとき、最初は基礎体力運動だけ。3カ月後に僕が合流して、ようやく教えてくれるようになったんで。

鈴木　僕はゴッチさんが出かけたあと、庭の掃除や草むしりを全部ひとりでやったんですよ。ゴミ袋を裏から見つけてきてそれを山積みにして。そしたら帰宅したゴッチさんが「これ全部おまえがやったのか?」って言って、それから練習つけてくれるようになったんです。

佐山　珍しいですね。ひとりで来て教えてもらえるなんて。

鈴木　トーマス・プケットって奴が一緒に来てたんで、それでOKしてくれたのかもしれないです。

佐山　ゴッチさんと一緒にいると頭の中がずっとレスリングでしょ?

鈴木　食事をしててもワインを飲んでても、ずっと人を倒す方法を考えてますよね。

佐山　しつけも厳しくてね。

鈴木　家の中がすべて整然としてますよね。ボクは一度、ゴッチさんが買い物に出かけたときに家の留守番をしたことがあるんですけど。留守中にテレビ観てたら、帰宅したあと「リモコンの置き方が曲がってる!」って怒られたことありますから(笑)。

佐山　ゴッチさんらしいなあ(笑)。

鈴木　そんなゴッチさんの影響を受けて、いま自分の家もすごくキッチリとものが並んでますよ。あるとき、家の中が完璧に整理整頓されてる理由を教えてくれたんですよ。「頭の中を整理するのと同じだ。レスラーは頭の中を図書館にして、闘っているときにいつでも最適なものを取り出せるようにしなければいけない」って。

佐山　いいこと言いますね。

鈴木　「本を山積みにしていたら、どこに何があるかわからないから取り出せない。図書館のようにしているから、技を出せるんだ」って。あとゴッチさんと練習していると、必ず佐山さんの話が出てくるんですよ。「この練習、佐山は◯回できたぞ。お前はできないのか」とか、佐山さんと比較してダメ出しされたんです（笑）。

佐山　ロード練習には行きました？　100mごとに電信柱があって、ウサギ跳び、アヒル歩きとかで延々遠くまで行くの。

鈴木　やりました。フロリダだから地平線まで道が続いてるんですよね（笑）。電柱ごとに5種類ぐらい運動やりながらものすごく遠くまで行ったのに、振り向いたら米粒ぐらいの大きさのゴッチさんが見てるんですよ。だからサボれなくて必死に最後までやりましたね。

佐山　懐かしいなあ。同じことやってたんだなあ。

——あと、おふたりの共通点というと、佐山さんはデビュー1年半でマーク・コステロ（注1）とキックボクシングを試合をやって、鈴木さんはモーリス・スミスとやって、その試合がそれぞれ大きな転機になっていることですよね。

佐山　モーリス・スミスとやったのは（異種）格闘技戦？

鈴木　最初、89年にUWFで異種格闘技戦ルールでやったんですけど、本当に何もできなかったです。強かったですね。生まれて初めて「怖い」と思いました。それで悔しくてキックボクシングを始めたんです。

佐山　僕も同じだな。コステロ戦はキックルールで、相手は全米ランキング1位の選手だから勝てるわけがないんだけど、その頃から総合格闘技を考えていたんで、タックルで持ち上げて投げてやろうと思ってね。実際15回ぐらい投げてるんですけど、最後は疲れてしまって殴られて負けて。そしたら試合後、猪木さんや山本（小鉄）さんからは「よく頑張った」って言われたんだけど、ある先輩から「だらしねえな」って言われたのが悔しくてね。そこからさらにキックにのめり込みましたね。

鈴木　僕もモーリスにボコボコにされて負けた後、先輩にボロクソに言われて。パンクラスになって93年に今度はキックルールで再戦したんですよ。

佐山　えっ！　本当ですか？

鈴木　キックの世界ヘビー級王者なんで何も通じなくて、ものすごく怖かったけど、それでもやってよかったです。

佐山　シューティング（注2）時代、モーリスが道場に来たことがあるんですけど蹴りもパンチも重かった。よくあんなのとやったね。

鈴木　その後、もう一回やってるんですよ。モーリスが「今度は俺がパンクラスにチャレンジする」って。それで3回目はキックと総合のミックスルールで僕が腕十字で勝ったんです。

佐山　それはモーリス・スミスも鈴木選手もどっちもえらいな。

「鈴木さんと、考えてることまでこんなに似てると思わなかったな」（佐山）

——佐山さんや鈴木さんが格闘技の道に行ったのは、新日道場の教えや猪木イズム、ゴッチイズムの影響が大きいですよね？

佐山　猪木さんやゴッチさんがそういう思想だから、影響は受けているでしょうね。アド・サンテル（注3）って知ってますか？　大正10年に日本の柔道家と初めて他流試合をやったアメリカ人プロレスラーなんですけど。ボクは彼にあこがれていて、マーク・コステロ戦のときは新人ながら新日本の看板を背負う気持ちと同時に、アド・サンテルのように闘おうと思ったんです。

プロレス代表というか、そういう気構えですね。

鈴木　僕もパンクラスでいままで言うMMAをやってきましたけど、いま振り返ればすべてプロレスの修行だった気がしますね。

佐山　鈴木さんと、考えてることまでこんなに似てると思わなかったな。僕がシューティングを作った原点もそこなんですよ。新日本にいた頃、僕も猪木さんも「どうしたらプロレスに市民権が得られるのか」ということを考えていて。猪木さんに「こういうものを作りましょう」と総合格闘技の原型のアイデアを話して、「おまえを新日本の格闘技選手第1号にする」って言われたのが出発点でしたから。

鈴木　いま「猪木イズム」というと、猪木さんが当時着ていたようなガウンを着たりする選手はいると思うんですけど。本当の猪木イズムは外から見えるものじゃなく、内面だと思うんですよ。

佐山　まったくその通りですね。

鈴木　僕は気構えという部分を直接教えられましたから。若手の頃、猪木さんとスパーリングをやらせてもらってギブアップした後、立ち上がって後ろを向いた瞬間、猪木さんにボコーンと殴られたんですよ。「おまえ、敵に背中向けんのか」って。なのでその後、猪木さんがまたスパーリングで僕を極めて、汗を拭きに後ろを向いた瞬間、今度は僕が後ろから殴ったんです。

佐山　えっ！　猪木さん殴っちゃったの？

鈴木　そしたら馬乗りでボッコボコに殴られて返り討ちにされましたけど、「すみません」っていう言葉は出なかったですね。猪木さんの教え通りにやっただけで、別に悪いことしたと思ってないんで。

佐山　それおもしろいね（笑）。

鈴木　僕もバカなんですよ。ボコボコに殴られながら「やっぱり、猪木強ええ〜！」って感動してたんで（笑）。

佐山　おもしろいなあ。鈴木さんみたいな選手がいないと日本のプロレスは本当の意味で復活しないと思いますよ。猪木イズム、ゴッチイズムを持っていないと。

鈴木　僕はいまアメリカで試合をすることが多いんですけど、周りが〝いまのプロレス〟の選手なんで、ひとりだけ凄く目立つんです。僕だけがシンプルな黒のショートタイツとシューズで、技もチョップとエルボーとストッピングしかやらない。あとは表情と間だけですね。

佐山　アメリカでそれが受け入れられているのは凄いな。

——鈴木さんは、いまアメリカでいちばん支持されてる日本人レスラーですから。

佐山　そうですか、それは大したものだ。

——鈴木さんはやはり、アメリカにはいない〝ストロングスタイル〟を代表するレスラーとして支持を得ている部分が大きいですよね。ギミックではなく、リアルにカール・ゴッチの弟子であり、パンクラスの創始者ですから。

鈴木　昔、ゴッチさんによく「俺みたいになるな」って言われたんですよ。「俺みたいになったら仕事なくなるぞ」って。

佐山　ゴッチさんはガチガチで融通が利かないから、強いのにアメリカではあまり受け入れられなかったんですよね。

鈴木　僕自身はうまく仕事があるようにしてますけど、考え方や練習に対する気持ちは、ゴッチさんと一緒にいた頃に覚えたもの。いまの僕があるのは、それが一番大きいなと思います。サボろうとしている自分に対していつも言うんですよ、「おまえはまたズルするのか？」って。若い頃にゴッチさんに言われたことを、いまは自分自身に言って律していますね。

佐山　心の中にいるゴッチさんがいつも見ているわけですね。僕も新日本でのタイガーマスク全盛期に同じような経験がありますよ。猪木さんや山本（小鉄）さんに怒られるんじゃないかと思って、変な見せかけだけの技は使えなかった。タイガーマスクは空中殺法をやっているように見えてストロングスタイルなんです。だから僕にとって新日本道場にいた3年間がいかに大きかったか。あれがなかったらタイガーマスクもシューティングもなかったと思いますから。その新日イズム、ストロングスタイルを継承した、鈴木さんみたいな選手がもっと増えてほしいですね。

鈴木　いや、みんながやるとボクの希少価値がなくなるんで、ボクだけでいいです（笑）。

佐山　ハハハハ。これからもがんばって。

（注1）70年代半ばから80年代前半にかけて、「マーシャルアーツ」「全米プロ空手」と呼ばれたアメリカのキックボクシング界で活躍し、ミドル級とスーパーウェルター級の全米王者にもなったキックボクサー。1977年11月14日に後楽園ホールで行われた梶原一騎主催の『格闘技大戦争』で、佐山サトルと対戦し判定勝ち。この試合をきっかけに佐山はさらに格闘技にのめり込み、のちのシューティング設立の原点となった。

（注2）1986年に初代タイガーマスクこと佐山サトルが創始した総合格闘技で、現在の修斗。MMAのルーツと言われる。

（注3）1900年代初頭にアメリカで活躍したドイツ人プロレスラー。1921年（大正10年）に来日し、講道館柔道の庄司彦男三段、清水肇三段らと他流試合を行い、これがMMAの原点のひとつと言われている。1930年代には若き日の〝鉄人〟ルー・テーズを指導したことでも知られる。

佐山サトル(初代タイガーマスク)

1957年11月27日生まれ。山口県下関市出身。1981年4月に初代タイガーマスクとしてデビュー。空中技を駆使したファイトスタイルで人気を集めた。現在は「リアルジャパンプロレス」を主宰するほか、初代タイガーマスク基金の設立し、児童支援などの社会福祉活動を行っている。

鈴木みのる × モーリス・スミス

一番大きな影響を受けた猛者《もさ》

鈴木みのるがデビュー1年半のときに対戦したモーリス・スミス。当時のＷＫＡ世界ヘビー級チャンピオンは強かった。それはあの鈴木がリング上で「怖い」と思ったほどの強さ。計3度リングで闘った宿敵のふたりが当時の思い出を語る。

写真：大甲邦喜
通訳：小池水須香

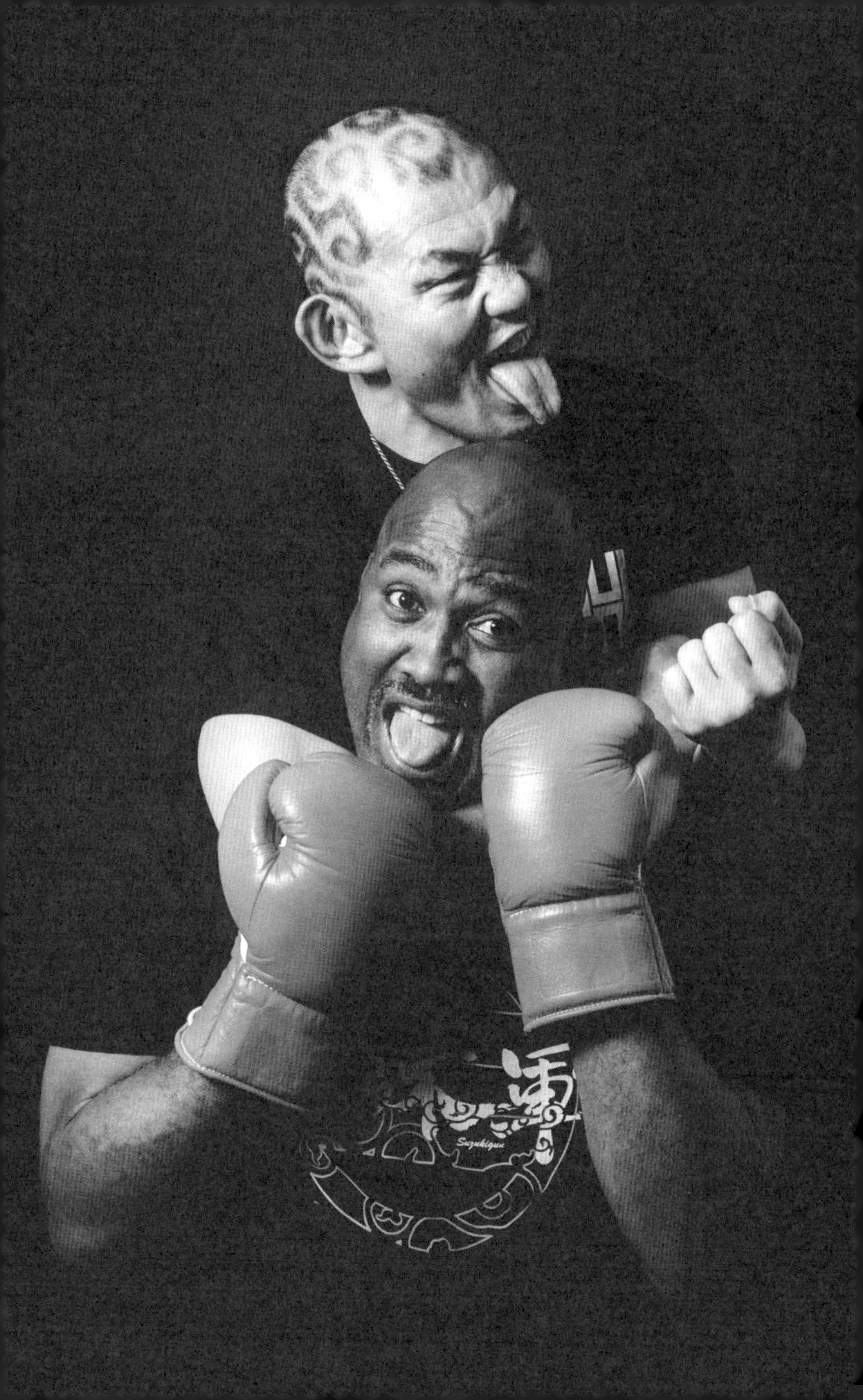
Suzukigun

「キックボクシングの世界ヘビー級チャンピオンが、総合格闘家になるなんて、当時は思わなかったもんな」（鈴木）

（モーリス・スミスが20分ほど遅れて到着）

鈴木　モーリス、遅いよ！

モーリス　ゴメンナサ～イ。ガイジンタイム（笑）。

鈴木　ガイジンタイムって（笑）。まあ、いいや。雑談してたからさ。じゃあ、あらためまして、久しぶり！（ガッチリと握手）。

モーリス　ヒサシブリ～。ずいぶん身体が締まってるね。トレーニングを真面目にやってるの？

鈴木　やってるんだよ。俺は現役バリバリだから（笑）。あと、トレーニング内容も、4年前にウェートトレーニングをやめたんだよ。やってるのは、プッシュアップとか自分の体重を使ってやるトレーニングと、キックボクシングやレスリングといった格闘技の練習。あと食事制限もしてる。

モーリス　エラ～イ。まえに会ったときは、そんなこと全然気にしてなかったよね？

鈴木　前回会ったのはもう9年前、俺のデビュー20周年記念大会（注1）に来てもらったときだから。あの頃は、プロレスラーとして身体を大きくしていたんだけど、いまは40代後半になったから、ちゃんと節制しないとね。

モーリス　すごく絞れてて、パンクラスみたいだよ（笑）。

――40代後半からのハイブリッドボディ（笑）。89年11月29日の東京ドームで初対決したときも、鈴木さんはいまよりずっと体重ありましたもんね。

モーリス　ホラ！　昔はそうだったんだよ（笑）。

鈴木　「ほら！」じゃないよ（笑）。あのときは100キロくらい。

モーリス　そうだね、憶えてるよ。

鈴木　当時はプロレスのヤングボーイだったからね。とにかく身体をデカくしようとしていたから。

モーリス　それからパンクラススタイルになって、肉体改造したんだ。

鈴木　そう、ちゃんと格闘技をやらなきゃと思ってね。

モーリス　イマナンサイ？

鈴木　いま49だから、フォーティナイン。

モーリス　オッケー。じゃあ、もうすぐ同年代だね。

鈴木　同じ50代になっても、年齢差は変わらないよ！（笑）。

モーリス　アッハッハッハ！

鈴木　モーリスは55でしょ？　もうおじいちゃんだな（笑）。

モーリス　ノー（笑）。

——モーリスさんと初対決のとき、鈴木さんは21歳ですか。

鈴木　21だね。まだデビューして1年半だから。あれからもう28年も経ったんだね。

モーリス　だけど俺たちは、まだこうして生き残ってるよ。

鈴木　あのとき、一緒にUWFでやってた人たちは、もうみんなリタイアしちゃったよ。

モーリス　フナキも？

鈴木　船木はたまーにやってるね（笑）。

モーリス　タムラは？

鈴木　田村（潔司《きよし》）はもうほとんどやってない。

モーリス　なんで？
鈴木　引退はしてないけど、試合してないんだよ。理由は知らないけど。俺はまだ年間150試合やってるからね。
モーリス　150？　オ〜、クレイジー。
鈴木　そうだ。今日はモーリスにプレゼントがあるんだよ。
モーリス　なんで？　今日は遅刻したのに（笑）。
鈴木　オッケー、プリーズ・マネー（笑）。
モーリス　ハウマッチ？（笑）。
鈴木　タダでいいよ（笑）。これ、自分のショップで売ってるTシャツ。俺がデザインしたんだよ。
モーリス　ホントに？　自分でデザインして、売ってるの？
鈴木　そうそう。
モーリス　これは手書きでデザインしてるの？　それともフォトショップとか使ってる？
鈴木　イラストレーターだね。
モーリス　私はフォトショップは使えるけどイラストレーターは使えないな。ホントに自分でやるの？
鈴木　全部自分でやっちゃう。
モーリス　ワーオ！
鈴木　逆にそれしかやり方を知らないもん。最初に教えてくれたデザイナーがイラストレーターを使ってて、同じものを買って電話で聞きながらやってたから。
モーリス　イラストレーターは難しいからね。フォトショップは簡単だけど。
鈴木　いや、一緒じゃないかな。
モーリス　そんなことないよ。だったら私も使えてるはず（笑）。
鈴木　教えてもらえりゃできるよ。

モーリス　だから私もこれから、イラストレーターを勉強するよ。スズキができるなら、私にもできるはずだ（笑）。

鈴木　いや、俺も最初そういう考えだったんだよ。確かにイラストレーターって難しいと言われるけど、みんな使ってるんだから、俺にもできるはずだってね。

モーリス　だから、あと必要なのは学びたいと思う好奇心だね。それは新しいことを身に付けるには、必要になることだから。

――じゃあ、そこから無理やり格闘技の話に結び付けさせてもらいますけど（笑）。

モーリス　あー、ごめんごめん、今日はそっちの話だったね。ドウゾ（笑）。

――おふたりとも、あのUWF東京ドーム大会での異種格闘技戦があったからこそ、モーリスさんはのちに寝技やMMAを学ぶようになって、鈴木さんものちにパンクラスを作るようになるきっかけになったわけですよね？

モーリス　当時お互いにそうなるとわかってはいなかったけど、のちにそういうふうになったね。私もサブミッションやレスリングに、あのとき、初めて触れたから。

鈴木　キックボクシングの（WKA）世界ヘビー級チャンピオンが、総合格闘家になるなんて、当時は思わなかったもんな。

――そもそも、デビュー1年半のプロレスラーが、キックの世界王者とやるというのもすごい話ですよね（笑）。

鈴木　ムチャだよな（笑）。

モーリス　あのとき、なんで私と試合することになったの？

鈴木　当時は血気盛んな21歳だったから、早く有名になりたかったんだよ。それで「チャンスをください」って、前田（日明）さんに毎日のように言ってたの。そうしたら、もともとドームでモーリスと対戦する予定だったのは船木だったんだけど、船木がケガをしてしまったから、「そんなに言うなら、じゃあおまえがやれよ」って前田さんに言われて。「やった！　すげー、チャンスが来た！」って。

モーリス　そうだったんだね（笑）。

鈴木　で、チャンスだと思ってリングに上がったら、ものすごく怖い思いをすることになるんだけど（笑）。

モーリス　なんで？

鈴木　モーリスが強すぎたんだよ！（笑）。それに対して俺は、自分がそんなに強くないのに強いふりをして生きてたの。

モーリス　でも、スズキはグラウンドテクニックも持ってるし、自分はキックボクシングのスペシャリストではあるけど、ストライキングオンリーだから、あの試合はスズキに分があると思ってたんだよ。あの試合はキックボクシングではなく、ミックスドファイティング（異種格闘技戦）だったからね。

鈴木　でも、結局は寝技の技術を使う前にやられちゃったんだよね。あと根本的に怖かったんだよ。

モーリス　怖かったというより、ナーバスになってたんじゃないの？

鈴木　いや、怖かった。あんな世界へビー級チャンピオンの本物の打撃をもらうのは初めてだったからさ。それまでもUWFで打撃の練習はしていたし、日本のキックボクサーとも練習したけど、みんな小さいし。

――ヘビー級の、しかも頂点の打撃は全然違うんでしょうね。

鈴木　だから、一発もらってからは、モーリスが構えてるだけなのに勝手に怖がって、「ああ、危ない、危ない」って入っていけなくなってね（笑）。でも、その経験をしたことで、のちに誰と試合をしても、どんなチャンピオンと向き合っても怖いとは思わなくなったんだよ。

モーリス　自分にとってもミックスドファイトというのは未知の領域で、寝技になったときの恐怖心というものはあったんだけど、あのときはロープエスケープというルールがあったのがラッキーだったと思う。それによって、倒されたとしてもロープにエスケープすればいいんだという安心感が生まれた。それに対してスズキは、自分に対してすごく注意深く試合をしていたように思う。

鈴木　違う。注意深かったんじゃなくて、ビビってたんだよ。いまだからたぶん素直に自分の気持ちを言えるんじゃないかと思うけど。

モーリス では、私もいまだから当時の素直な気持ちを話すけど、当時の自分にとって、UWFでのミックスドファイトというのは、それほど重要な試合だとは思っていなかったんだ。あくまで、自分はキックボクサーだと思っていたからね。ただ、あとになって振り返ったとき、自分にとってとても重要な分岐点になっていたことに気づいた。それをどの瞬間に気づいたかといえば、パンクラスができたときだね。

鈴木 パンクラスを作るとき、船木と一緒に「俺たちは必ずモーリス・スミスと試合をしなきゃいけない。新しいパンクラスの格闘技をやるためにも、それは避けられない。だから勝っても負けてももう一度やろう」って約束をして始めたんですよ。

モーリス なんで自分なの？(笑)。

鈴木 運命の相手ってことじゃないかな？(笑)。それだけ俺たちにとって、モーリス・スミスという存在は大きな目標だった。

モーリス そんなふうに思われてるなんて、全然気づかなかったよ(笑)。キックボクサーが世界チャンピオンである私を倒すのを目標にするならわかるけど、スズキやフナキはそうじゃないからね。だからUWFで試合をしたあともグラウンド技術のことはあまり考えず、キックボクシングに戻ったんだ。ただそのあと、パンクラスのスタイルに挑戦して良かったと思っている。なぜなら、パンクラスが自分にMMAに入っていくための自信をくれたと思うからね。当時のパンクラスには、ケン・シャムロック、フランク・シャムロック、バス・ルッテン、ガイ・メッツァー、トレイ・テリグマン、ヴァーノン・ホワイトなど、のちのMMAで活躍する多くのファイターたちが参戦していたが、自分もその一員なんだと思わせてくれたしね。

鈴木　モーリスと2回目に対戦したのはパンクラスが始まってからすぐ、神戸大会（93年11月）でキックボクシングルールでやって、俺がKO負けしたんだけど。その試合が終わったあと、ローキックのダメージで「脚痛えな」と思いながらバックステージを歩いていたら、帰りがけにモーリスと会って。そのとき、「おまえはなんてクレイジーなんだ！　なんでこんなバカなこと（キックボクシングルールでの試合）やろうとするんだ？　勝てるわけないだろ。俺はキックボクサーだぞ。これはフェアじゃないから、その代わり、今度は俺がおまえのルールに挑戦したい」って言ってくれたんですよ。

モーリンス　今度は私がバカになっちゃったんだよね（笑）。

鈴木　でも、そう言ってくれたのを、俺はすごく憶えてるの。

モーリス　私とスズキというのは、ファイターとしてまったくスタイルが違った。私はキックボクシングが得意、スズキはグラップリングが得意。そういう中で、スズキが私のスタイルであるキックルールで闘ったんだから、今度はお互いが自分のスタイルで闘えるようなルールで試合がしたいと思ったんだ。そうしたら、スズキがアームバーで勝ったんだよ。

――94年5月31日、日本武道館でやった3度目の対戦ですね。

鈴木　ラウンド制でパンクラスルールと、キックルールを交互にやるミックスルールでね。あれは、たまたまパンクラスルールのときに腕十字が取れたから、ラッキーだった（笑）。

「スズキは、私のファイターとしてのキャリアに貢献してくれたと思っている」（モーリス）

――その年の12月から、モーリスさんはパンクラスルールの試合に本格参戦し始めますけど、それはやはり、鈴木さんとの試合がきっかけになってるわけですよね？

モーリス　それももちろんある。あと、もうひとつのきっかけは、パンクラスの移動のバスに乗ったとき、ケン・シャムロックに「モーリス、キミはファイターじゃない」と言われたんだ。それで「どうしてだよ？　俺はもう何十試合もやってきた世界チャンピオンだぜ？」と言ったら、ケンは「キミはトータルで闘える〝ファイター〟じゃなくて、キックボクシングのスペシャリストだ」と言うんだよ。それを言われたときは「なんだ？」と思ったんだけど、のちに考えてみたら「そうだな」と腑に落ちるところがあった。それは彼が私を傷つけようとして言ったわけじゃなく、ただ事実を言ってくれただけなんだ。ケンは「自分はファイターで、キミはスペシャリストだ」とね。ただ、そう指摘されたことで、ファイターとして考えた場合の自分の穴を埋めたいとも思い始めた。トータルで闘うための要素として必要なスキルは、キックボクシング及びムエタイ、ボクシング、レスリング、柔道、柔術及びグラップリング、5種目だと思っているんだけど、自分にはグラップリングやレスリングが不足していた。でも、パンクラスで闘いながら学ぶことで、それら自分に足りなかったスキルという穴を埋めることができるようになった。だからスズキは自分で思っている以上に私を助けてくれたし、私のファイターとしてのキャリアに貢献してくれたと思っている。

鈴木　モーリスにそう言われると、ちょっとうれしいね（笑）。

モーリス　自分がキックボクサーからMMAファイターになるためのステップの中ですごく大きな役割を担ってくれたと思ってるよ。

——そして鈴木さんにとっても、モーリスさんはそのあとの自分を作るために大きな影響を与えてくれた存在なわけですよね？

鈴木　もちろん。正直言って、対戦相手としては一番大きな影響を受けたと言っていい存在だからね。最初に対戦したとき、俺はまだデビュー1年でその気になって、「おらおら、かかってこいよ！」ってやってた、要はガキなんですよ。勝手に自分が強いと勘違いして、イキがってね。その伸びた鼻をポーンとヘシ折ってくれたのがモーリスで。あそこから本当に強くなりたいと思って練習して、パンクラスを作って、また対戦することができて、そしていまがあるんで。だからいまの正直な気持ちを言えば、感謝しかない。「ありがとう」っていう気持ちが一番だね。

モーリス　でも、スズキとフナキが作ったパンクラスというのは、自分だけではなく、アメリカにおけるMMAにもすごく大きな影響を与えたと思っている。なぜなら、ケン・シャムロックやフランク・シャムロックというファイターを生み出したのは彼らだからね。そしてフランクがパンクラスで学んだことを通じて、私をMMAファイターに育ててくれた。ということは、あの時代のアメリカにおける多くのMMAファイターのルーツが、パンクラスにあるということなんだ。

鈴木　フランクなんか、最初に（ケン・）シャムロックに連れられて日本に来たときは、ホントに技術も何も知らないガキで。それを道場で毎日一緒に練習して、一個ずつ技術を教えていって、いざデビューしたら、あっという間に俺よりも強くなっていって、途中から全然敵わなくなったんだけどね（笑）。

モーリス　そういえばフランクは来週、RIZINで試合をするために、久しぶりに日本に来るから、会ったらいいよ。

鈴木　あ〜、そのとき俺はちょうどアメリカに行ってるんだよ（笑）。

モーリス　どこに？

鈴木　シカゴだね。ニューヨークから始まって、アメリカで4試合くらいやるんで。でも、会いたいな〜。

モーリス　まあ、直接会えなくてもスカイプで話してもいいね。スカイプはタダだから（笑）。

鈴木 でもまあ、会うのが一番かな（笑）。

モーリス 俺はこれからサクラバとも話すから、うまくいったらみんなで会えたらいいね。

鈴木 今回は、桜庭とフランクがやるの？

――そうですね。グラップリングマッチで。

鈴木 モーリス、知ってる？ 桜庭も一時期プロレスをやってて、3年前に俺と東京ドームで試合してるんだよ。

モーリス ホントに？ その試合の動画を観たいな（笑）。

――その桜庭さんとの試合では、鈴木さんはモーリスさんとの試合のときと同様に、白いトランクスで試合をしたんですよね。最初のモーリス戦で白を着用して以降、鈴木さんの特別な試合のときは白を穿いているという。

モーリス 私との試合のときだけ白を穿くというのは、「俺は白、おまえは黒」っていう人種差別じゃないだろうな？（笑）。

鈴木 違うよ！（笑）。最初に東京ドームのときに白を着用したのは、単に目立ちたかったからというだけなんだけど。あの試合で俺が無様に負けたとき、雑誌に「白装束《しろしょうぞく》」と書かれた。要は死んだ人が着る色だって言われたんだよ。

モーリス ワーオ（笑）。

鈴木 それから自分の中で、根性を決めて闘う相手とぶつかるときには、あえて白でいこうと決めたの。もう二度と白のコスチュームを「死装束」みたいに言わせねえぞって。そういう俺のこだわりも、モーリスとの対戦で生まれたものだからね。けっして人種差別ではありません（笑）。

モーリス 暗に「おまえは黒」って言ってるわけじゃないんだな（笑）。でも、なんでスズキたちは、パンクラスというプロモーションを自分たちで立ち上げようと思ったの？

鈴木　当時はMMAがまだなかったから、自分たちがやりたいことをやるためには、自分たちでその場を作るしかなかったんだよ。だから俺と船木の場合は、ファイターでありながら、パンクラスという会社組織を持っていたんで、他の空手とかK－1も含めていろんな人との交渉も自分らがやってたんで、すごく面倒くさいことにも巻き込まれたよ。しかも、まだ23～24歳だったから、いろんなところで「こんなガキどもが」って言われて。前田さんの作ったリングスは同じようなスタイルだったんだけど、前田さんと俺らがまた仲が悪くてね（笑）。そこでのぶつかり合いもあったりとか、ファイター以外の部分も大きかったんだよね。

モーリス　なるほどね。そういうことがあったのは全然知らなかったよ。

鈴木　でも、いまはそのときのことも前田さんとは笑って話せるからね。仲がよくない頃も、リングスにモーリスが行ったときの試合は観ていたし、活躍を期待していたし。UFCに行ったときも映像を取り寄せて観てたしね。

モーリス　私のファイターとしての根源は日本だと思っているよ。K－1を含めたキックボクシングで成功できたこともそうだし、パンクラスでは戦績は良くはなかったけど、MMAファイターになるための元になっているし。フランクから学んだことが、自分をMMAファイターにしてくれたことを考えると、そのフランクは鈴木たちから学んだわけだから、結果としてパンクラスが私をMMAファイターにしてくれたんだと思っている。だから、スズキは私のパパだよ（笑）。

鈴木 でも、それでUFCのチャンピオンにもなったんだからね。

モーリス そして今年、UFC殿堂入りもしたよ。

鈴木 すげえな。おめでとう!(笑)。

モーリス ただ、殿堂入りというのは、自分のキャリアにおいてそれほど大きなイベントではないと思っている。なぜなら、幸運にも自分は世界タイトルをたくさん獲ることができて、その結果としてのちに付いてきたものが殿堂入りだからね。それよりも、私がUFCでチャンピオンになった事実によって、多くの人たちが「ストライカーでもMMAで闘えるんだ」ということを理解し、そこを評価してくれたという事実のほうが大事だと思っている。

鈴木 当時は柔術全盛の時代だもんね。

モーリス ブラジリアン柔術と、グラウンド&パウンドのレスラーたちだね。そういうところで、ストライカーである自分が勝つことができたのも、スズキのおかげだよ。もちろん私自身ががんばったということもあるけど(笑)。スズキとの対戦があり、フランクに技術を教えてもらい、パンクラスの一員だったという経歴が、もらい、自分をUFCのチャンピオンにさせてくれたんだ。

鈴木 俺はもともとプロレスからスタートして、結局、パンクラスで10年近くやったあとにまたプロレスに戻るんだけど。プロレスの試合をしていても、あの頃の経験というものが、もの凄く自分の強みになっている。プロレスにおけるキックやパンチを打つという表現にしても、見せかけじゃなくてホンモノを見せられるというね。そこが、いまいろんなところで評価してもらってるんで。あとはコンディション作りにも役立ってる。

モーリス　スズキとの対談が決まってから、妙にあの頃が懐かしくなって、昨日、インターネットの動画サイトで、スズキとバス・ルッテンや、フランク・シャムロック、ジェイソン・デルーシアなんかとの試合を観たんだけど、あらためて自分はＭＭＡよりもパンクラスのクラシックスタイルのほうが好きだなって思ったよ。なぜなら、いまよりももっとスキルを必要するスタイルだからね。

鈴木　じつはそうなんだよ。

モーリス　いまのＭＭＡは、フィジカルが強くてストライキングができれば、あとはテイクダウンディフェンスなど、少しのスキルがあれば勝てるような状況が出てきてしまっている。でも、パンクラスのクラシックスタイルは、よりスキルを重要視していたスタイルだからね。いまはどこのプロモーションもＭＭＡばかりだけど、クラシックスタイルが見直される日が近々来ると思う。

鈴木　いまのパンクラスも含めて、日本のＭＭＡの試合を観ていると、強い選手はとにかくみんな同じスタイル。勝つための方法論が決まっていて、いかにそれをうまくできるかで優劣を競っているように見える。ホントは勝つための方法論なんて、ひとつじゃなくて、いくらでもあるはずなのにね。

モーリス　スズキたちが当時やっていたのは、ＵＷＦとも全然違うし、オリジナルのスタイルだったと思う。そして同じパンクラスでもスズキのスタイル、フナキのスタイル、コンドー（近藤有己《ゆうき》）のスタイルは、みんな違っていた。コンドーは、フナキやスズキが育てたファイターだと思うけど、決してふたりのコピーにはなら

GOTCH
DRIVER

ず、自分のスタイルを築き上げていたと思うし。もちろん、バス・ルッテンやケン、フランク、みんなスタイルが違っていた。当時のパンクラスは、そういった異なるスタイルの集合体だったんだ。

——だからこそ、おもしろかったんでしょうね。

鈴木　俺たちがパンクラスを作ったときは、総合格闘技の試合をするとどういうものになるのか、正直そんなにわかっていなかったんだけど。俺と船木の中で、パンクラスをちゃんとプロフェッショナルな興行として考えて始めていた。そこが、「勝つことがすべて」というスポーツとしてやっている、他のところとの差だったんじゃないかと思うんだよね。まあ、でもいまはパンクラスも、基本的にＵＦＣと同じルールでやってるけど。

モーリス　いまのパンクラスは完全にＭＭＡかもしれないけど、それとは違うクラシックスタイルもきっとニーズがあるし、マーケットだって存在すると思うんだよ。ちょっと前にアメリカで、メタモリスというプロのグラップリング大会が何度か開かれて人気を集めていたけど、それはグラップリングに特化していたからだよね。でも、いまはＭＭＡとグラップリングという選択肢がない。そのあいだのマーケットが空いているからこそ、パンクラスのクラシックスタイルが必要なんじゃないか、というのが自分の意見。ＭＭＡ、パンクラスクラシック、メタモリスという3つの形態があっていいんじゃないかと思うよ。

——パンクラスでは、モーリスさんもバス・ルッテンも、打撃とテイクダウンディフェンスだけじゃなくて、自分から積極的にグラップリングにも取り組んでましたもんね。

鈴木 やってたね。たぶん、グローブがないからだと思うけど。

モーリス でも、あのときは始めたばっかりだから、トータルファイターとしては赤ちゃんみたいなものだったよ。だからすぐに負けたし(笑)。

——でも、パンクラスが始まる前から、モーリスさんが本格的に総合格闘技を始めたら、絶対に強くなるだろうなと思いましたけどね。UWFで最初に鈴木さんとやったときも、鈴木さんのタックルをちゃんと切ってたじゃないですか。異種格闘技戦でレスラーのタックルを切るキックボクサーって、たぶん史上初だったと思うんですよね。

鈴木 ただ、あのあといろんな格闘技の強い人たちと練習したけど、例えば極真空手のチャンピオンの数見《かずみ》(肇《はじめ》)さんを始め、強い人は結局、何をやっても強かったね。バランスもそうだし、反応もそうだし。だからモーリスがグラップリングとかを勉強して、自分の闘い方を身につけてUFCのチャンピオンになったのも必然的なことなんだよね。

モーリス でも、パンクラスに出るまでは、まったくそんなことは考えてなかった(笑)。

——モーリスさんは学生時代、レスリングをやったことはなかったんですか?

モーリス やったのは一学期くらいかな。ほんの少し。

鈴木 一学期だけかよ! 俺は高校のとき日本代表だったのに。嫌になるな(笑)。

——鈴木さんもドームでの試合では、タックルで倒せないことでどんどん追い込まれていったんですよね。

鈴木 ねえ。また、モーリスの打撃に恐怖心を抱いちゃったから、どんどん捕まえる距離が遠くなっていったんだよ。それでますます（懐に）入れなくなって。

モーリス　私はがむしゃらにやっていただけで、とくにタックルのディフェンスに力を入れていたわけじゃないから、そう言ってもらうと、自分の評価は上がるけど、自分じゃない感じがするね（笑）。

――本能でテイクダウンディフェンスができちゃうところが恐ろしいですよ（笑）。

モーリス　でも、スズキもパンクラスではUWF時代とは全然違っていたよ。ハートがあってスキルもあったし、ストライキングもうまくなっていた。

鈴木　モーリスに会わなかったらキックボクシングを練習しようと思わなかったからね。いまもたいしてうまくはないけど、モーリスに負けてから、ムエタイの道場で必死になって練習したから。

モーリス　でも私も、スズキと闘ったことでグラップリングを練習しようと思ったし、スズキがもし私と闘ったことでキックボクシングをやろうと思ったのであれば、お互いに相乗効果があったんだなって思うよ。賢いファイターというのは、いかなる場合でも対戦相手から学び取るものだからね。

鈴木　そういう経緯があるから、モーリスがUFCでチャンピオンになったときはすごくうれしかったんだよ。あと、バス・ルッテンやフランクがUFCチャンピオンになったときもそうだね。パンクラスの仲間から、3人もUFCチャンピオンが生まれるって、これはすごいことだよ。誇らしかったもん。まるで俺がチャンピオンになったかのような感じでさ（笑）。

モーリス　「俺の子どもたちが！」みたいな感じだったんじゃないか？（笑）。でも、実際にみんなスズキやフナキたちから学んで強くなっていったんだよ。

鈴木　いや、俺は何もやってないよ（笑）。

モーリス　そんなことないよ。これはわかっていてほしい。事実として、ケンもフランクも、スズキたちとの練習がなかったら、あのキャリアを築くことはできなかった。ケンもUFCのスーパーファイト王者になっているしね。そして私を始め、ケンやフランクから学んだファイターが、どんどん育っていった。だからスズキたちは、MMAのトップファイターたちに大きな影響を与えているんだよ。

「藤原喜明さんとカール・ゴッチさんが俺の先生」（鈴木）

鈴木　ケンはもともとアメリカの片田舎のプロレスラーで、それがUWF参戦のために日本に来て、俺たちともグラップリングのスパーリングやったんだよ。そのとき、彼は寝技に自信を持っていたらしいんだけど、俺とスパーリングやったら一回も取れずに、逆に何回も極められて、それで悔しくて結局、3カ月ぐらい日本に住み着いて練習するようになったんだよ。

モーリス　ほら、やっぱりスズキが先生じゃないか（笑）。

鈴木　でも、俺の先生は藤原（喜明）さんだからね。

モーリス　そうそう。フジワラサンがマスターだね。

GOTCH

鈴木　あとは亡くなったカール・ゴッチさんが俺の先生。

モーリス　カール・ゴッチには会ったことがないけど、一緒に関わった中で言えば、やはりスズキがいて、ケンとフランクがいて、そして私がいるという流れじゃないかな。だからスズキは私の師匠だよ（笑）。

鈴木　そう言われても、こそばゆいばっかで全然そんな気はないんだよな（笑）。でも、それは俺も一緒なんだよ。何に対しても折れることがない心を作ってくれたのは彼だからね。おかげさまでいまプロレスで「世界一性格が悪い男」って言われてる元は、モーリスが作ったんだよ（笑）。

モーリス　いや、UWFの頃から生意気だったから、私のせいじゃない（笑）。

鈴木　ユー・メイク・ミー（笑）。

モーリス　ノー、ノー、ノー（笑）。でも、当時はお互い若かったから、その若いうちに出会えたからこそ、強い影響を与え合えたのかもしれないね。

鈴木　うん。始めたばかりの頃だったというのは大きかったと思う。

――デビュー1年のプロレスラーで、なかなかそんな出会いってないでしょうからね。

鈴木　そうだよ。おかげで毎日夢に出てくるんだから。それで怖くて朝方に眼が覚める。夢でモーリスにうなされるんだよ（笑）。それが毎日続いて俺も頭がおかしくなるってホントに思ってさ。結論として自分が強くならなきゃいけないって思ったんだよ。

モーリス　我々が出会ってから20何年くらい？

鈴木　もう28年だよ。

モーリス　これだけの年月が経ったからこそ、

お互いのキャリアを助け合えたねと言えるようになった。当時は気づかなかったけどね。でも、自分のキャリアを振り返ってみても、こんなに影響を与え合った、インパクトがあった選手ってそんなにはいないよ。

鈴木　9年前にデビュー20周年記念大会を開いたとき、俺もモーリスにそういう気持ちがあったから、ぜひ来てほしくて招待したんだよ。20年のキャリアの中で一番大きな影響を与えてくれてもう一度会いたいと思ったのが彼だったから。

モーリス　自分もキックボクシングを含めて、30年以上やっていれば、たくさんの出会いがあったんだけど。UWFでのあの1試合が、のちの自分にどれだけ大きな影響を与えたのかというのは、いまになって思うと計り知れないね。

鈴木　宮田（充《みつる》）（注2）さんって、わかるでしょ？　彼は東京ドームでの俺とモーリスの試合を観てこの業界に入ったんだよ。

モーリス　ワーオ（笑）。

鈴木　それがいまやK－1で代表やってるからね。人生わからないよ。

——鈴木さんもパンクラスで新しいことを始めたとき、そこにモーリスが加わってくれたのは、大きなことだったんじゃないですか？

鈴木　自分にとって宿敵ではあったんだけど、一緒に作り上げていく仲間として考えると、こんなに心強い人はいないよね。

モーリス　あの時代はみんな、格闘技に対して純粋だったと思う。いまもどんどんニュージェネレーションは出て来ているけど、みんな金持ちになりたいからやっているように見える。UFCで成功して、お金をいっぱいもらってセレブになることが目標って感じだよ。

鈴木　俺もお金をいっぱいもらってセレブには

なりたいけどね（笑）。

モーリス　もちろんお金はいっぱいほしいけど、それはあくまで自分ががんばった結果、付いてくるものだからね。大事なのは、しっかり基礎を身に付けて、格闘技自体に情熱を持つこと。でも、いまはみんなそこをすっ飛ばして、セレブになることだけを目指そうとする若いヤツが多い。そして結局は基礎ができてないからそこまでたどり着くことができていない。例えば、ボブ・サップは素晴らしい肉体と体力、そしてカリスマ性があったから、一気に成功していったけど、しばらくして勝てなくなった。それを観てファンがどんどん離れていき、試合の質もどんどん落ちていった。それはなぜなら彼には基礎がなく、格闘技自体に対する情熱もなかったからだよ。

――確かに、それはそうですね。

モーリス　我々の時代は、スズキやフランクもそうだと思うけど、まず「強くなりたい」という情熱と信念が先にあって、そこには「マネーのため」というのはなかったと思うよ。

鈴木　そうだね。

モーリス　我々を含めた、あの時代のファイターたちの格闘技に対する情熱が、のちのMMAを作り上げたんだ。

鈴木　モーリス、いいこと言うね（笑）。あの頃は、ホントに練習ばっかりしてたし、すごく懐かしいよ。

――その格闘技への情熱があるからか、その時代のファイターは息が長いですよね。鈴木さんにしても、桜庭さんやフランクにしても。

鈴木　フランクって何歳だっけ？

モーリス　45かな？

鈴木　俺よりいくつか下だったんだよな。

モーリス　フランクは今回、サクラバとのグラップリングマッチが決まったけど、まだＭＭＡだって試合ができるよ。私だって準備期間があればまだできるし、トレーニングを怠らなければ、50代でも試合ができる。スズキだって50過ぎてもできるよ。もし自分が望むのであればね。

鈴木　これは完全に挑発してるよね。

――鈴木みのるvsモーリス・スミス、お互い50代になってからの完全決着戦を（笑）。

鈴木　プロモーター、どっかにいませんかー？（笑）。

モーリス　昔の50代は年寄りだったけど、いまの50代は違うからね。ゴルフとかテニスにはマスターズがあるのと同じように、一時代を築いた選手がトレーニングを怠っていなければ、スズキやフランク、サクラバもそうだけど、50を過ぎても問題なく試合ができると思うよ。そこにマーケットだってあると思うしね。

鈴木　俺も格闘技の試合はしてないけど、ずっとトレーニングは続けているから、若いときにわからなかったことがたくさんわかってきた。技術的にできることも増えたし、トレーニングしてるのがおもしろいからね。キツいトレーニングをして酸欠になって、クラクラ～ってなったときに「うわー、俺はまだ強くなれる」っていつも思うもん（笑）。

――では、フランクと桜庭さんの試合も楽しみですね。

モーリス　そうだね。サクラバはどれくらいぶりの試合になるのかな？

――（シングルでは）青木真也選手とのＭＭＡ以来なので、1年10カ月ぶりですかね。

モーリス　トレーニングはずっとやってるのかな？

――グラップリングのトレーニングは普段からずっとやられてますね。

モーリス　この試合に向けてのトレーニングはいつから？

――当初、桜庭vsダン・ヘンダーソンというカードで、7月のＲＩＺＩＮで発表されていたので、少なくとも8月からは本格的なトレーニングをしていたと思います。

モーリス　そうか。フランクも普段の練習は続けているけど、試合に向けての準備は2週間しかなかったんだよ。だから、見どころは最初の数分間かな。だってフランクは試合用のトレーニングをしてないから、たぶんスタミナがすぐに切れる。だから、試合が長引いた場合は大きな期待をしないほうがいい（笑）。

鈴木　いや、そこまでの差は出ないんじゃないかな（笑）。

モーリス　もちろん早いうちに極められる展開があれば、フランクにもチャンスがあると思うよ。

鈴木　桜庭は毎日練習やってるかもしれないけど、毎日酒飲んで、毎日タバコ吸ってそうな気がするからね（笑）。でも、ふたりとももともとのベースは柔術ではなく、サブミッションレスリングだから、すごく手は合うと思う。

モーリス　シカゴにはいつ行くの？

鈴木　11日だね。

モーリス　日本に帰ってくるのは？

鈴木　17日の夜かな。

モーリス　じゃあ、まだフランクは日本にいるから会えるよ。

鈴木　でも、俺は帰国した次の日から東北でツアーだから（笑）。

モーリス　そうか。まあ、それについてはまたあとで考えよう。

「30年経ってもこうやって会える関係って、あまりないだろう？」（モーリス）

――今度スケジュールが合ったら、フランク・シャムロックも交えて、初期パンクラス座談会とかやりたいですね（笑）。

鈴木　まさかの変態座談会がこのメンバーで（笑）。

――あの時代の人たちが集まったら、盛り上がるでしょう！

鈴木　どっかでちゃんこを食いながらね（笑）。

――ちゃんこの味で、当時を思い出しながら（笑）。

モーリス　我々には歴史もあるし、長い付き合いだからね。それぞれが違う道をたどったのに、こうして30年後にまた繋がるなんて誰が思った？　30年経ってもこうやって会える関係って、あまりないだろう？

鈴木　そうだね。船木ですら、もう俺のそばにいないから（笑）。

モーリス　いまもフナキとはしゃべったりする？

鈴木　たま～にプロレス会場で会ったとき、1年に一回くらい。

モーリス　ひとつ質問があるんだけど、パンクラスを始める前からふたりは友達だったの？　それともパンクラスを始めるにあたって親しくなったのかい？

鈴木　いや、新日本プロレスに入ったときからずっと一緒。

モーリス　じゃあ、なんでいまは話さなくなったの？

鈴木　彼がヒクソン・グレイシーに負けて一度引退したとき、俳優に転向して、俺らと全然連絡が取れない場所に行っちゃったんだよ。

モーリス　いまは？

鈴木　いまは、たまに会ったときには普通に話をするけど。

モーリス　たまには電話してやりなよ。どちらかが歩み寄らないと（笑）。

鈴木　アッハッハッハ！

モーリス　昔、友達だったのなら、また友達になれるし。私は年長者だから、そういうことがわかるんだよ（笑）。

――モーリスさんがあいだを取り持ってくれたらいいんじゃないですか（笑）。

鈴木　でも、船木もモーリスに会ったら、すごく喜ぶと思う。

モーリス　そうだね。それも考えよう。俺もまた日本に来るし、何か一緒にできることもあると思うし。いずれにしても自分の人生のなかにスズキとフナキがいるっていうのは、間違いないことだからね。

――では次回は、鈴木さん、船木さんに、モーリス、フランク、ケン・シャムロックとか、みんな集めてやりましょう！（笑）。

鈴木　すげー集めるの大変そう（笑）。とりあえず、モーリス。今日は再会できてうれしかったよ。サンキュー！

（注1）鈴木みのる40歳の誕生日である2008年6月17日に後楽園ホールで開催されたデビュー20周年記念大会。鈴木はモーリス・スミスと5分1ラウンドのエキシビションマッチと、メインイベントでの高山善廣戦と1日に2試合出場した。

（注2）キックボクシング興行会社グッドルーザー代表取締役社長。90年代にモーリス・スミスが上がっていた当時の全日本キックボクシング連盟広報兼リングアナウンサーで、この対談当時はK－1プロデューサー。現在は「KNOCK OUT」プロデューサーを務める。

モーリス・スミス

1961年12月13日、米国ワシントン州シアトル生まれ。1984年から1992年にかけて８年間無敗を誇った当時のヘビー級最強のキックボクサー。鈴木みのるらとの異種格闘技戦を経て94年からMMAにも取り組み、97年にストライカーとして初めてUFC世界ヘビー級王者となる。2017年にはUFC殿堂入りも果たした。

鈴木みのる

日本のプロレスを
愛するオタク

×

ジョシュ・バーネット

日本プロレスや歴史が好きなジョシュ・バーネット。日本に来日するまえから鈴木みのるのことは知っていたと語ってくれた。2003年から日本のリングに上がり、2度鈴木みのるとも対戦している。当時、ジョシュが対峙して感じたことが明かされる。

写真：大甲邦喜
通訳：小池水須香

INCE2015

「ジョシュはオタクだから、俺本人が忘れてたことまで知ってたりするから（笑）」（鈴木）

――今回は対談のための顔合わせじゃなくて、もともとジョシュさんは取材がなくてもパイルドライバーに遊びに来る予定だったんですよね？

ジョシュ　そう。日本に来たならブラザーに会いに行かなきゃいけないからね。

鈴木　ジョシュから連絡もらったんで、ガンツ（聞き手）に「1月7日にジョシュが来るよ」って教えたら「対談やらせてください」って言ってきて、やることになったんだよな。

――ちゃっかり相乗りさせていただきました（笑）。おふたりは、いつからの付き合いなんですか？

鈴木　最初は2003年にジョシュが新日本に来たときじゃないかな？

ジョシュ　たぶん、そうだと思う。

――ジョシュさんは、もちろんそれ以前から鈴木さんのことはご存じだったわけですよね？

ジョシュ　新日本、新生UWF、藤原組、そしてパンクラスという歴史も知ってたよ（笑）。

鈴木　ジョシュはオタクだから、俺本人が忘れてたことまで知ってたりするから（笑）。

――ちょうど今年はパンクラス創立30周年を迎えますけど、ジョシュさんはパンクラスという団体ができたことは、プロレス、格闘技の歴史のなかですごくエポックな出来事だと思いますか？

ジョシュ　もちろん。プロレスから格闘技への一大転換であり、アントニオ猪木、カール・ゴッチという源流から、新日本、UWF、藤原組という進化の流れが、パンクラスに集約されたんだと思う。

鈴木　ジョシュはそういう話がうまいねえ。

ジョシュ　ボクは歴史が大好きだから(笑)。総合格闘技というものは突然始まったのではなく、日本のプロレスにおいては歴史の必然だった。だから新日本、UWF、藤原組を経た、鈴木と船木のふたりが始めたというイメージもパンクラスにとっては重要だったんだ。

――鈴木さんは先日、新日本の成田蓮《れん》(注1)選手に対して「先人が残したストロングスタイル、俺がすべて持ってるぞ」と言ってましたよね。

鈴木　そう。すべて俺が持ってるんだよ。アントニオ猪木、カール・ゴッチ、藤原喜明、山本小鉄、前田日明、髙田延彦という人たちみんなと、本気で関わり、ぶつかってきたから。

ジョシュ　アメリカ人は、いまのプロレスラーとしての鈴木さんを知っていても、まだそこをあまり理解していないかもしれない。でも、ひとりのプロレスラーが完成される過程でどこの扉を開くかがすごく大事で、鈴木さんは新日本プロレスやUWFといった日本の道場システムの中だからこそ、生まれたレスラーだと思っている。

――かつての新日本は、道場でトレーニングするだけでなく、ストロングスタイルという思想を植え付けられたことによって、UWFやパンクラスが誕生していったわけですもんね。

ジョシュ　ボクがMMAを始めたときは、まだアメリカには選手を育てるメソッドや環境が何もなかったので、自己流、マイウェイを貫くしかなかったんだ。でも、本当はしっかりとした師匠がいればもっと一本筋が通った教育を受け

ることができたと思うから、当時のパンクラスも含めた日本の〝新弟子〟システムがうらやましかったよ。

鈴木　俺が新日本に入ったときは、とにかく「先輩の言うことに従え」という軍隊形式の教え方だったんだよ。だから俺もデビュー戦は、上に言われたとおりにいわゆる〝若手の試合〟をやって、自分としてはうまくできたと思ってた。ロックアップして、ヘッドロックして、タックルしてってやってさ。でも試合後、藤原さんに「ちょっと来い！」って言われて、「なんてつまらねえことやってるんだ。そんなことならいますぐ辞めろ！」って言われたんだよ。

ジョシュ　藤原さんは気に入らなかったんだ。

鈴木　「おまえはなんのために俺とトレーニングしてるんだ？　おまえは他の誰にもできない関節技も投げもできるのに、なぜそれをひとつも使わないんだ？」って言われて。他の先輩からは「よくできた」って言われたんだけど、藤原さんだけに「つまらない」って言われたことで、デビュー2戦目以降、俺はロックアップをしたことないし、相手をロープにも飛ばさない、とにかく殴るっていうプロレスをやったんだよ。そしたら猪木さんが、「おもしろい！」って言ってくれたんだよね。

ジョシュ　それは猪木さんも藤原さんも〝プロ〟としての大事なことを教えてくれたんじゃないかな。他の人と違うことをやって、自分自身が何者であるかを見せるのはすごく緊張するし、最初は不安もある。でも、自分がやってることが他の人と同じでは、誰も自分のことを必要としないんだよね。

鈴木　日本の文化では、とくに新人時代は先輩から言われたとおり、他の人と同じようにやれと言われる。でも、藤原さんと猪木さんだけは、「そんなもんぶち壊せ」って言ってくれたんだよ。

ジョシュ　さすがだね（笑）。

鈴木　それで俺は「やっていいんだ」と思って、毎日自分が思うとおりにめちゃくちゃやった。俺にとっては、猪木さんと藤原さんの言葉がすべてだから。猪木さんは、俺の子どもの頃のヒーローで、藤原さんはプロレスの世界に入ってからの先生だったからね。

ジョシュ　そういう意味で言うと、猪木さん、藤原さんの影響を受けた人たちが集まった新生UWFは、個性がぶつかり合っていたよね。

鈴木　それが「正しい」と思ってる人間ばかりだからね（笑）。でも、前田さんや髙田さんも上に立つと、下を従わせようとしたんだよ。だけど俺たちは「関係ないでしょ」って、ケンカを売る毎日だったから（笑）。

ジョシュ　鈴木さんと船木（誠勝）さんがUWFでやった試合は、自分たちで決断してやったものなの？

——博多スターレーン（90年4月15日）での試合（注2）ですね。

鈴木　あれは船木さんから言われたの。「プロレスを変えよう」「なんの約束事もなしに、レスリングだけでやろう」って。俺もそれがやりたかったからうれしくて「やりましょう！」って言ってね。俺は勝てると思っていったんだけど、（ヒールホールドで）取られちゃって。でも、あの日を境にして完全に〝パンクラス〟に向かって行ったよね。

ジョシュ　当時を知るマニアは、あの試合がターニングポイントだったんだなとわかっていました。船木さんと中野（龍雄）さんの試合もそうだよね？

鈴木　ノープロレス（笑）。

ジョシュ　あの当時、どれだけ先鋭的なことが行われていたのか、MMAが当たり前に存在している現在の目で過去を見ただけでは理解できない。90年代初頭、まだ未来にMMAが出現することを知らない人たちが、UWFでの船木vs鈴木を見たとき、「なんだこれは!?」とショックを受けたと思う。いまだから言えるターニングポイントだよね。

鈴木　そうだね。

ジョシュ　当時のファンは新生UWFを「プロレスのやり方を取り込んだ、リアルな総合格闘技」みたいな感じで受け取っていたよね？

——そうですね。「従来のプロレスとは違う、真剣勝負のプロレス」みたいに報じられたり。

ジョシュ　でも実際は、トップロープに昇ることや場外乱闘が禁じられたり、ポイント制を採用した以外はプロレスのルールだったでしょ？　でも、鈴木さんたちはパンクラスで、本当に「プロレスのやり方を取り込んだ総合格闘技」をやったよね。

鈴木　総合格闘技というより、俺と船木のあいだでは「プロレスをリアルにした形」を作りたかったんだよ。それがパンクラスに格闘技あがりの選手たちが入ってきて、MMAと呼ばれるものになっていくんだけど、それは俺たちの考えとはちょっとズレていた。

ジョシュ　わかります。とくにオランダの選手なんかは、鈴木さんたちが考えている方向性を理解してなかったよね。

鈴木　それはバス・ルッテンとか？

ジョシュ　いや、アンドレ・フォン・デ・ウットラー（注3）とか。

鈴木　ああ、ウットラーね。

――また初期パンクラスのマニアックな名前が出てきましたね（笑）。

ジョシュ　ルールでは認められていても、タックルからパウンド、パウンドという選手はやっぱり違ったよね。

鈴木　俺たちは勝つことも大事だけど、「観に来てくれたお客さんを満足させて帰したい」っていう気持ちが強かったから。

――それはプロレスで最も重要なことですもんね。

「鈴木さんはUWFでもパンクラスでもずっと〝プロレスラー〟だよね」（ジョシュ）

鈴木　パンクラスを旗揚げするとき、俺たちの考えやスタイルを（ケン・）シャムロックも理解してくれていたから大丈夫だと思ってたんだよ。ところが大きな出来事として、旗揚げしてすぐにシャムロックが第1回UFCでホイス・グレイシーに負けたことで、全部の流れがUFCに傾いていっちゃったんだよね。もう格闘技界全体が「UFC、バーリ・トゥード（MMA）で勝たなければ認められない」みたいな空気になっていって、パンクラスもどんどんそっちにシフトしていった。でも、俺だけはずっとそのままだったから置いていかれたんだよ（笑）。

ジョシュ　アッハハハハ！　鈴木さんはUWFでもパンクラスでもずっと〝プロレスラー〟だよね。

鈴木　だから、パンクラスが完全なMMAになったとき、「俺の役目はもう終わった」と思ったんだよ。それでプロレスの世界に戻ってきたんだ。

ジョシュ　鈴木さんの場合、パンクラス時代に首のケガもあったよね？　アスリートは大きなケガをしたときに自分の流れが止まってしまい、もう一回車輪をまわすのに時間がかかってしまう。そこで進み続けるか、あらたな道を模索するかを考えなきゃいけないんだけど、まさに鈴木さんはそのときだったんじゃないかな。

鈴木　96、97年くらいに首のケガをして、もうダメだと思って、そこから数年間は辞めることばかり考えていた。でも、ケガをした10年後に日本でプロレス大賞をもらえるところに行けて、そこからどんどん自分の道が開けていった。いやあ、人生変わるね（笑）。

ジョシュ　鈴木さんは藤原組でも首を折ってなかった？　ケンのドラゴンスープレックスでやられたって、マット・ヒュームから聞いたよ。

鈴木　あのときは首を痛めただけで折れるまで

はいかなかったんだけど、鼻が折れたよ。

ジョシュ　鼻骨骨折がおまけまでついてきたんだ（笑）。

鈴木　おかげでほら、鼻の骨がないんだよ（と言って鼻を指でつぶす）。

ジョシュ　おー、ナイス。ボクも一緒だよ（笑）。

――藤原組時代って、UWFやパンクラスと比べてあまり語られることがないですけど、最近ツイッターで鈴木さんとシャムロックの試合動画が貼られてたんで見たら、すごい激しい試合をしてるんですよね。

鈴木　おもしろいでしょ？

――はい。あらためて「おもしろい！」って思いました。

ジョシュ　ケンはUWF、藤原組時代、プロレスラーとしても素晴らしかったよね。コンプリートレスラーであり、ファイターとしてもパンクラスに理解があったはず。ただ、UFCに行ったことで、自分のスキルをどう使うかという賢さを失ってしまったように思う。

鈴木　やっぱり違うルールで勝たなきゃいけないっていうのがあるからね。

ジョシュ　ホイスは自分の柔術をUFCで最大限に活かして闘っていたけれど、ケンはスタンドのパンチとテイクダウンからのパウンドだけで、自分の持っているキャッチやシュートレスリングを使うことができなかったのが、ファンとして残念だったよ。

「ゴッチさんもケンのことが嫌いだし、ケンもゴッチさんのことが嫌いだった（笑）」（鈴木）

鈴木　そういえば、ケンとこのあいだニューヨークで久しぶりに会ったよ。首と腰と膝を手術して、いまは何もトレーニングができないって。
ジョシュ　WWEが彼をボロボロにしてしまったんだよ（笑）。
――90年代末、世界中を飛び回って毎日バンプを取ってたわけですもんね。
ジョシュ　それにもともとライオンズ・デン（注4）のトレーニングはとてもハードだからね。毎日が殺し合いみたいな（笑）。
鈴木　彼らにトレーニング方法を教えたのも俺なんだけど（笑）。
ジョシュ　ケンが以前、新生UWF時代に船木さん、鈴木さんと練習した話をしてくれたんだけど、「当時を思い出すと、アイツらに毎日コテンパンにされてた」って言ってたからね。
鈴木　俺たちはケンに比べると身体が小さいじゃん。だから初めてスパーリングをやるとき、ケンは余裕かまして「イッツ・オーケー。カモン！」って言ってたから、俺と船木でかわるがわるバキバキに極めてやった（笑）。それでケンは毎日「おかしい、おかしい……」って。
――こんなはずじゃないと（笑）。
鈴木　それもあって、UWFが解散して藤原組になってからアイツが真っ先にやったのは、俺たちと一緒に生活をすること。日本に住んで、毎日一緒にトレーニングをやったんだよ。それでやっぱり強くなったね。
――もともと力もセンスもあったところにスキルが加わったわけですもんね。
鈴木　ただ、当時はゴッチさんもずっと日本にいたんだけど、ケンが口ごたえするんだよ。ゴッチさんが言うことに対して、「そうじゃなくて、こっちのほうがいい」って。するとゴッチさんが、「おまえは向こうに行け！」「出てい

け！」って言い出してね（笑）。

ジョシュ　ケンは熱くなりやすいし、カール・ゴッチも頑固だからね（笑）。

鈴木　だからゴッチさんもケンのことが嫌いだし、ケンもゴッチさんのことが嫌いだった（笑）。

ジョシュ　でも、いまケンはゴッチのことを凄く良く言ってるよ。「彼の存在はとても大きかった」って。

鈴木　ケンカしながらも毎日一緒に道場で練習していたからね。アイツ3カ月くらいいたんじゃないかな。

ジョシュ　マット・ヒューム（注5）も初期パンクラス時代、日本に住み込んで鈴木さんたちと練習していた当時のことをよく憶えていて、「みんながカール・ゴッチのようになることを目指していた」と言っていたね。

鈴木　ゴッチさんとマットのおもしろい話があ

って、マットが日本に来てパンクラスの道場に寝泊まりしてトレーニングしてるときに、毎日憶えたことをメモしてたんだよね。

ジョシュ それは藤原さんがゴッチの家でトレーニングしていた頃と一緒だね。

鈴木 それを俺がゴッチさんに「マットは真面目で、いつも練習後にメモを取ってるよ」って伝えたんだよ。そしたらゴッチさんが、「いますぐやめさせろ！」って（笑）。

ジョシュ アッハッハッハ！ なんで⁉（笑）。

鈴木 「アイツはいつかそれをお金に換えるつもりだな。ダメだ、いますぐやめさせろ！」って（笑）。俺もゴッチさんに「俺がおまえに教えているのは、このレスリングをずっと残してほしいからだ。誰かのお金を増やすためのことではない。だからおまえも俺から教わったことをお金に換えるようなことはしないでくれ」って言われたんだよね。だから以前、ジョシュに「アメリカでセミナーをやってくれ」「いいお金になるよ」ってお願いされたとき、いろいろ考えた末に断ったんだよね。やっぱりゴッチさんから「お金に換えるな」と言われてたんで、「ジョシュやジョシュのジムの仲間が知りたいんだったら俺はいつでも教えに行くよ。だけどセミナーとしてそれをお金に換えることはしたくない。晩ごはんおごってくれたら、それでいいから」って。

ジョシュ 鈴木さんが「ブラッドスポーツ」（注6）に出たときに、その話をしたのを憶えてるよ。ただボクは、鈴木さんの時間というものに敬意を払いたかったんだ。だから、ちゃんとビジネスとしてお願いしようと思ってね。でも、もし鈴木さん自身が時間を費やすことに問題がないのであれば、ぜひお願いしたい。ボクのジムの選手たちと一緒にトレーニングの時間を過ごしてくれることのほうが、お金をもらってセミナーを開くよりも自分にとってもうれしいことなので。

鈴木　じゃあ、それをしようよ。

ジョシュ　ボクの生徒であるロイス・アイザックス、クリス・ディッキンソン、ジェフ・コブに「おまえら、ニュージャパンで鈴木さんと一緒にトレーニングしてるのか？」って聞くと、みんな「いやあ……」って言うんだよ。何かされると思っているのか（笑）。

鈴木　俺のことが怖いんだろうな（笑）。でも、このまえオーランドに行ったときにシェイナ・ベイズラー（ジョシュの弟子で元UFCファイター、現WWEスーパースター）とトレーニングしたよ。

ジョシュ　あっ、それは聞いたよ。彼女はすごくまっすぐな人なんだ。

鈴木　彼女は強い。「女子選手でこんなに力が強いヤツがいるのか⁉」って思ったもん。バランスもいいし。

ジョシュ　彼女は、ビリー（ビル・ロビンソン）とも練習してたし、ボクともずっとやってたからね。

鈴木　それと彼女はハートが素晴らしい。

ジョシュ　ボクにとっても素晴らしい生徒です。彼女は10年以上MMAで実績を積んでUFCにも上がったけれど、そこで満足はしていなかったんだ。だから「プロレスを昔から趣味で見ていたのならやってみれば？」って言ったんだよ。そしたら彼女は最初、「うーん……」って言ってたんだけど、「そうね。やってみようかな」って言ったから、「だったらボクが教えてあげるよ」っていうところから始まってるんだよね。

鈴木　いま、すごくいいキャラクターになってるよね。

ジョシュ　彼女はなんでもできるから、「私、プロレスやりたい」って言ってくるのをボクは待ってたんだ。

鈴木　たまにWWEを観るんだけど、正直、ロンダ・ラウジー（注7）よりもいいレスラーだと思うよ（笑）。

ジョシュ　彼女はプロレスへの理解度が深い。彼女にとってプロレスはルーツであり、プロレスと自分を同化して考えることができるんだ。そして技術を学ぶことにたいしても貪欲だから、積極的に鈴木さんと一緒にトレーニングもしたんだと思う。

鈴木　彼女はいいヤツだよ。俺たちと同じ匂いがする（笑）。

ジョシュ　ボクたちにとってプロレスは追求すべき道だし、そのためには過去を知る必要がある。だからボクは日本にいる生徒たちに対しては、「藤原さんのところに行ってきな」とか、「宮戸（優光《ゆうこう》）さんのスネークピット・ジャパンで、ビル・ロビンソンが残した技術を学んでくるといいよ」と言ってるんだ。出稽古で自分にない知識を得ることは重要だし、あとアスリートはテクニックだけではないよね。だから「君はボクの生徒としてプロレスという傘の下にいるんだから、自分がなにをするべきか、プロレスに敬意を持つために人とのふれあいを通して知っていくべきだ」ってことをよく言ってるんだ。

「鈴木さんは、いろんな面でゴッチや猪木さんからの影響を感じるよ」（ジョシュ）

鈴木　いま、ビル・ロビンソンの名前が出て思い出したけど、カール・ゴッチとビル・ロビンソン、両方とトレーニングしてみると教えることはまったく一緒なんだよね。ルーツが同じスネークピットだから当然なんだけど、なのに結果がぜんぜん違う。それはロビンソンは正しいキャッチを教えてくれるんだけど、ゴッチさんの場合は、相手を殺すキャッチのやり方を教えてくれるんだよ。

ジョシュ　アッハッハッハ！

鈴木　「負けるくらいだったら殺せ！」みたいな。だから同じトレーニングをやってるのに全然違うんだよ。

ジョシュ　ふたりはレスラーとしての特徴も違うよね。ビリーはフリースタイルレスラーで、ゴッチはグレコローマンがベースだから。

鈴木　俺はふたりに同じ質問をしたことがあるんだよ。「サイドポジションで相手を押さえ込んだあと、どんな技が一番有効ですか？」って。そしたらロビンソンは「前腕で相手の顔を押さえて腕を取りなさい」って言ってたんだけど、ゴッチさんは「顔面にエルボーを落とせ！」って言うんだよ。俺はサブミッションの質問をしたのに（笑）。

ジョシュ　アッハハハハ！

鈴木　でも、それにはちゃんと理由があったんだよ。「相手はサブミッションしか来ないと思ってるから隙ができる。だから殴れ」って。考え方が違うんだよね。

――すべて実戦を想定するのがゴッチ式ってこ

とですね。

ジョシュ　ボクはビリーと長く過ごしてきたけど、MMAでのトレーニングは〝ゴッチスタイル〟なんだよね。もちろん（フロリダ州）タンパでゴッチともトレーニングをさせてもらったし、電話でしゃべったりもしたから影響を受けている部分はあると思うんだけど。彼と実際に接してわかるカール・ゴッチの個性として、悪いことしか言わないんだよね（笑）。

鈴木　そう。ゴッチさんはホントに口が悪いからね（笑）。

ジョシュ　昔、ゴン格（ゴング格闘技）でゴッチと対談をやったことがあって、（アントニオ・ホドリゴ・）ノゲイラとの試合映像と観てもらったんだ。それでなにを言われるかなと思ったら、ゴッチが「なんでここで寝るんだ？」って言ったあと、「ああ、クソッ！　ああ、こ

れもクソだ！」って言ってて（笑）。

鈴木　たしかに、いつも「ブルシット！」「ファッキン！」とか、そんなことばっか言ってたもんな（笑）。

ジョシュ　そうそう。だからインタビュアーも困っちゃって（笑）。

——あのノゲイラと寝技で真っ向勝負して競り勝った試合だから、ゴン格の記者からしたら「どうですか？　素晴らしいでしょう？」と、カール・ゴッチのお墨付きをもらおうとしたんでしょうね。ところが汚い言葉でダメ出しの連続という（笑）。

ジョシュ　で、ゴッチはボクに「なんだ、怒ってるのか？」って聞くんだけど、ボクは「いや、なにもないです。ボクがなにを思ったかじゃないですから。ボクはゴッチさんの言葉を聞きたいし、ゴッチさんから学びたいので」と答えたんだ。そしたらゴッチは髭をさわりながら笑顔で葉巻を吸ってね（笑）。

鈴木　ああ、それやるね。ゴッチさんって、相手がどう思おうが自分が思っている本当のことしか言わない。だからアメリカに来てからいろんなトラブルもあったみたいだけど、どうやら俺の人生もそっちに行ってるかもしれないな（笑）。

ジョシュ　鈴木さんは、いろんな面でゴッチや猪木さんからの影響を感じるよ。だから、ボクは日本でよく「猪木イズムを継承してるのは誰か？」って質問されることがあるんだけど、いつも「それは鈴木だ」って答えてるんだ。

鈴木　でも、猪木さんとはほんのちょっとの期間しか一緒にいなかったんだけどね。

ジョシュ　たしかに新日本にいた時代は短かったよね。でも、自分自身の道を進んでいて、なおかつストロングスタイルを継承してる人は誰かなと考えたとき、鈴木さんを含めてホントに数少ない人しか思い浮かばなかった。それぐらい貴重だと思う。

鈴木「俺は猪木の弟子だ」って言って、猪木ブランドで商売するレスラーはいっぱいいるけどね。で、これはゴッチさんも藤原さんも同じことを言うんだけど、俺のことを弟子とは言わないんだよ。俺のことを友達としか言わない。その気持ちがすごくうれしくて、だから俺も技を教えた後輩はいっぱいいるんだけど、俺は友達としか思わないようにしてる。

ジョシュ　ボクもビル・ロビンソンとは友人としての時間もたくさん過ごしてきたのでそれはわかるよ。そしてゴッチとも短い時間ではあったけど友人として過ごした時間があったので、それをすごく大事にしているんだ。

鈴木　ゴッチさんが大事にしていたのは、じつは友達としての人間関係だったんだよね。パンクラスを立ち上げた頃、俺がひとりでアメリカに行ってゴッチさんの家を訪ねたことがあるんだよ。トーマス・プケットの車に乗っけてもらってさ。そしたらゴッチさんがドアを開けて俺の顔を見て、「おまえ、ホントに日本からひとりで来たのか?」って言うから、「そうです。俺ひとりで来ました」って言ったら、「最近、俺の家に来る日本人は、みんなカメラマンと一緒だ。本当は俺に会いたいんじゃなくて、俺と一緒に写真を撮って、それを雑誌に載せたくて来るヤツがほとんどだ。嫌になるよ」って言うんだよ。

ジョシュ　なるほどね。

鈴木　それで「じゃあ、おまえはウチになにをしに来たんだ?」って聞かれたから、「あなたのすべてを知りたいです。練習教えてください」って言ったんだよ。そしたら、「ふ～ん……。いまからワイフが病院に行くから今日はトレーニングができない。だから今日は帰れ」って言って車で行っちゃったんだよ。それから俺はどうしたと思う?

ジョシュ　帰りをずっと待ってたの?

鈴木　ただ待つだけじゃなくて、庭の枯れ葉を全部集めてキレイにして、そこにあった雑巾でトレーニング器具をキレイにして待ってたんだよ。そしたらゴッチさんが、「これはおまえがやったのか?」って聞いてきたから、「うん。全部ひとりでやった。教えてくれるか?」って言ったら、「じゃあ、教えてやる」って。そんなことがあったね。

ジョシュ　とてもいい話だね。

鈴木　ゴッチさんも「こんなことするヤツはお

まえが初めてだ」って言ってて。

「ジョシュは相手の懐に飛び込んでいく付き合いをするよね」（鈴木）

ジョシュ　ボクとビリーのやり取りでもそういうことがあって、それ以来、師弟関係というより、友人同士、人間同士の付き合いが深まった感じがした。だからボクもシェイナ、ディッキンソン、ビクター・ヘンリーとは同じように接するようにしている。ヘンリーなんかはボクを自分の家に泊めてくれて、一緒に食事をして、洗濯もして、トレーニングもして、家族みたいな関係性を築くことが師弟関係よりももっと濃いものになってるんだ。

鈴木　ジョシュは相手の懐に飛び込んでいく付き合いをするよね。だから、さっき言ってた雑誌の表紙にゴッチさんとジョシュが一緒に載ってる写真を見たとき、すごくビックリしたんだよ。ゴッチさん、アメリカ人が嫌いだからさ。ゴッチさんがいつも言ってたのは、「アメリカ人はみんな、でっかいウンコだ」って（笑）。

ジョシュ　アッハッハッハ！　デッカイウンコ！（笑）。

鈴木　それ聞いたとき、ゴッチさんはホントにアメリカ人が嫌いなんだなと思ったよ。

――アメリカに住んでるのに（笑）。

鈴木　ゴッチさんはアメリカ人レスラーに偏見を持っていたんだよ。それだけに、ジョシュを受け入れてたことに俺はすごくビックリした。それから俺がゴッチさんと手紙のやりとりをしてる中で、「ジョシュはいい」って書いてあったからね。

ジョシュ　ゴッチとはもっと一緒に過ごせたら

良かったなって、いまでも思ってるよ。一緒に撮った写真を見てると、自分とは親戚みたいで似てるなと思うときがあって。とても不思議な感覚なんだけど。鼻の形とかね（笑）。ただ、これまでいろんな人たちの元でトレーニングをしてきた自分としては、ゴッチのスタイルも含んでいるけれど、それだけじゃないと思っている。

鈴木　それは俺も一緒だよ。

ジョシュ　でも、猪木さん、藤原さん、佐山さんら、歴代のゴッチの生徒たちがそうだったように、自分にもゴッチから教わった知識が入ったということは、ファミリーの一員だという思いもあるから、今度はそれを自分が次の世代に伝えていかなければならないという責任も感じているんだ。

鈴木　それとはちょっと違うかもしれないけど、

おもしろい話があるんだよ。数年前、プロレスの試合でイギリスのマンチェスターに行ったとき、杖をついたおじいさんが会場のバックステージにいた俺のところに来て、「おまえ、鈴木か？」って聞いてきたんだよ。

ジョシュ　それ、マーティン・ジョーンズ（注8）じゃないの？

鈴木　名前はわからない。で、俺は「イエス」って答えたら、「私はカール・ゴッチと一緒にスネークピットで練習していた元レスラーだ。ここまで電車で2時間かかるけど、おまえに会いにきたんだ。〝カールの息子〟がここに来ていると聞いて、おまえに会いたかった」って言われて、すげえうれしくてね。あまりにうれしすぎて、名前を聞くのを忘れたんだけど（笑）。

ジョシュ　それは凄くいい話だね。いまプロレスが世界中でビジネス的にうまくいっているのはとてもうれしいことだけど、ストロングスタイルはとても稀少なものになってきている。ボクはいまの若いレスラーにもストロングスタイルを身に付けてほしいと思っているんだけど、ロープワークや派手な動きに偏りがちで、プロレスの根源がどこにあるのか、理解できなくなってきていると思う。

鈴木　ちゃんと闘う練習をしないと、プロレスのリングで闘いを見せられなくなるんだよ。

ジョシュ　それは単なる格闘技の技術的なことじゃなくて、プロレスへの取り組み方、考え方、アティテュードの問題。猪木さんの「燃える闘魂」もそうだよね。リングで闘うことに常に燃えていたから、ボクらも惹きつけられた。だからボクは生徒たちに「テクニックは練習すれば誰でもできるんだよ」「一番重要なのはテクニックじゃないんだ」と教えてるんだけどね。

鈴木　ジョシュと『ブラッドスポーツ』でシングルマッチをやったのはいつだっけ?

ジョシュ　2019年の3月だから、もう4年前だね。

鈴木　あのとき俺はすごくビックリしたんだよ。20年前に新日本のリングでジョシュとやったときは、「自分がやりたいことばかりやってる」っていう印象だったんだけど、4年前の試合では、すごく通じ合うものを感じて、気持ちよくプロレスができたね。

ジョシュ　4年前の鈴木さんとの試合は「あれほど自然なプロレスはなかったな」って自分でも思ってるよ。お互いが目をあわせずとも同じマインドでいるっていう感覚で、ボクもすごくやりやすかった。

鈴木　そう。俺も同じことを感じて、そこにビックリしたんだよ。

ジョシュ　20年前のタッグマッチのときは、まだ自分が青かったからね（笑）。

鈴木　ひとりよがりのグリーンボーイ（笑）。

ジョシュ　それと緊張もあったね。なぜなら、鈴木さんはあこがれの存在だったたし、パートナーに高山（善廣）さんもいたからね。もう、とにかく緊張しちゃって（笑）。

鈴木　UFCチャンピオンが、そこまで緊張してたんだ（笑）。

ジョシュ　ボクはあのとき黒いタオルを頭にかぶって入場したんだけど、あれは鈴木さんへのオマージュ。それぐらい好きだったんで、リング上でも「うわっ、どうしよう……」ってなってたのが正直なところだね（笑）。

「鈴木さんが活躍し続けることがストロングスタイルを伝えることにもなっている」（ジュシュ）

——いまやおふたりは、ストロングスタイルを後世に残していく同志っていう感じですか？

鈴木　俺はそんなことまったく思ってないけどね（笑）。誰かに伝えて残すとかじゃなく、もっと自分がやりたいんだよ。

ジョシュ　それはボクもそうだし、その結果、ストロングスタイルが残っていけたらいいと思う。鈴木さんの場合、いまはどこでも大人気だから、鈴木さんが活躍し続けることが、ストロングスタイルを伝えることにもなっていると思う。

——ジョシュさんの場合、『ブラッドスポーツ』のプロデュース面でもストロングスタイルを実践し、残していこうとしているわけですよね？

ジョシュ　そうだね。ただ、『ブラッドスポーツ』は自分のアイデアを反映させたイベントだけど、ボクと同じ考えをもって一緒にやってくれるレスラーを見つけるのが大変だし、なかなかいないのが現状だね。

鈴木　ここにいるじゃん。次はいつ呼んでくれるの？（笑）。

ジョシュ　鈴木さんなら、いつでもウェルカム。誰かアキレス腱固めを極めたい人はいる？（笑）。

鈴木　ええっと、ＹＯＵと……（笑）。

ジョシュ　えっ!?　いや、ボクはいま足を大事にしてるから別のレスラーがいい（笑）。

鈴木　『ブラッドスポーツ』には、あとひとりオススメがいるよ。ジャパニーズボーイ。

ジョシュ　えっ、誰？　サトウヒカル？

鈴木　そう、佐藤。

ジョシュ　彼はいいね。ボクは佐藤さんが好きです。以前、鈴木さんと佐藤さんでキャッチレスリングをやったでしょ？　あの試合は良かったね。「うわー、さすがだな」って思いました。

鈴木　じゃあ、早めにオファーちょうだい。

ジョシュ　鈴木さんのためにいつでもスポットは空けておくよ。

鈴木　仕事の売り込み完了ってことだな（笑）。じゃあ、よろしく！

ジョシュ　はい、マッテマス（笑）。

（注1）現在、鈴木みのる、エル・デスペラードとユニット「ストロングスタイル」を結成している新日本プロレス所属レスラー。「SON OF STRONG STYLE（ストロングスタイルの息子）」の異名を持つ。

（注2）１９９０年4月15日、新生ＵＷＦの博多スターレーン大会で行われた船木誠勝と鈴木みのるの初の一騎打ち。グラップリングに特化したシュートスタイルで行われ、のちのパンクラスに

つながる原点の試合とも言われる。

（注3）伝説のキックボクサー、ラモン・デッカーがいたことで知られるオランダのメンホージム所属の格闘家。ボクシング、キックボクシング、柔道がベース。同じメンホージム所属のキース・ベーゼムスは船木誠勝戦で故意に反則を犯し、パンクラスから永久追放処分を受けた。

（注4）ケン・シャムロックが主宰する総合格闘技道場。フランク・シャムロック、ガイ・メッツァー、ジェイソン・デルーシア、ヴァーノン・ホワイトなど、初期パンクラス、初期ＵＦＣで活躍した選手が多数所属していた。

（注5）米国ワシントン州シアトルでＭＭＡジム、ＡＭＣパンクレイションを主宰。初期パンクラスで7試合行い、鈴木みのるとも対戦している（鈴木の判定勝ち）。若き日のジョシュ・バーネットを指導し、現在は元ＵＦＣ世界フライ級王者で現ＯＮＥ世界フライ級王者デメトリアス・ジョンソンのヘッドコーチを務める。

（注6）ジョシュ・バーネットがプロモートするプロレス大会。ノーロープのリングで、格闘技色の強い試合が行われることが特徴。２０１９年には鈴木みのるvsジョシュ・バーネットが実現し、今年（２０２３年）3月30日に行われた大会では、飯伏幸太が約1年半ぶりの復帰戦を行った。

（注7）元ＵＦＣ世界女子バンタム級王者。世界で最も著名な女子ＭＭＡファイターとして一世を風靡し、女子ＭＭＡを世界に広めた功労者としても知られる。２０１８年からＷＷＥと契約してプロレスラーに転向。ＷＷＥロウ女子王座、ＷＷＥスマックダウン女子王座を獲得している。

（注8）ビル・ロビンソンの指導を受けて、70年代から80年代にかけて活躍した英国の本格派レスラー。日本では１９８２年に新日本プロレスで、人気絶頂だった初代タイガーマスクと好勝負を展開したことで知られている。第1次ＵＷＦにも参加した。

ジョシュ・バーネット

1977年11月10日生まれ。ワシントン州シアトル出身。日本では「蒼い瞳のケンシロウ」の異名を持つ。2002年には史上最年少でUFC世界ヘビー級王者王座を獲得。パンクラス、PRIDEなど、日本のプロレス・格闘技イベントや団体にも多く参戦している。

鈴木みのる

×

中井祐樹

常に刺激を追い求める武士《もののふ》

常に刺激を求め佐山サトルのスパルタ特訓を自ら志願したことから、鈴木みのるをして〝変態〟と言わしめる中井祐樹。ふたりが出会うきっかけとなった山田学の話やお互い大ケガをしたからこそわかり合える話。かつて約束した「100歳スパーリング」とは？

写真：菊池茂夫

「中井は、佐山サトルにあのスパルタ特訓を『やってくれ』って言った男だからね（笑）」（鈴木）

鈴木　今日はどれだけ中井が変態なのかを暴くよ（笑）。

中井　ハハハハ！

鈴木　だってさ、中井はシューティングのジムに入門したとき、佐山サトルにあのスパルタ特訓を「やってくれ」って言った男だからね（笑）。

中井　アハハハハ！　ヤバい、ヤバい（笑）。

――あの伝説のシューティング夏合宿再現を志願しましたか（笑）。

鈴木　「それがおまえの本気か！」「殺すぞ、コラァ！」って言いながら、平手と竹刀でぶん殴る特訓ね（笑）。あれを「やってくれ」って言うんだから。

中井　確かに自分で望みましたけど、佐山先生は「嫌だよ。疲れちゃうよ」って言ってましたけどね。

――あんなスパルタは昔の話だと（笑）。そんな佐山さんに弟子入りして、修斗一筋で来た中井さんと、新日本プロレスからＵＷＦ系を渡り歩いた鈴木さんというと、一見接点がなさそうですけど、どういったきっかけで出会ったんですか？

鈴木　きっかけは山田学（注1）だよね。

中井　そうですね。

――シューティング（修斗）からパンクラスに入団した山田学選手。

中井　山田さんがパンクラスに行かなかったら、会わなかったかもしれないですね。

――山田さんは修斗の選手がＵ系に関わる先駆けでしたけど、それ以前はあまり意識もしてなかった感じですか？

鈴木　雑誌でもほとんど見てなかったね。目立つ記事になれば見たんだろうけど。

――当時のU系の選手からしたら、シューティングは別世界という感じでしたか？

鈴木　別世界。中井がヒクソン・グレイシーとやった『バーリ・トゥード・ジャパン95』（注2）とかは観たけど、それ以前は観てなかったね。

――そもそも、山田さんはなんでパンクラスに入団したんですか？

鈴木　知らない！　なんか、俺を倒したかったらしいんだけどさ（笑）。

――初期シューターは、タイガーマスクやUWFにあこがれた元プロレスファンが多いですけど、山田さんもそうだったんですかね？

中井　いや、山田さんは先輩なんで、そこまで聞けないんですけど、そういう感じじゃなかったですね。

鈴木　俺も山さんは仲いいけど……そっちじゃないと思う。山さんは、プロレスじゃなくて、ブルース・リーとかあっちのほうだから。

――80年代前半はプロレスラーにあこがれるのと、カンフー映画にあこがれるのと2つの潮流がありましたけど、山田さんはあっちですか（笑）。

鈴木　俺らがプロレス中継を観て、プロレスの本を読んで、プロレス流のトレーニングをやっているときに、木を蹴ってた男ですからね。家の前の（笑）。

――強くなるためにスクワットをやるか、木を蹴るかの違い（笑）。

中井　なんかのサイトで最近、山田さんがインタビューを受けていて、昔の話とかしてたんで

すよ。

鈴木　あ！　俺もちらっと読んだ。そしたらいいところで切れるんだよ。「このあとは有料で」って（笑）。見ねえよ、こんなのってそれ以上は見なかったけど。その無料部分を読んだら、「パンクラスでは鈴木みのるが一番強いけど、俺のほうが絶対に強い。『鈴木を倒す』って言って、パンクラスに入った」って書いてあったね。

中井　実際、山田さんは強かったんですよ。当時のシューティングでは山田さんが事実上のエースでしたから。チャンピオンは川口健次さんだったんですけど、なんか練習やってみたら、山田さんのほうが強いなと思ってたんで。いや、ボクは川口さん派なんですけど（笑）。

――ある種、シューティングの裏番長的な実力者だったわけですか。

中井　山田さんのほうが絶対に強いのに、なんで試合では2回とも川口さんに負けてるのかなと思ってたんですけど、肝心なところで矢面《やおもて》に立つのは山田さんでしたから。

――じゃあ、シューティング最強の山田学選手が、「入団」というかたちで、パンクラスに乗り込んでいった感じなんですかね。

中井　たぶん、そうだと思います。パンクラスが旗揚げしたあと、修斗のトップの先輩方と石井館長が観に行ってるんですよ。裏でなんか画策していたのかわかりませんけど（笑）。

鈴木　俺が（ケン・）シャムロックとやった（94年）1月の横浜のときに観に来たらしいね（鈴木みのるがヒザ十字固めで勝利）。

中井　ああ、そうです！　横浜です。

鈴木　あのとき、俺が勝ったんだけど、お客さんも凄く入ってて、それが総立ちになってるのを観て、山さんは「俺はあいつより強い。俺はあそこに行く」って決意したらしい。それは昔、一緒に飲んでるときに話してたよ。

中井　ボクらは練習生だったんで、詳しい話はよくわからなかったんですけど、「パンクラスを倒すために入団する」みたいなことは聞いてましたね。いざ山田さんがパンクラスに入団してからは、凄く気になってたんで、何年かぶりに『週プロ』を読むようになったんですよ。

――ついつい、気になって『週プロ』を手に取っちゃう感じですか？(笑)。

中井　ホント、気になってましたからね。当時は無差別級だったんで、大変だろうなとも思ってましたし。

鈴木　山さんが合流したあと、すぐに「飲みに行こうよ」って誘ったことがあって、なんかいろんな話をしたね。

中井　へえ。どんな話をするんですか？

鈴木　いや、自分たちがなにやりたいのかっていう真面目な話もするし、アホな女話もするし、王様ゲームとかもやったよ。

――鈴木みのると山田学が一緒に王様ゲームやってましたか(笑)。

鈴木　知り合いの女の子並べてね。でも、何回やっても、俺と山さんが当たるんだよ。「わー、またおまえとか」って言いながら、山さんとチューして(笑)。

中井　チューしたんですか！(笑)。

――パンクラスに乗り込んでいったんじゃなかったのか、っていう(笑)。

「山田学さんが、鈴木さんとか船木さんに勝ったときは凄く誇らしかったですね」（中井）

中井　山田さんがパンクラスに行って1年ちょっとしたとき、山田さんが腕を折ったときがあって。その見舞いに行ったときに鈴木さんがいたんですよ。そこで、初めてちゃんとしゃべったのかもしれないですね。

鈴木　あれ、山さんがモーリス・スミスとキックルールでやって、それでミドルをガードしたら、腕が折れちゃったんだよ。

中井　ああ、そうだ！

――武道館ですよね。モーリスとキックルールでやるなんて、鈴木さんも山田さんも無茶してましたよね（笑）。

鈴木　いや、山さんは口に出しては言わないけど、パンクラス入団のきっかけもそうだし、「こいつよりも俺のほうが上だ」っていう気持ちがあるから、俺がやることやること、「俺もやってやる」っていう気持ちがあったと思うんだよね。

――「鈴木みのるがモーリスとキックルールでやるなら、俺もやる」と。

鈴木　「こいつに負けたくない」みたいな気持ちが凄くあったと思う。酔っ払うとそれがチョイチョイ出てくるから。「ああ、俺負けないっスよ」とか、よく言ってたもん（笑）。

中井　ボクは山田さんが、鈴木さんとか船木さんに勝ったときは凄く誇らしかったですね。（ケン・）シャムロックと判定までいったのもそうだし。たぶん、あの当時のシャムロックって、世界最強に近かったと思うんですよ。その相手と、体重差もけっこうある中で、無差別でやって判定までいったわけですからね。

――中井さんは、そんな山田さんが、鈴木さんや船木選手に勝つ姿を見て、「自分たちがやってきたことは間違ってなかった」というか、自分のことのように誇らしかった、と。

中井　自分がやりたくてもできないことでしたからね。自分がもうちょっと身体が大きかったらやりたかったですけど、それはできなかったんで、山田さんに自分を投影していた部分はあると思いますね。

――やはり、当時のシューターというのは、大きな舞台で自分の実力を証明したいとか、認められたいっていう思いのマグマが溜まっていた感じなんですかね？

中井　そうですね。

鈴木　それはあるでしょう。だって、みんな「俺のほうが強えのに」って、絶対に思ってんだから。

中井　だからボクもそういう思いが溜まってたんで、本当は『バーリ・トゥード・ジャパン』のあとにいろんなことをやろうと思ってたんですよね。ＵＦＣにも行きたかったし、他団体を転戦してみたかったし。まあ、ヒクソンとやるまでは、そんなことより後楽園がガラガラだったんで、「まず、これどうすんだ」っていう感じだったんですけど（笑）。

――とりあえず、ガラガラ状態をなんとかしないと、何も進まない（笑）。

中井　だから、そこをどうにかしようと思って。『バーリ・トゥード・ジャパン』は、壮大な売名のためにやったようなもんですよ（笑）。で、やれば勝てると思ってたんですよね。山田さんもパンクラスで結果出してたし、自分もけっこう自信があったんで、出れば全部倒せるんじゃないかって、若気の至りで思ってました。そういうような時期だったんですよね。

「21歳ぐらいのとき、世界で3番目ぐらいに強いって、真剣に思ってた（笑）」（鈴木）

——なんか、鈴木さんが若手だった頃に、プロレス界で思ってたことに凄く似てますね。鈴木さんも「俺たちのほうが正しいことやってんのに、俺たちのほうが強いのに」っていうのを上の選手に対して、ずっと思ってたんですよね？

鈴木　うん。俺、21歳ぐらいのとき、世界で3番目ぐらいに強いって、真剣に思ってたもん（笑）。

中井　ハハハハハ！

鈴木　そうしたら、もの凄く弱かった（笑）。やっぱり、狭い世界の中で、勘違いしてたんだよね。だから、あの頃はいろんな人にケンカふっかけて歩いてる感じだったよ。

——自分よりも評価されている人に対して、「ふざけんな！」っていう思いがあって。

鈴木　常にあったね。いまだにあるし（笑）。

中井　最高（笑）。

——おそらく当時のシューティングの選手もU系の選手たちに対して、そういう思いが凄くあったわけですよね？

鈴木　もちろんUWFもそうだけど、「プロレスよりも」っていう思いは絶対、修斗の選手たち全員にあったと思うよ。

中井　ありましたね。いまは全然ないですけどね（笑）。

——佐藤ルミナ選手世代ぐらいまでは、プロレスに対して凄い敵愾心《てきがいしん》みたいなものがありましたもんね。

中井　そうですね。いまの選手の中にもそういう人はいると思いますよ、「一緒にすんな」っていうのは。でも、ボクはプロレスが好きだったから、いまはガンツさんの取材なんかではプロレスの話をさせてもらってますけど、ボクにそういうことを言ってほしくないっていう人も、修斗の中にはたぶんいるはずなんですよ。

――「玉袋筋太郎の変態座談会（注3）なんかに出ないでください！」と（笑）。

中井　まあ、時代もひと周りしたし、もういいと思うんですけどね。

鈴木　でも、不思議なもんで、パンクラスと修斗の選手がいまや一緒の大会に出る時代になったもんね。そこは、ちょっとホッとしたというか。

中井　そうですね。

鈴木　これが、俺らがいた頃のパンクラスだったら、修斗側の人は絶対に嫌だったと思うんだよ。要はプロレス上がりのヤツらがやっているから。逆に俺らにしてみたら、「あんなヤツらに負けてたまるか」っていうのがあったから、一度も触ることすらなかったんで。中井をはじめ、個別では知り合いになったり、仲良くなるヤツがいたとしてもね。

――パンクラスの選手は、それで食ってるプロでしたから、当時の修斗なんかは、ある種、アマチュア扱いみたいな部分もあったんでしょうね。

鈴木　変なプライドはあったよね。

中井　パンクラスは当時から、かなりメジャーだったんで、ボクらのことは、あまり眼中になかったんじゃないかと思うんですけど。逆にボクらは、凄く意識してましたね。ボクは96年から修斗のフロント入りして、いまの坂本（一弘）（注4）さんみたいなことをやっていたんですよ。坂本さんに興行のやり方とかを教えたのは、なぜかボクなんで（笑）。で、興行を担当していたとき、96年の1月に自分の生徒で、いまPUREBRED大宮の代表をやっている池田久雄がデビューしたんですけど、ちょうどパンクラスの近藤有己くんのデビューが同じ時期で、歳も同じだったんです。その試合後、『格闘技通信』を見たら、近藤くんはカラーページだったんですけど、池田はモノクロでちょっと載ってるだけだったんですよ（笑）。まず、これをどうにかしようと思って。

――『格通』の扱いから変えていかなきゃダメだ、と（笑）。

中井　露出を増やさなきゃダメだと思ったんですね。だから『格通』だけじゃなく、『週プロ』にも電話したんですよ。たしか、浜部（良典）さんが編集長だったんですけど、「俺らオープンフィンガーグローブはしてますけど、やってることはパンクラスと同じようなものなんで、プロレスとして扱ってくれませんかね？」って（笑）。

――パンクラスが載ってるなら、修斗も『週プロ』に載せろ、と（笑）。

鈴木　その話、知ってる（笑）。

中井　で、実際にベタ記事で載せてもらったんですけどね。

――『週プロ』に載っちゃったんですか！　浜部さんも人がいいというか、なんというか……（笑）。でも、『格闘技通信』が定期刊行物になるまえは、『週プロ』に毎回、シューティングって載ってましたもんね。モノクロ1ページくらいで。

中井　そうですね。UWF系の流れで、その末端みたいな感じで。

鈴木　最初はヘルメット被ってたよね？

――スーパーセーフ面（注5）ですよね。空手の大道塾なんかが使っていたような。

中井　ボクは、あの時代にはいなくてよかったですけど（笑）。昔の人に聞くと凄かったみたいですよ。試合中にズレたりするから、大会途中でスーパーセーフを外したり。

鈴木　大会中にルール変更されちゃうんだ。佐山さんは思いつきなんだよ（笑）。

――あの早すぎたオクタゴンと言うべき、八角形のリングも斬新すぎましたよね。サイズが大きすぎて、後楽園ホールのイスを置くスペースがほとんどなくなっちゃうっていう（笑）。

中井　そうそう（笑）。

鈴木　最近、一緒にプロレスやってるから、付き合いができるようになって、いろんな話をすることがあるんだけど、「ああ、思いつきなんだろうな、この人は」って思うもんな（笑）。

――「思いつき」じゃなくて「天才的なひらめき」と言ってくださいよ（笑）。

鈴木　また変なの考えてるらしいよ？　次の段階の格闘技だって。またなんか新しいルールを考えついたらしい。このあいだ、それをずっと説明してもらったけど、よくわかんなかった（笑）。

中井　ハハハハ！　鈴木さんでもわかりませんか（笑）。

――佐山さんは時代の1歩先をいかないで、10歩、20歩先をいっちゃいますからね（笑）。

中井　タイガーマスクやってる頃から、もうシューティングのことを考えていたわけですからね。

鈴木　佐山さんっていつまで修斗にいたの？
中井　１９９６年の夏までいましたね。
鈴木　その頃に、ウチの（尾崎允実《まさみ》）社長とさんざん話をしていたって知ってる？
――ああ、なんか交流の話が出ていたんですよね。
鈴木　「何か一緒にできないか」っていう話をしていて。ただ、修斗の選手は基本的に小さかったんで、「それをうまく一緒にできないかな。そうしたら大きな組織ができる」っていう話をもらったんだけど、「そうですね」って言っているうちに、佐山さんが修斗からいなくなったの（笑）。
中井　そうだったんですね（笑）。
――あの頃は佐山さんも興行的に大きくしていこうという時期だったんですかね？　『バーリ・トゥード・ジャパン』やったりとか、そのまえには新格闘プロレスと対抗戦（注6）をやったりとか。

中井　そうですね。いろいろ動かれてましたね。それで新日本プロレスから小林邦昭さんを借りてきて、KOしちゃったりとか。

――エキシビジョンなのにハイキックで失神させちゃったやつですよね（笑）。

中井　あれが伏線になって、新日本に単発参戦という流れになったと思うんですけど。佐山先生がどういう考えでいろいろやられてるのかっていうのは、ボクらにはわからなかったんですよ。「なんで、いまになってまたマスクを被るんだろう?」っていう感じもあったし。そういう意思の疎通ができていなかったのは、心残りとしてありますね。佐山先生が何をしようとしているかわからなくて、そこに猜疑心《さいぎしん》が生まれてしまったのかもしれない。

――90年代半ばっていうのは、総合格闘技をスポーツとして成り立たせると同時に、興行としても成り立たせるための過渡期でしたしね。

鈴木　だから、佐山さんがいた頃の修斗と一緒にやらないかっていう話が進んだのもその頃だし、じつはK－1と一緒にやらないかっていう話もあったんで。一気に動き出した感じだよね。

――だから、パンクラスは真剣勝負の総合格闘技を、ビッグイベントの興行として成り立たせるための実験でもありましたよね?

鈴木　実験じゃなくて、これは最終的に結論になっちゃうんだけど、俺らは総合と言われるものをやりながら、発想はプロレスだったんだよ。だから、競技うんぬん以前に、興行をやらなきゃいけないっていうのがスタートなんで。だから、パンクラスと修斗は同じようなルールだったかもしれないけど、俺らは格闘家にはなれなかった。どこまでいってもプロレスラーだったんだよね。

――同じようなルールで闘いながらも、目的が違うというか。

鈴木 根本的な考え方として、格闘家っていうのは、お客さんがどう思うかよりも自分が勝つことが大事だと思うんだけど、俺らはお客さんに見せるっていうのが一番というところから始まってるんで。そっち側から闘いを追求するのと、勝つことを第一でやるのとでは、やっぱり違っちゃうんじゃないかな。

中井 そういった、鈴木さんたちが中心だったパンクラスが、たとえば北岡悟なんかがウチ（パラエストラ東京）を経由して入って、身体の小さい人間が受け入れられる土壌ができてきて。言ってみれば修斗に近いかたちになっていったわけですよね。その頃に、鈴木さんはプロレスに戻られたんでしたっけ？

鈴木 もうちょっとあとだね。その頃は道場が東京と横浜のふたつになって。俺もどちらかと言えば指導に重きを置くようになったんだけど、横浜道場で昔ながらの練習をやっていたんだよ。それで大批判をくらった出稽古禁止を打ち出して、若いヤツらにブーブー言われてね。

――ありましたね、出稽古禁止。中井さんは、出稽古奨励派なんですよね？

中井 ああ、そうですね。ボク自身は好きでしたね。

鈴木 じつは俺自身は、新日本プロレスでデビューした新人の分際で、こっそり出稽古に行ってたんだけどね。

――新弟子なのに、道場での合同練習が終わったあと、こっそり大学のレスリング部とかに練習に行ってたんですよね？

鈴木　行ってたね。だから、若いヤツが強くなりたくて出稽古に行くのはわかるんだけど、なぜ禁止にしたかと言うと、「今日、出稽古なんで練習休みます」っていうヤツが出てきたの。

――ああ、なるほど。

鈴木　練習前に「なんであいついないの？」って聞いたら、「いや、ボクシングの練習行ってます」って。なんかおかしな方向というか、要は自分だけ良ければいいという状態になってたんだよね。本当は自分の道場でやることをやって、プラスもっと学びたいから出稽古に行くはずなのに、大事なものを省き始めちゃったんで、高橋義生《よしき》と一緒に「全部禁止にする」って決めたんだよ。

――本末転倒になりつつあったわけですね。

鈴木　ブーブー文句言われたけど、やることやんないで、どこで何やるんだよっていう話なんですよ。道場の練習に出ないで、他で練習するなら、もうパンクラスの選手じゃなくなっちゃうんで。まだ、伝えたいものがたくさんあるのに、それを知ろうとしないで、それ以外のことが知りたいなら、ウチの選手である意味もなくなる。

出稽古は奨励しますけど、それは覚悟を試してる感じなんですよ（中井）

――鈴木さんは、ちゃんと道場の練習はやって、その上で黙って出稽古に行くなら黙認するつもりだったんですよね？

鈴木　そうです。行くなら、やることやって自由な時間に行け。本当に出稽古に行きたいんなら、仮病使ってでも行きゃあいいんだよ。そこ

まで して行った情熱は、絶対に自分に返ってくるはずなんで。でも、何かを置き去りにして、サボった状態で得をしようとするのは、なんかダメなんじゃないかっていう気持ちがあったんで。俺の勝手な思い込みなんだけど。

中井 いや、そこは重要ですよ。

鈴木 たしかに、俺なんかボクサーに比べたら、ボクシングの技術は低い。柔術家と比べたら、俺の持っている技は古臭い。よそに行ったほうが最先端を覚えられるかもしれないけど、伝えたいものがあったんですよ。もともと、プロレスからスタートして、ゴッチさんや藤原さんに教わりながら、試行錯誤しながら作り上げた、「これだったら絶対負けない」っていうものが、その時点であったんで。それを身に付けてほしいっていう気持ちがあったんだけど、俺たちのレスリングっていうのは、手っ取り早く身に付けられるものじゃないから、面倒くさくて目を背けちゃう人が増えたんだよね。だからもう一気に「出稽古禁止」ってしちゃったんだけど(笑)。

中井 ボクも出稽古は好きなんですけど、団体戦で勝負するという側面がある柔道部出身なので、チームのため、道場のためにどれだけ力になれるのか、というのも重要視しているんですよ。団体戦になると、たまにしか来ないような人は使えないんです。団体戦のために、恥も外聞も捨てて、引き分けに持ち込んでくれるような人でなければいけないので。だから、ボクはいまでも出稽古は奨励しますけど、それは覚悟を試してる感じなんですよ。本人がどれだけの覚悟で、外に出ていっているのかっていう。だから、言わんとしていることは、鈴木さんと同じですね。

――要はこっちがダメだから、こっちやってみようというのとはまったく別の話ということですよね。

鈴木　当時、俺もまだ20代だったから、俺自身が指導者としては若くて、勝手な行動を許せない、認められないっていう部分もあったとは思うんだけどね。あとは、自分がやってきたことが正しいと思ってるんで。俺が藤原組時代、シンサックさん（シンサック・ビクトリージム）（注7）のところにずっと練習で通っていたとき、1年経つまでは誰にも言ってなかったんで。藤原組の道場での練習は絶対に休まなかったし、道場では一切、キックをやってるそぶりも見せなかった。出稽古っていうのは、そうやって身に付けていくもんだと思うんですよ。昔は情報もないし、道場も少ないから、自分で考えて、本当に必要なものをさらに求めていくものだったんで。

――総合で強くなるマニュアルがまだ全然ない時代ですもんね。

鈴木　なかったね。だから、俺は自分で勝つためのスタイルを作り上げたかったし、それをずっとやってたんですよ。でも、あの頃の若いヤツっていうのは、グレイシーが出てきたら柔術に行って、ミルコ（・クロコップ）や（ヴァンダレイ・）シウバが出てきたら、今度は打撃に行ってみたいに、フラフラしてるのがけっこういたんです。いまは総合の闘い方っていうのがだいぶ固まったと思うけど、やっぱりちゃんと柱になるものを持ってる人が最後まで残ると思うんだよね。

中井　そうですよね。でも、鈴木さんはいまも（MMAを）観ることがあるんですね。

鈴木　こっそりね（笑）。

中井　どうですか、ＵＦＣは。

鈴木　おもしろいよ。つまんないのは飛ばすけど。

中井　確立しすぎてつまんないっていう人もいるんですよ。ポイント取りのゲームでもあるし。まあ、レベルが上がってくるとどうしてもそうなっちゃうんでね。

鈴木　もちろん、レベルが上がることによってそういうことはあるだろうけど、いまでもマーク・ハントの試合なんか、すげーおもしれえじゃん。なんか、昭和の漫画のケンカのシーンみたいな。なんかでっかいヤツとの試合。

中井　アントニオ・シウバ戦（注８）ですね（笑）。

鈴木　あれ、おもしろかったな。河原の番長同士の決闘みたいで、「これおもしれえ」って、巻き戻してもう一回観ちゃった。

――ハントもビッグフットも、ああ見えてなんでもできるトータルファイターなのに、ああいうド迫力の殴り合いになるっていうのが凄いですよね。

中井　だからマッチメイク次第ですよ（笑）。いまは、マッチメイカーの腕が問われてますね。

「レベルが高い者同士になったら、最後の最後は結局根性が物を言う」（鈴木）

鈴木　でも、ああいうのを観ていると、どんなに技術が進んで最先端になっても、最終的には（胸をさして）ここなんだなって思うけど。

中井　そうですね。

鈴木　レベルが高い者同士になったら、最後の最後は結局根性が物を言うっていうのは、どん

なスポーツも一緒だし。そこが、観てる人間の心にも響くところだよね。
――技術論の先に、観客論があるという。あとは、レベルが上がって、みんななんでもできる選手ばかりになったからこそ、プロとしてのキャラクターが重要になってきますよね。
中井　そういう面はありますね。
――そもそもバーリ・トゥード自体、ヒクソンがキャラ的に立っていなかったら、絶対流行んなかったと思うんですよ。
鈴木　そりゃそうだ。
――最初に現れたホイスも良かったですけど、ヒクソンのほうがあらゆる意味で上だったことがまたよくて。
中井　そうですね。佇《たたず》まいがいいですよね。
鈴木　ホイスが表に出てどんどん他流派を倒していって。ヒクソンはなかなか出ないけど、出たときは圧倒的な強さを発揮するから、強さの幻想がどんどん高まっていったよね。いま考えると、ヒクソンって本当にいい〝プロレスラー〟だよ（笑）。

――あのボスキャラぶりはハンパじゃないし。あのボスキャラを誰が倒すのか？　というストーリーで、総合は人気が出ていきましたからね。

中井　たしかに。

鈴木　でも、格闘技で流行ったものって、みんなそういう人間がいるんだよね。K－1もそうだったし、パンクラスも人気があったときは、タレントが揃っていた。やっぱり、キャラクターが確立しているところが人気が出る。修斗が凄いブームだって言われていた時代だって、タレントが揃っていたわけじゃない？

中井　そうですね。修斗四天王（注9）体制で。それはありますね。

鈴木　で、メインの主役がしっかりしてると、脇からまたいいタレントが湧いてくるんだよ。修斗で言えば、宇野（薫）みたいなヤツが湧いてきちゃって（笑）。

中井　ハハハハハ！

鈴木　でも、宇野が佐藤ルミナに勝ったときは、ちょっとうれしかったりしたんだよね。

中井　高校の後輩なんでしたっけ？

鈴木　後輩。歳は離れてるけどね。で、宇野はパンクラスの1回目の入門テストを受けに来てたんだよ。俺はよく憶えてるけど、あのときのパンクラスはまだプロレス団体のイメージが残ってたんで、渋谷修身《おさみ》っていう身体の大きいほうを取って、宇野は落としたんだよね。宇野は体力テストは全部できたけど、身体が小さかったから。

――当時のパンクラスは無差別級だし、U系の採用基準は、新日本プロレスと同じで、身体の大きな人にアドバンテージがありましたからね。

鈴木 だって、当時は呼んでたガイジンが、シャムロックとバス・ルッテンだよ？　スーパーヘビー級ではないけど、ライトヘビー級以上の選手を呼んでいたから。そこに宇野を入れるっていうのはね。

――とてもじゃないけど、シャムロックとはやらせられないだろうっていう（笑）。

鈴木 だけど、あいつは修斗で力をつけて、人気も出て、プロとして再会して。そうしたらあいつ、「実は修斗行くまえに何度もパンクラスの道場に行ったんです」って言うんだよ。で、「もう一度お願いします」って言おうと思ったら、中から練習生のうめき声が聞こえてきて、ビビって帰ったって（笑）。「ああ、ダメだな……」って。

中井 ハハハハハ！

鈴木 宇野は道場の外で、俺らが出てくるのを待ってたんだって。で、うめき声が聞こえてきたと思ったら、若い選手がガシャーッとドアを開けて出てきて、ゲーッてゲロ吐いて。死にそうになってるところを、誰かが後ろから「おら、逃げんじゃねえよ」ってズルズル引きずり戻して、バターンとドアを閉めたって（笑）。それ見て、「俺、無理だ……」って帰ったらしいよ。

中井 最高（笑）。最高！　最高！

――「最高！」って、さすが佐山さんの地獄の特訓を志願した男ですね（笑）。

鈴木 中井はシューティング入って、「厳しくないからガッカリした」って言うんだから（笑）。

中井 いや、修斗はキックボクシングジムの影響が強かったんですよ。だから、みんなで集団で追い込んだ練習するっていう感じじゃなかったんです。で、ボクは柔道部の人間だったんで、なんかガッカリしちゃったんですよね。ちょっとドライすぎるというか。

鈴木　竹刀で叩かれたいタイプだから。「立て、おら！　おまえの根性はそんなもんか！」っていうのを求めてた人だから（笑）。

中井　変態ですから（笑）。で、一応やってもらったんですけど、佐山先生は1期、2期の人を作って燃え尽きてたと思うんですね。

——そんな何年も何年も鬼を続けてられない、と（笑）。

鈴木　シューティングの最初の頃の弟子っていうのは、渡部《わたなべ》（優一）さんとか？

中井　そうですね。渡部さんとかですね。

鈴木　あと、佐山さんのところでコーチしている角刈りの人……。

——田中健一さん。

鈴木　あのへんの人たち、みんな根性おかしいもん。

——ダハハハハハ！　常軌を逸した根性（笑）。

中井　ヤバいですからね、あのへんの人たちは。桜田（直樹）さんとか川口（健次）さんとかもみんなヤバいですよ。

——当時のシューティングは、とんでもないスパルタだったんでしょうね。佐山さん自身が、昭和の新日本プロレスと、黒崎健時（注10）さんの目白ジムで鍛えられた人ですから。

中井　ボクの場合、スパルタを望んだのは、〝変態〟だからっていうことにもなるんですけど（笑）、単純にずっと練習漬けでいたかったんですよね。やっぱり朝日昇さんとか異端の人には修斗のサブミッションの凄さを叩き込まれたところもあって、それは良かったなと思います。アマチュアの時代から山田さんとも毎週スパーリングやってたし。凄い怖かったですけどね。レッグロックも凄かったから、極められたときは、足が取れるかと思いましたよ。

鈴木　足取れる（笑）。

中井　それもあって、自分自身ではまともなつもりなんですけど、「ずっとスパーリングをやってる」みたいに言われたんですよね。鈴木さんは、長い時間のスパーリングってやったりします？

鈴木　やるよ。1時間とか。いまもやっているから。

中井　凄い（笑）。

鈴木　もちろん、凄く強いヤツと1時間とかは厳しいけど、若い選手に教えたりするには、1時間ぐらいずっとやっていると心の変化が見えるんで、途中でハッパかけてやったりとか、わざと苦しくしたりとかしてね。

中井　いまのプロレスラーも（スパーリング）やるんですね。

鈴木　いや、やらないよ。俺しかやらない（笑）。

中井　あ、鈴木さんだけなんですか！　普通、いまのプロレスラーはやらないんですね。……修斗の人間は、すぐこういうことを聞きたくなっちゃうんだけど（笑）。

鈴木　でも実際、俺以外でやってる人はみたことない。

――だから、鈴木さんだけは若手つかまえてきて、試合前のリング上でグラウンドのスパーリングをやっているという。要は昔で言う藤原さんなんですよね。

中井　そうなんですね。

鈴木　俺が若手の頃、藤原さんはもう40何歳かだったけど、藤原さんと同じ歳になったら、同じことやってたんだよ（笑）。でも、いまにな

って、藤原さんが毎日、俺ら若手とスパーリングやってた意味がわかるね。若いのに教えるというより、自分のコンディション作りに凄く役立つんだよ。いまG1っていう大きなシリーズの最中なんだけど、それでも毎日やってるから、いい感じでこられてるよ。

中井　鈴木さんの年齢になって毎日スパーリングして、毎日のように試合にも出て。プロレスラーは凄いですね、やっぱり。

――鈴木さんも中井さんも、パンクラスや修斗の現役を退いてからずいぶん経ちますけど、それぞれサブミッションレスリングと柔術が、生涯学習みたいな感じになってますよね。

鈴木　パンクラスで現役をやってたときにできなかったことが、いまになってできるようになったりするんだよ。

中井　ああ、そうなんですか。

鈴木　パンクラスで現役をやってるときは、自分の特性を活かして、要は勝つための練習だけをしていたんだよね。たとえば、柔術系の選手に対して、自分のレスリングでどう動きをかわして攻撃するかっていう練習ばかりしていた。だけど、現役の総合の舞台から離れたあと、勝つためじゃなく、ただやりたいから練習を続けていくうちに、当時はわからなかったことが、いろいろわかってきたんだよね。俺がいまスパーリングやってるプロレスの若手は、格闘技的には初心者だからさ、そういう初心者相手にやったことない技を試してみたりして、いろんなことができるようになったよ。それが強い選手に通用するかどうかは別の話として、仕組みを理解できるようになった。これは、弱い相手とでもスパーリングを続けていなければわからないことだし、そういう意味で、俺は練習がおもしろいよ。

中井　そうなんですよ、練習っておもしろいんですよね。前に桜庭さんとお話ししたときも最後そういう話になって。いろいろ試して、これができるようになったらおもしろいなっていうことの連続なんですよね。

鈴木　試合のための練習と、試合に関係なく日々続けていく練習って、全然違うと思うんだよね。試合のためじゃない練習っていうのは、何々「道」に近いものになると思う。それは自分の道を突き詰めていくことで、相手を研究して、それを克服するという競技の練習とは、また違う気がするんだよね。

——だから、ファンというのはどうしても競技者としての現役時代だけを見てしまいますけど、鈴木さんも中井さんも、現役選手としての道が絶たれてから、〝自分の道〟が広がっていったというか。

鈴木　一応、俺はまだ現役だけどね（笑）。

――いやいや、パンクラスの選手としてという話です！（笑）。

中井　いまどうしようかと思った（笑）。

――鈴木さんは、首のケガが大きな原因のひとつとして、パンクラスという舞台から離れたわけですよね？

鈴木　それが一番大きかったね。

――でも、それによってプロレスという天職に再び巡り会えたわけですもんね。

「鈴木さんはリング上のパフォーマンスだけじゃなく、言葉を持ってる」（中井）

中井　いま、一番のプロレスラーって鈴木さんじゃないですか？

鈴木　いや……そうですけどね（笑）。

――間違いない、と（笑）。

鈴木　合ってるんだけど、面と向かって言われると照れるな～。お代わり、なんか飲む？　ケーキもうまいよ？（笑）。

中井　鈴木さんはリング上のパフォーマンスだけじゃなく、言葉を持ってるじゃないですか。「ぶっつぶすぞ、オラッ！」とかじゃなくて、ちゃんと自分の考えを言葉にすることができる。だから、『KAMINOGE』も鈴木さんは欠かせないなって感じますよね。そういう人って、凄い重要なんじゃないかなって。

鈴木　若いときにさんざんいろんなことをやってきたから、昔話だけでもまだいけるし、いまのプロレスももちろんいけるからね（笑）。

――鈴木さんは、そうやって再びプロレスという天職と再会して。中井さんも『バーリ・トゥード・ジャパン95』でブレイクして、これからというときに目のケガで現役の道を絶たれてから、柔術、そして指導者という道に進んでいくわけですよね。

鈴木　目をやったのは何歳のとき?

中井　24歳です。

——24歳、そんなに若かったんですか……。

中井　とりあえず総合はできないってなったあと、「柔術やればいいじゃん」とか言われたんですけど、道衣を着てリングに上がるつもりはなかったんですよね。

——そこも鈴木さんがパンクラス末期に、プロレスに戻るつもりはなかったのと似てますね。

中井　そうですね。でも、佐山先生に「おまえを観に来るお客もいるからさ」って言われて。「どうせやるなら、ヒクソンぐらい強いのを呼んでくれますか?」って言ったら、ジャン・ジャック・マチャドを呼んでくれてやったんですけどね。

——当時最強とも言われた、むちゃくちゃ強い選手ですよね。

中井　でも、いざやったら「つまんない」って思っちゃったんですよ。道衣がつまんないし、パンチ、キックがないとつまらないって感じだったんですよね(笑)。

——まあ、プロシューターだし、『バーリ・トゥード・ジャパン』で、極限の刺激を受けた直後ですから、寝技だけだと物足りなくなってたんでしょうね。

鈴木　変態だから、もっと刺激が欲しくなったんだな(笑)。

中井　だから、自分の意志で柔術家になるのに、そこからまた1年かかったんですよ。そういうときに、修斗も桜井（〝マッハ〟速人）とか、ルミナが出てきて、選手が揃ってきて。外へ打って出る時期だったんで、自分はそれを後押しするような役割になったんで。そのとき、興行をやるにあたって、プロレスラーの力を借りたりしたんですよ。それこそ、堀田（祐美子）さんとかなにから。

——そういえば、堀田祐美子選手も出てましたよね。

鈴木 え、どこに出たの？

中井 １９９６年の『バーリ・トゥード・ジャパン』です。

鈴木 ああ、その前にウチの道場にも来てたような気がするな。

中井 そうかもしれないですね。神取（忍）さんとかも、ウチの道場で練習したりして。そういうのが重なって、かつての「プロレスラーを倒したい」という気持ちが薄れていったというか。そうやって、プロレスラーが総合に取り組んでくれたことが、ＰＲＩＤＥという舞台にもつながっていき、皆さんの協力がなければ総合は成り立たなかったわけで、それは偽らざる気持ちですね。だから、いまはプロレスとか格闘技とか分けてないんですよね。けっこう、ウチの道場にも「プロレスラーになりたいんですけど」っていう少年が来るんですよ。

鈴木 あ、いまも？

中井 要はプロレスを習える場所はないわけだし、総合もなんのことだかわかってないんですよね。そこでボクは、「よ〜し、じゃあレスリングやるぞ」って、まずはレスリングをやるんですよ。そこはもう柔術とか、こだわりはないです。

鈴木 パンクラスの道場にも、たまにプロレスラーになりたいのが来るみたい。

中井　あ、やっぱそうですか。

鈴木　プロレスラーになりたくて、ネットでいろいろ調べたら、俺がパンクラスをやってたってことを知って、それで来る中学生とか高校生がいるんだよ。

中井　プロレスラーって、どうやってなったらいいかわからないですもんね。いまは団体も多いから、どこに行ったらいいのかもわからないし。

鈴木　でもその反面、いまはサラッとプロレスラーになれちゃうんで（笑）。

中井　ハハハハハハ！　それを言っちゃう（笑）。

鈴木　体力テストのない入門テストとか全然あるんで。ＤＤＴとかそうだもんね。おもしろけりゃデビューさせてやるみたいな。

中井　身体が小さい人も増えましたよね。昔はボクくらいの身体じゃ、絶対になれなかったのに（笑）。

鈴木　俺だって新日本に入門した頃は、「またこんなちっちゃいの入れたの？　いらねえよ」って言われてたんだから。俺に聞こえるようにね（笑）。

中井　そういう時代でしたよね（笑）。

鈴木　結局、昔は間口を狭くして、残った人間だけでやっていたんだけど、いまは間口が広がって、身体が小さいヤツや体力ないヤツでも入れるようになったんだけど、上のほうに行けるのは、ほんのひと握り。だから結局、どんな条件で入ったとしても、上にあがるのが大変なのは一緒なんですよ。

――なるほど。そこは総合も一緒ですね。

中井　そうですね。

鈴木　だって、ジムに入会金払ったら、誰でも

今日から格闘家なんだから（笑）。

中井　そういう人たちで支えられてます（笑）。

——でも、そのジム生がプロのトップになるのは、とんでもなく大変ですもんね。

鈴木　そういうことだね。昔はパンクラスもそうだし、修斗もシューティング時代だったら、技術の練習を始めるまでが厳しかったと思うんだよね。仲間として認められるというか。だけど、そういうのとは時代が変わったんで。

中井　そういう中でも、素質があって、プロ意識を持ってやっていく人間が出てくるんですよね。いまUFCに行ってるのも、パンクラスや修斗に出ていた選手だらけになっちゃいましたから。まあ、彼らがパンクラスや修斗を証明してくれているというか。

「いまはプロレス一本で食っているヤツが半分以下、4割ぐらい」（鈴木）

――だから、プロレスと総合は全然違う競技になりましたけど、システム的には、似てきてるんですよね。

中井　それはあるかもしれないですね。狭き門じゃやなくなったけど、鑑賞の目に耐えられるようになるには、本当に難しいし、厳しい世界だということは確かに同じです。いまは、アルバイトしているプロレスラーだっていっぱいいるんじゃないですか？

鈴木　いっぱいいる。たまに俺がイベントプロレスとかやるときオファーかけると、「すいません、その日はバイトがあるんで」とか言われるもん（笑）。

――バイトがあるから試合を断る。どっちが本職かわからないですね（笑）。

中井　大変だなあ（笑）。

――でも、そういう人多いですよね。

鈴木　いまはプロレス一本で食っているヤツが半分以下、4割ぐらい。その中で名前を知られているのはさらに少なくて、いつもテレビに出ているヤツは上の数人だけなんで。馬鹿にできないなにかが、その中にはあると思う。

中井　UWFのスタイルっていうのは、いまもあるんですか？

鈴木　ちっちゃいところで残してやっているのがあるね。ウチの後輩がやってたりとか。

中井　鈴木さんはそこには戻んないんですか？

鈴木　戻んない。つまんないもん。あ、言っちゃった（笑）。いま、俺はそうじゃないプロレスのおもしろさを知っちゃったんで。ぶっちゃけ、ルールなんてどうでもいいんですよ。なにをそこで見せるかなんで。昔は凄い技を出して、それでお客さんが沸くとうれしかったんだけど、いま俺は何も技出してないもん。それでもお客さんは熱狂してくれて、プロレスとして成立しているんで。なんか、凄いものを見つけちゃったなと思ってるんだけどね。

中井　プロレスというものをつかんだんでしょうね。以前、鈴木さんは三冠のベルトを獲ったじゃないですか？

鈴木　ああ、全日本にいた頃ね。

中井　あのとき、「ウワーッ！　俺が欲しかったベルトだ！」と思って（笑）。

鈴木　そうなの？　変態だなあ（笑）。

中井　鈴木さんが獲って、うれしいような、悔しいような思いをしたんですよね。

――三冠のベルトって、子どもの頃に見ていたベルトと一緒でしたもんね。インターもPWFもUNも。

中井　本当ですよ。インターとか、ブルーザー・ブロディが巻いてたのと一緒ですからね。

――PWFなんて、キラー・トーア・カマタが巻いてたのと一緒だし（笑）。

鈴木　俺、あのベルトを振り回して怒られたけど、UNのベルトとか、よく見ると明らかにひん曲がってるんだよ。それで、なんで曲がってるか聞いたら、天龍、鶴田、ブロディ、ハンセンで三冠統一しようと抗争してたとき、天龍さんがベルトぶん投げて、鉄柱にぶつかって曲がったらしい（笑）。

中井　アハハハハ！　あの高千穂明久も巻いたベルトを曲げちゃいましたか（笑）。いまでもベルトは変わってないんですか？

鈴木　最近、新しくなった。

中井　ああ、そうなんですか。

鈴木　3本を1本にして。
――新しいベルトなのに、昔の全日本のベルトみたいなデザインになってるんですよね。
鈴木　あれ良くできているよね。
――ちょうど3本のデザインを合わせた感じで。あれ作った人はセンスいいですよね。
鈴木　意外にカッコいいなこれって。でも、あれを競うかって言われたら、ピンと来ないけど（笑）。
中井　プロレスいいなぁ。自分はなれないですけどね。
鈴木　いや、こんだけ言ってるんで、一回ぐらいやらせましょう。
中井　ハハハハ！　絶対無理ですよ（笑）。
鈴木「一度、観に来ない？」ってリングサイドに誘っておいて、乱闘に巻き込んじゃえばいいんだから（笑）。
――どさくさにまぎれて、やらせちゃう（笑）。
鈴木　それで中井が「やってやるよ！」って言ってね。普通、そういうときは、おもむろに上着を脱ぎ出すんだけど、中井の場合は逆に着るという。
――おもむろに道衣を着始めて（笑）。
鈴木　急に帯をギュッと締めてね（笑）。
――じゃあ早速、次回、鈴木さんが興行やるときに招待しましょう（笑）。
中井　いやいや（笑）。
鈴木　それおもしろいな。いまやグレイシーがプロレスのリングに上がる時代なんで。ホーレスとダニエル。最終的には意外に慣れてたもんな、あいつら。
中井　ダニエルは昔から知り合いなんですけど、性格が派手なヤツなんですよね。
鈴木　あいつら、一生懸命プロレスを覚えよう、覚えようとしていたよ。自分の試合が終わったら、汗を拭きながら他の試合も真剣に観て勉強してたし。ふたりで「あれどうなんだ、これどうなんだ?」って話をして。

中井 元世界チャンピオンですからね、真面目なんですよ。

鈴木 今年の1・4ドームでヤツらと控え室が一緒だったんだけどさ。鬱陶しいぐらい緊張してるんだよ(笑)。

中井 ドームでプロレスやるなんて、絶対に緊張しますよ(笑)。

鈴木 試合前から息が荒くなっちゃってるからさ、肩揉みながら「リラックス、リラックス」って言ってやって(笑)。

中井 さすが黒帯だ(笑)。あいつらは白帯。

鈴木 「いまから相手を殺しに行くんじゃないんだから。お客さんに『おもしろかった』って言ってもらうためにリングに上がるんだから。そんなに興奮してたら、何も見せられないよ」っていう話を通訳に言ってもらって。

中井 いいな、それ(笑)。でも、柔術家がドームのリングに上がるなんて、PRIDEならともかく、プロレスだったら絶対に緊張しますよ。プロレスのリングは、たとえ柔術黒帯でも踏み込めない世界がありますからね。プロレスは奥深いなと思いますね。総合やってた人間で、プロレスやってる人もいますけど、本当の意味で観客に見せられるものを身に付けるには、けっこうキャリアを要するんじゃないかと思いますね。

「自分はプロのレスリングをやってるつもりですけど、やっぱりプロレスラーじゃないんですよね」(中井)

鈴木　キックボクシングなんかも含めて、格闘技やってたヤツでプロレスのリングに上がる人はいるんだけど、大成した人はひとりもいないね。

中井　でしょ？

鈴木　過去にやったことがあるってことで言えば、俺とか柴田勝頼とか、髙山（善廣）とかがいるけど。それは（総合を）やったことがあるっていうだけで、根本的にはプロレスの道場で育ってるから、最初からプロレスラーなんだよね。格闘技でデビューして、あとからプロレスに来た人間とは、根本的に違う気がするんだよね。

中井　最初に受けた影響っていうのは大きいですからね。だから、入るところを間違えないっていうことだと思うんですよ。

鈴木　だって、いまはあんだけプロレスからかけ離れた場所に行っちゃった前田（日明）さんですら、『KAMINOGE』に載っているインタビューとかを読むと、完全にプロレスラーの言葉だからね。やっぱ入り口がプロレスなんだなって思う。

中井　たしかに。

鈴木　前田さんは根っからのプロレスラーだと思う。あの野毛の道場で叩き込まれたことは抜けないですよ。

中井　なるほど。佐山先生もそうですからね。でも、その弟子であるボクらは、佐山先生がプロレスじゃないものを作ろうとしていたところに入ってるから、やっぱり違うんですよ。自分はプロのレスリングをやってるつもりですけど、やっぱりプロレスラーじゃないんですよね。

鈴木　その逆もあるよね。俺らがいくら格闘技の練習をやっても、俺らは格闘家じゃない。一時期、偉そうに「ボク、格闘家です」ってやってた時期があって、そのときはそれが正しいと思ってたんだけど、いま振り返ると、根本的に格闘家とは頭の中身が違うんで。プロレスラーが格闘家の看板をちょっと借りてただけなんだなって。

中井　いろんな見せ方があるっていうことだと思うんですよね。ボクらはそれを噛み砕いて教えて、選手になりたいっていうヤツを育成して。「いずれプロレスラーになりたい」っていう生徒もひとりいるんで、いずれどこかに紹介したいと思ってるんですけど……。

鈴木　だったら、いい道場を知ってるんで、良かったら紹介しようか？　スーツ着て敬礼するようないい道場なんだけど（笑）。

中井　それ……ボクもよく知ってる道場じゃないですか！（笑）。

――しっかりと礼節から教えていく道場（笑）。

鈴木　なんか最近、人が減ったらしくて、練習生欲しがってるから。頼めば、「殺すぞ、オラッ！」っていう練習もやってくれるんじゃない？（笑）。

中井　怖い、怖い（笑）。でも、若い人でプロレスラーになりたい人って、けっこういるんですね。

鈴木　うん、いまプロレスは人気が上がってきてるっていうか、新日本が人気なんで。会場は中高生ばっかかだよ。

中井　へえ！

鈴木　要は俺たちがガキの頃の風景に戻ってき

てるんだよね。友達同士3～4人ぐらいのグループでプロレス観に来てて。そういうヤツらの中から、レスラーになりたいっていうのが絶対に出てくるから、数年後、もっと増えるんじゃないかな？

中井　それはいいことですね。格闘技もそこと連動しなきゃ。ボク自身は、中学の頃にそういうプロレス会場にいた少年で、いまこうなってるわけだから。プロレスから格闘技に興味を持つ人だって、きっと出てくるだろうし。

鈴木　時代は繰り返すからね。「プロレスラーになりたい。でも、ボクは身体が小さいからなれない。わ、こんなのがあるんだ」って何かで知って、柔術始めたり、修斗始めたりっていうのもいると思うんで。

中井　我々も新日本にあやかんなきゃいけないかもしれない（笑）。

鈴木　プロレスだって、一度はダメになりながら、いまこうして盛り返してきたんだから。総合の世界もPRIDEショックから厳しい時代になってるけど、また同じように盛り上がる時代が来ると思うけどね。それが何年かかるかはわからないけど。

――プロレスとか格闘技が潜在的に好きな人は、たくさんいますからね。

鈴木　日本っていう国自体、人々の中に格闘技とかプロレスはずっとあったものだからね。よその国に行くと「格闘技の国」って言われるぐらいなんで。だから、絶対にまた戻ってくると思いますよ。

中井　そのためにコツコツ準備しておこう。

鈴木　そういう浮き沈みはあるだろうけど、俺自身はまだまだ現役でやるつもりだから。前に中井と約束したんだよ、100歳記念でスパーリングしようって。

中井　そうそう（笑）。

――還暦とか大きく通り越して、１００歳ですか（笑）。

中井　人間の寿命って、いま１２５年くらいらしいんですよ。その寿命を迎える前に、みんな病気とかで亡くなるから平均寿命は80歳ぐらいですけど。じゃあ、１００歳でも、寿命まではまだ25年あるなって（笑）。

鈴木　俺なんて、寿命で考えると、まだ3分の1くらいしか生きてないからね。そんな話をしてるとき、「じゃあ、俺は１００歳までプロレスやろう」って言って。なんだかんだ話してるうちに、「１００歳になった記念にスパーリングして」って話になったの（笑）。

中井　そうそう。それを目標に生きていこうって（笑）。

――じゃあ、そのときは『ＫＡＭＩＮＯＧＥ』で、１００歳記念対談をまたお願いしますよ。

鈴木　いや、１００歳記念興行をやるから。そこで中井をプロレスデビューさせるのもいいな（笑）。

中井　デビュー戦で死んじゃいますよ！（笑）。

――じゃあ、１００歳記念の超レジェンド・プロレスを楽しみにしています！（笑）。

（注1）初期プロシューティング（修斗）の重量級戦線で活躍後、1994年にパンクラスに移籍。同年行われた初代キング・オブ・パンクラス決定トーナメントでは、フランク・シャムロック、鈴木みのるを破り決勝に進出。ケン・シャムロックに敗れ準優勝に終わるも存在感を示した。

（注2）1995年4月20日、日本武道館で行われたバーリ・トゥード（総合格闘技）のオープントーナメント。中井祐樹は1回戦でジェラルド・ゴルドーの反則のサミングで片目の視力を失うも決勝進出。決勝ではヒクソン・グレイシーに敗れるも真っ向勝負を展開した。

（注3）『ＫＡＭＩＮＯＧＥ』の長寿連載。お笑い芸人の玉袋筋太郎、構成作家の椎名基樹、プロレス・格闘技ライターの堀江ガン

ツが、毎回レジェンドプロレスラーや格闘家をゲストに招き、その人の格闘人生を聞く座談会企画。中井祐樹はこれまで2度出演している。

（注4）第2代修斗世界ライト級王者。現在は修斗興行をてがける株式会社サステイン代表で、修斗協会オフィシャルジム「修斗GYM東京」を主宰。

（注5）前面が透明プラスチックで覆われた、フルフェイスタイプの顔面防具。顔面攻撃ありの空手の試合で使用され、初期シューティングでも試験的に採用された。

（注6）空手道・誠心会館の館長で平成維震軍所属のプロレスラーとしても活躍した青柳政司が中心になって旗揚げした団体・新格闘プロレスが、1994年3月11日、後楽園ホールで行われた旗揚げ戦でシューティングと対抗戦を行い、シューティングが全勝。中井祐樹も出場し、元プロボクサーの木川田潤にヒールホールドで秒殺勝利した。

（注7）元ラジャダムナン・スタジアム認定ジュニア・ウェルター級王者のタイ人キックボクサー、シンサック・ソーシリパン。1988年に高速道路高架下にシンサック・ビクトリー・ジム（SVG）を開設。前田憲作、新田明臣、藤原あらしら名キックボクサーを育成。初期シューティングやUWFでも打撃を指導し、前田日明、高田延彦、山崎一夫、安生洋二らが師事した。鈴木みのるもモーリス・スミスに敗れたあと、SVGに通いキックを身につけている。

（注8）2013年12月7日「UFCファイトナイト」大会で行われたマーク・ハントと〝ビッグフット〟ことアントニオ・シウバの一戦。試合は大激闘の末、引き分け。海外MMAメディアは「ファイト・オブ・ザ・センチュリー（今世紀最高試合）」と称賛した。

（注9）90年代後半、トップ選手として修斗人気躍進の原動力となった、エンセン井上、桜井〝マッハ〟速人、佐藤ルミナ、朝日昇の4人。

（注10）キックボクシング・目白ジム、新格闘術・黒崎道場を主宰。〝鬼の黒崎〟と呼ばれ、外国人初のムエタイ王者・藤原敏男を育て上げた。新日本プロレス若手時代の佐山サトルも黒崎の指導でキックボクシング修行を行っている。

中井祐樹

1970年8月18日生まれ。北海道浜益郡浜益村（現・石狩市）出身。元・修斗世界ウェルター級王者。1995年のジェラルド・ゴルドー戦で右目を失明後、ブラジリアン柔術家に転向。現在はパラエストラ代表、日本ブラジリアン柔術会長を務める。ヒクソン・グレイシーとの死闘はいまなお伝説。

鈴木みのる×中村あゆみ

『風になれ』を与えてくれた姉御

いまでは鈴木みのるの代名詞となっている入場曲『風になれ』。この楽曲を提供してくれたのは歌手の中村あゆみ。16歳の頃に中村の『翼の折れたエンジェル』を聴いてファンになった鈴木。そんなふたりが語る出会いや出来事。さらには〝幻の曲〟にまつわることまで。

写真：菊池茂夫

「唯一、女性で鈴木軍に入っているのは中村あゆみだっていうね。ウチの姉御だから（笑）」（鈴木）

——（2015年）9月30日に『風になれ』完全版　20周年ベストのCD&DVDベストが発売されますけど、あの歌を入場テーマ曲を使い始めて、もう20年になるんですね。

鈴木　そうだね。たしか今日は9月1日でしょ？　ちょうど20年前の今日、テーマ曲として使い始めたんだよ。

中村　えっ！　そうなの!?　すごーい！　私のデビューが9月5日なんですよ。9月っていろいろあるんだね。

鈴木　初めて使ったのは、95年9月1日のパンクラス日本武道館大会だから。

——バス・ルッテンとやった、キング・オブ・パンクラスの防衛戦ですね。

鈴木　初防衛戦に合わせて使い始めたからさ。まあ、その初防衛戦で俺は負けてるんだけどね（苦笑）。

——まあ、そこから這い上がる曲というか（笑）。では、『風になれ』が20周年で、鈴木さんの中村あゆみファン歴が30年になるわけですね。

鈴木　うん、そうだね。

中村　もう、そんなになるんだ。

鈴木　だって、ファンになったのは、俺が高校生。16歳のときだもん。

中村　最初は曲名がわからなくて、レコード屋さんのレジ前で、私の歌を一生懸命歌って、店員さんに曲名聞いたんでしょ？

鈴木　そう。たまたまラジオで聴いて、一発で好きになってね。横浜駅東口の地下に昔、『新星堂』っていうレコード屋があって、そこに買いに行ったんですよ。でも、「なんだっけな、あの歌？」って曲名がわからないから、レジに行って、「昨日ラジオでかかってた、女が歌ってる曲なんだけど、ええっと……」「題名は？」「わかんないっす」「歌詞は？」「ええっと、たしかね、最後のほうでこんな感じ」って言って、「♪ウ〜〜ウ〜〜」って最後のサビのところを歌ったわけ。

中村　そうしたら、「ああ、あれだ」って？

鈴木　そう。店員が半笑いで「これでしょ？」って、『翼の折れたエンジェル』を出してくれたの。

中村　でも、その頃はたぶん、将来いっしょにライブやったり、CD出したりすると思わなかったよね。

鈴木　そりゃそうだよ。単なる中村あゆみファンで、プロレスファンの高校生なんだから（笑）。

——高校生の「鈴木実くん」が、いまの状態を知ったら、驚くでしょうね（笑）。

鈴木　でも、当時の俺だったら、「当然、そうなってるでしょ」ぐらい言うかもしれない（笑）。あの頃の夢は、「プロレスラーになって有名になる」ってことと、「中村あゆみに自分の歌を歌ってもらう」ってことで、それは将来、絶対に実現させるものだって勝手に思ってたから。

——本人だけは、勝手に思い込んでた（笑）。

鈴木　レコード屋のレジ前で歌ってたぐらいのガキなのにね（笑）。逆算して、とりあえず俺が有名になればいいんだと。プロレスラーとして有名になったら、歌をもらおうって思ってたね。

中村　じゃあ、私のほうが、いまの状況は信じられないって思ってるね。だって、みのるクンと出会わなかったら、プロレスとか一生観に行ってなかったと思うもん（笑）。血とか出ると、ホント怖いし。

鈴木　しかも、最近観に来てもらったのは、高山（善廣）を血だるまにした、あの後楽園だからね（笑）。

――よりによって、試合後に客席からペットボトルが飛び交った試合（笑）。

鈴木　普通、自分のあこがれの人が観に来てくれたら、カッコいいところを見せたいと思うじゃないですか？　でも俺は、血だらけの高山を目の前に連れていって、「ほら、見ておけよ！オラー！」って血をなめますからね（笑）。

中村　もうビックリだよ～。「やめなさい！」みたいな（笑）。一番前の席を用意してくれたと思ったら、そんなことするんだもん。でも、私は血とかダメだけど、男性ミュージシャンはホントにプロレス好きな人が多いと思います。

鈴木　うん、多いね。

中村　あと、女性のかわいいアイドルのほうから、「鈴木軍に入りたい」っていう申し出もあったんだよね？

鈴木　はい、じつはけっこうあります。「私を入れてくれますか？」みたいな。ただ、いまのところは、「女、子どもが入れるところじゃねえぞ！」「危険だぞ！」って感じにしてて、唯一、女性で鈴木軍に入っているのは中村あゆみだっていうね。ウチの姉御だから（笑）。

中村　ちょっと、ちょっと（笑）。

鈴木　鈴木軍の2メートルぐらいのヤツらが、「姐さん！」って並んで出迎えるからね（笑）。

中村　そうすると、なんか私がすごい悪い人みたいになっちゃって。自分ではそうじゃないと思ってたんだけど、「世の中的なイメージとしてはそんな遠くないよ」ってスタッフに言われて、「そうか……」みたいな（笑）。

――じつは鈴木軍のカラーに合っていた、と（笑）。

中村　スタッフが「そんなに遠くないと思うけど」って言うから、「そう？」みたいな（笑）。

――鈴木さんとあゆみさんの出会いっていうのは、いつなんですか？

中村　いつだっけ？　私が世田谷に住んでた頃だったと思うけど。

鈴木　最初に会ったのは、藤原組の旗揚げ戦なんで、91年3月かな。だから出会ってから曲を作ってもらうって話になるまで、2年半以上かかったんですよ。91年3月に出会って、実際に曲を作ってもらう話が出たのは、93年のパンクラスを旗揚げしてからの話なんで。

中村　そうだよねえ。

――91年に出会ったときは、誰か関係者があゆみさんを会場に招待したんですか？

鈴木　あのときは、あゆみさんの……。

中村　彼氏だよね（笑）。

鈴木　そう、当時の彼氏がハウンドドッグの鮫島さんと知り合いだったんだよね。

中村　そう。それプラス、その彼はプロレスが大好きだったの。それも藤原（喜明）さんの大ファンで。

――それまた、渋いファンですねえ（笑）。

鈴木　その流れから、「じゃあ、今度連れて来るね」って鮫島さんが言ってくれて、それで来たんじゃないかな。

――鈴木さんとしては、「よっしゃー！」と。

鈴木　「やった！　サインもらおう！」と思って。一緒に写真も撮ってもらってね。

中村　そのときたしか、白いパンツで試合してなかった？

鈴木　いや、そのときは黒。
中村　黒だった？　なんか白のイメージがすごいあって。
鈴木　白はパンクラスになってから、タイトルマッチを観に来たときだと思う。ＮＫホールのときに。
――鈴木さんが、（ケン・）シャムロックに勝って、キング・オブ・パンクラスのチャンピオンになったときですね。
中村　ああ、そのときか。でもね、初めて会ったときは、まだ身体も細くて、将来こんなに悪い男になるとは想像もつかないぐらい純朴な感じで（笑）。でも、すごく礼儀が正しくて。
鈴木　いま、めっちゃみのる株が上がってるよ（笑）。
――でもそれは、あゆみさんの前だからですよね？（笑）。
鈴木　当たり前だよ！
中村　やっぱりそうなのかな？
――当時の鈴木さんのイメージと、あゆみさんがいまおっしゃっていたイメージはだいぶ違いますからね（笑）。
中村　違うの？（笑）。でもなんか、すごい純粋な感じで。いまでもそうなんだけど、まともに目をあまり合わせてくれないというか。私がパッと見ると、目をそらしてしまう、そういうイメージがあって。
鈴木　いまでも、ちゃんと顔を見てしゃべれないのは、事実だな。
中村　チラッと見てくれるんだけど、スッと外される（笑）。
鈴木　こんなに長い付き合いなのに、いまだに敬語でしか話せないっていう。この俺が（笑）。
――あの鈴木みのるが（笑）。

鈴木　ウチの姉御だからね。

――そんな鈴木さんが、自分の入場テーマ曲を作ってもらうという大それたことを、どうやってお願いしたんですか？

鈴木　その頃よく一緒に飲み歩いていた友人にその話をしたんですよ。「いつか自分の歌を作ってもらいたくて、いまずっと中村あゆみさんの歌を（入場テーマ曲に）使ってるんだ」って。そしたら、「えっ、そうなの⁉　いま俺、一緒に仕事やってるから聞いてみようか？」って、すごく軽く言われたの。あんまりにも軽く言ってたから、全然信用してなかったんだけどね。「また、いい加減な」って。そしたら数日後に「なんかオッケーって言ってるよ」って、すぐに返事をもらって、「マジで⁉　軽っ！　言ってみるもんだな〜」って。それも含めて、人との出会いですよね。

中村　出会いって重要だよね。私も出会いがなかったら歌自体を歌ってないだろうし。でも、この『風になれ』は、そうとう力を入れて作ったのは憶えてますね。「誰にも真似ができなくて、他と被らなくて、ずっと古くならないような曲」っていうのを自分に課して。この曲を書くのに、当時住んでた家の30畳のリビングを何往復もしながら考えて、考えて作ったから。

――それで実際、出来上がった『風になれ』は、まさに入場テーマ曲はワン&オンリーで、しかも20年使い続けても古くならない曲になりましたよね。

中村　でも、古くならなかったのは、常に彼が現役の最前線にいて、いつも何かにチャレンジしていて、ずっと存在感があるからこそ、この曲がずっとフレッシュなままキープされてるというのがありますよね。古くならない、錆びない感じは、みのるクンがずっと古くならないからだと思う。それで曲を作って10何年も経ってから、新日本プロレスの東京ドームで『風になれ』を歌って、サビの部分で客席の皆さんが一斉に「かっぜ～になれ～！」って歌ってくれたのを聴いたとき、ホントに歌手になってよかったなって思いましたね。忘れられないワンシーンになりました。

――あの「かっぜ～になれ～！」を一斉に叫ぶのは、いまや日本全国どこの会場でもみんなやりますからね。

中村 だって、みのるクンのファンだけじゃなくて、アンチの人もあそこだけはなんか参加するんだよね（笑）。

鈴木 とりあえずやっておけ、みたいなね。

中村 このあいだ後楽園行ったとき、近くにいたファンの人が「みのる！ あの野郎！」とか、すごいブーブー言ってたんだけど、『風になれ』を一緒に歌ってたのも同じ子だし、みたいな（笑）。あれは不思議な現象ですよね。この楽曲に対する、彼の執念がそうさせてるんだと思う。

鈴木 なんか知らないうちに、プロレス会場の名物みたいになってきたね。

中村 私は『ロッキー』のテーマ、それとアントニオ猪木さんの入場テーマ、それに匹敵するものを作ろうと思ったんですよ。それぐらい、みなさんに定着するものを。

鈴木 それは最初から言ってましたよね。

中村 簡単なリズムの繰り返しにするか、その一曲で映画を一本観たような曲にするか、すごく悩んで。でも、そういうのも歴代であるわけだから、全然違う切り口で思い切ってやろうと思って。とにかく、オンリーワンにしたかったんですよ。絶対に世の中に一個しかないみたいな。

――でも、あゆみさんに、そこまでの想いで作ってもらえるって、凄いですね。しかも、当時の鈴木さんはようやく世に出たというか、まだトップの一角にようやく入ったときだったのに、そう思わせるなにかがあったんですかね。

中村　だから彼が持っているものと、彼の想いを私が受け取ったのかな、運も含めてね。それと、やっぱり純粋な、恥ずかしそうなお目目を見ちゃったからかも（笑）。

鈴木　これを読んでるファンにはまったくわからない世界だと思う（笑）。

――純粋な、恥ずかしそうなお目目の鈴木みのるなんて、ファンは見たことないですからね（笑）。

中村　でも、私のファンの人って、みんな優等生じゃないんです。アウトローだったり、ヤンキーだったり、ワルかったり。当時、私はそういう人たちのアイドルだったので。私自身は、全然そのつもりではないんですけど。

――いまの主なファンの説明と、鈴木さんのイメージはぴったりですね（笑）。

中村　今回のCDには、『Rolling Age』っていう楽曲が収録されてるんですけど、みのるクンはホント、『Rolling Age』さながらで生きてきたみたいな感じがするんですよ。だから『Rolling Age』を私が歌うと、『風になれ』と同じくらい、みのるクンが頭の中に出てくるというか。ホントにやんちゃでどうしようもないヤツの歌なんですけどね（笑）。

「絶対に私が〝風になれ〟って言ってからリングに入ってって（笑）」（中村）

――そういう、鈴木さんがこれまで歩んできた道だとか、自分の考えとかを、『風になれ』を作ってもらうとき、あゆみさんに話されたりしたんですか？

鈴木　電話で何回か話し合ったよ。自分の考えとか、いろんなことをバーッとしゃべって、「あとは任せます」って。あとは曲を作ってもらう上での、ちょっとした僕の希望も伝えて。あんまり、いかにも格闘技テーマソングっぽい言い回しとかは入れてほしくなかったんですよ。あとは日本語の歌が好きだったので、できるだけ日本語で歌ってくださいと。

中村　そこからイメージを膨らませて、永遠に転がって、走り続けてほしいという願いも込めて、作りましたね。

――『風になれ』の〝風〟っていうのは、どこから来たんですか？

鈴木　『風になれ』ができるまえに、俺は背中に「風」って書いてあるガウンを着て入場してたんですよ。

――ああ、パンクラス時代はそうでしたね！

鈴木　スポーティなジャンパータイプのコスチュームじゃなくて、猪木さんが着ていたような、ロングガウンを着ることにあこがれてたんだよ。それで「そろそろ俺もいっぱしのレスラーになったし、ガウンを着たいな」って思ったときに、背中に何か文字を入れたいと思ってさ。

――猪木さんが背中に「闘魂」って書いてあるガウンを着ていたように、ですね。

鈴木　で、背中に入れる文字をデザイナーと一緒に探してたんですよ。でも、俺は「闘」とか「魂」とか、そういう誰かが使った文言はやめようと思って。「もっと違う言葉で、俺を表す言葉はないか?」って言ってたら、ある人が「〝風〟ってどう?」って言ってきて。「なんで?」って聞いたら、「鈴木さんの動きは、風が吹いているみたいな」って言ってくれて。それで「風」にしたんですよ。

――そうだったんですね。

鈴木　で、あゆみさんがパンクラスの試合を観にきてくれたとき、俺が着ていたのがそのガウンなんですよ。「背中に〝風〟って書いてあったよね」って言われて、そこから『風になれ』になったんです。

中村　たしかに、瞬間瞬間で速いイメージとか、あとは風のように去っていくイメージがあったんですよね。それで「ぴったりじゃない?」みたいな。また、メロディーと言葉数がちょうどいいとも思ったし。まさか、あそこまで会場で大合唱されるようになるとは思ってなかったけど。ただ、私がお願いしたのは、「絶対に私が〝風になれ〟って言ってからリングに入ってね」って(笑)。

鈴木　それを最初に言われましたよね。

中村　「〝風になれ〟って言うまでは、絶対に入っちゃダメよ」って(笑)。

――あの鈴木さんの入場のタイミングは、中村あゆみプロデュースだったんですね(笑)。

鈴木　最初の録音のとき、「できあがったからおいで」って言われて、スタジオまで遊びに行ったんですよ。そしたら、できあがった曲を流しながら、あゆみさんが「まだ入場しないで!ここでゆっくり入ってくる」って、完全に僕が入場するイメージを作ってたんですよ。

――へえ～、曲だけじゃなくて、どのタイミングで入場してくるかまでですか。

鈴木　「入場してきたら、まずここで周りを見る。そして、〝風になれ～！〟でリングイン、カッコいい～！」って言われたので、それを20年続けてます（笑）。

――そこまで完全に、中村あゆみプロデュースだったんですね。

中村　私がそのとき、みのるクンに言ったのは、当時、武道館とかＮＫホールとか、大きな会場が多かったんですよ。でも、後楽園とか小さな会場もあるっていうのをあとで聞いて、そこまでは計算に入れてなかったので、サビまでがちょっと長めになっちゃったので。常に大きな場所を踏める人でいてほしいって言ったの。

鈴木　大丈夫！　そこはもう、どんなに会場が大きくても、小さくても、同じ尺を取るんで。だから最初、東京ドームの試合だと、めっちゃ早く出なきゃいけなかったりして（笑）。

――早くリングまで行かないと、「風になれ」に間に合わない（笑）。

鈴木　だからドームでは一番で入るのはやめて、二番のサビで入るようにしたんですけど、一度、ドームで生中継か何かのとき、僕が中継スタッフには言わず、勝手に二番に合わせて入場したんですよ。そしたらＰＰＶかなんかの尺が決まってたらしくて、スタッフ大慌てで。俺が一曲まるまる使って、５分ぐらいかけて入場したら、試合後、すっごい怒られた（笑）。

――「時間決まってるんだから、早く入場してください！」って（笑）。

鈴木　そんなのこっちは知らないもんね。

中村　でもさ、そうやって『風になれ』を使い始めてから20年間、ずっと浮気しなかったんだよね。エラい！（笑）。だって、普通は時期がきて、「いまの俺はこれだな」とかって、好きなアーティストも変わっていくじゃないですか。でも、みのるクンはその一途さが凄いよね。

鈴木　いや、でも正直言うと、『風になれ』自体は20年だけど、その前は違う歌をけっこう使ってるんだよ。

――でも、『風になれ』以前も、ずっとあゆみさんの曲ですよね？

鈴木　そうなんだけどね（笑）。

中村　やっぱり、一途だよ～（笑）。

鈴木　今回のCD＆DVD BOXには、俺が歴代入場テーマ曲として使ってきたあゆみさんの歌が、全部収録されてるんだよ。だから、中村あゆみベストなのに鈴木みのるテーマソング集になっているという。

中村　でも、私のベストと、テーマソング集が一緒になるのは凄い話だよね。

――『風になれ』になるまえの曲っていうのは、どういう基準で選んでいたんですか？

鈴木　好きだから、だよ（笑）。

――単に好きな曲を流していただけ（笑）。

鈴木　好きな曲をかけると気合が入ってくるし、ノッてくるからかけてたんだよ。

――自分のために流してたんですね（笑）。

中村　だけど、そのみのるクンが好きだから流してた曲って、私のファンも好きな曲なんですよ。だから今回のセレクトは、ファンの人たちもすごく納得がいくような世界観がたぶんあると思う。

鈴木　このDVDの中に収録されてる『風になれフェスティバル』（14年11月9日、ベイサイドヨコハマ）っていう、鈴木軍のプロレスと中村あゆみライブのコラボイベントが去年あったんだけど、このときライブで歌ってもらう曲も「俺はこれが聴きたい」とかいろいろリクエストを出して。で、普段のライブではやらないような曲をやってくれたんだけど、終わってから中村あゆみファンが僕のところに来て、「いやあ、ホントにこれが聞きたかった。最高です！」って褒められたから（笑）。

中村 だからあれ以来、私のファンは自分たちの望みを私に聞いてもらうためには、みのるクンに言えばいいぐらいに思ってる（笑）。

――DJ MINORUが最高の選曲をしてくれるから（笑）。

鈴木 今回のCDに収録されてる、俺のテーマ曲集も、もともと自分にとってのベストだから、カセットの時代から自作してたんだよ。

――昔、やりましたね。俺ベスト（笑）。

鈴木 そう。もともとは俺ベストだったんだよ（笑）。だから、iPodの時代になるずっとまえから、鈴木みのるテーマ曲集は自分の中ででてきてたんですよ。それがまさかリリースされるとは思わなかった（笑）。

――俺ベストは普通、俺だけのものですもんね（笑）。

中村 しかも自分の写真付きだもんね。このジャケットの「風になれ」っていう文字も彼が書いたものだから。

鈴木 デザインは基本、僕が全部やったので。

中村 だから、ものすごい男っぽいデザインなの（笑）。

――中村あゆみベストでありながら、鈴木みのるの色がものすごく濃く出てますよね（笑）。

鈴木 シューズとタオルの写真にするっていうのも俺のアイデアだし、配置とか、照明の角度とかまで、うるさく口出ししたよ。自分の中で、イメージがあったので。

——ジャケットデザインまで自分の思い通りに作れるって、俺ベスト中の俺ベストですね（笑）。

「ライガーとやるなら、この曲じゃない。もう一度、『風になれ』だ」（鈴木）

中村　あの幻の曲のことはまだ言っちゃダメなの？　大丈夫？

鈴木　いや、大丈夫でしょう。

——〝幻の曲〟ってなんですか？

鈴木　あのね、俺がパンクラスにいた末期、2000年ぐらいに身体を壊して復帰したけど全然勝てなくて、キャッチレスリング（注1）をやってた頃の話なんだけどさ。要はキャッチレスリングって、普通のパンクラスの試合ができないから、「おまえはこれをやっておけ」みたいに与えられたもので、そのときは完全にゴールに向かってたんですよ。

——引退へのカウントダウンが始まってたんですね。

鈴木　近い将来、勇退する鈴木みのるの路線を作ってくれていた。で、その頃の俺は、もう『風になれ』を使うのが苦しくなっていたんだよ。もう、風になれなくなっていたから。

——夢に向かって立ち向かっていく『風になれ』と、まったく違う状態になってたんですね。

鈴木　そういう気持ちになれないのに使うのは、あの歌に失礼だし、そういう気持ちになれない自分にも苦しんでた。その話を当時のマネージャーとかに話したら、『風になれ』の歌詞を書いてくれた高橋研さんと、あゆみさんに話をしてくれて、まったく新しい歌を作ってくれたんですよ。それがこの『Yesterday,Today & Tomorrow』っていうバラードなんですよ。

中村 でも、それがなんと1《ワン》コーラスしかないの。わかる？　フルじゃないの。これがまたレアで。

鈴木 この曲は、いままでCD化もされなかったしね。

中村 そうなの、CD化もされなくて、私のファンもたぶん知ってる人は少ないと思う。

鈴木 存在は知ってるけど、ちゃんと聴いたことがない人が多いんじゃないかな。

中村 だけど、私のファンも絶対に好きな世界なの。今回のCDは、これだけでも価値があるというような。この曲を書いてくれた高橋研さんは、『翼の折れたエンジェル』を作ってもらって、そのあといろいろあって疎遠になってたんだけど、このとき、久しぶりに彼と作ろうってことになってできた曲なんだけど。あらためて高橋研さんって、中村あゆみのことをよくわかってる人だなって。中村あゆみが歌ういろんな世界を客観的に書ける人。

鈴木 この曲の録音は自宅スタジオみたいなところでやって、僕も呼ばれて行って、じーっと聴いていたのを憶えてますよ。で、この曲は当時、会場で流すためだけのものだから、MDかなにかでしか残してなかったの。

――MDっていうのがまた、時代を感じさせますねえ。

中村 昔持ってたMDなんか、もう捨てちゃってるよね（笑）。

鈴木 あのとき、たしか俺の分、マネージャーの分、会社の分と、MDを3つもらった記憶があって。あゆみさんとは当時、「いつかCDに入れたいね」って言ってたんだけど、その後、現物がどっかいってなくなってたんだよね。

中村　それが結局、どこにあったんだっけ？

鈴木　当時の僕の試合ビデオが残ってたんですよ。その映像から音だけをとって、そこから新たに楽譜から起こして全部作り直して。

――へえ～！　いわゆる〝耳コピー〟で作り直したんですか（笑）。

鈴木　じつはそうだったんだよ。楽譜も何も残ってなかったから。

中村　私、今回の話が出るまで、あの曲のことすっかり忘れてて、「そんなのあったっけ？」って（笑）。

――そういう意味でも幻の曲（笑）。

中村　でも、聴かせてもらったら、「あっ、あったよね！　こういうの！」みたいな。でも、これがまたすごくいい歌で。

鈴木　だからこの曲を新たに録音し直してもらって、いまは簡単にデータで送ってもらえるからもらって、試しに俺のお店（原宿『パイルドライバー』）でかけたんですよ。それを聴いた瞬間、当時のいろんなことを思い出すじゃないですか。それでしみじみしてたんだけど、パッと横を見たら、うちの佐藤光留が泣いてるんだよ（笑）。

中村　泣いてたんだ（笑）。

鈴木　「おまえ、なんで泣いてんの？」って聞いたら、「いや、いろんなことを思い出しちゃって……」って。「なんでおまえが泣いてんだよ！」みたいな（笑）。

中村　かわいいね（笑）。

鈴木　ちょうど、あいつがパンクラスに入った頃の曲だったから。

中村　なるほどね。

――でも、その『Yesterday, Today & Tomorrow』

を入場曲で使ってた頃というのは、鈴木さんがレスラーとして一番つらい時期だったわけですよね。

鈴木　つらいというのとも違うかな。要は、俺本人は続けたいけど続けられない、それは自分でもわかってる。そして周りはちゃんとしたかたちで送り出す、引退して隠居する道を作ってくれたわけじゃないですか。そのときの歌なんで。ある種のレクイエムというか、葬送曲的な。終わりに向かってる自分に対する歌だったから。

中村　でも、あのあとまた『風になれ』を使い出したんだよね。

鈴木　きっかけは、（獣神サンダー・）ライガー戦ですよ。もう「これが最後」というようなつもりで、ライガーとパンクラスでやるとき、「ライガーとやるなら、この曲じゃない。もう一度、『風になれ』だ」と思って使ったら、なんかしっくりきちゃったんだよ。

――また、嵐の中、夢に向かう気持ちが戻ってきて。

鈴木　曲を『風になれ』に戻したら、自分の中でいろんなものが戻ってきて、「ああ、もう引退なんかしないで、新しいことをやろう」っていう気持ちになって。で、ライガー戦のあと「もう一回、プロレスをやろう」ってことで、プロレスに戻ったんですよ。

――ライガーさんと『風になれ』があったから、プロレスに戻ってこれたんですね。

鈴木　うん。そのどちらかでもなかったら、こうはなってなかったかもしれない。それぐらい、当時の俺は引退しか考えられなかったから。

――でも、『風になれ』を使い始めたときも、ちょうどパンクラス王座を手放したときで、ある意味、苦しい時期の始まりだったわけですよね。

鈴木　要は『風になれ』を作ってもらうきっかけというのは、俺がベルトを獲ったので、チャンピオン鈴木みのるにふさわしい曲を、本人の望むもので作るってことで、周りの人たちが動いてくれたんですよ。で、あゆみさんは「チャンピオンらしい歌を」ってことで作り始めて、一回できあがったんだけど、音を合わせてるうちに「なんか書き直したい」って言って、書き直してくれたんですよね。

中村　うん、そうだね。あの曲に対しては、そうとうしぶとかったですね。

鈴木　だからチャンピオンの歌なのに、じつは悩んでいる歌なんですよ。だから、チャンピオンじゃなくなってからも、その後、20年経っても、僕の心の中に、いつも当てはまるというか。

——その時代、時代の鈴木さんの悩みや葛藤を、『風になれ』が奏でてくれて。

鈴木　ただ、パンクラスで『風になれ』を使い始めてから、俺はケガをしてしまって。試合にも勝てなくなったとき、あゆみさんが「新しいのを作ってあげるから、もうこの歌使うのやめなよ。私の歌が悪いんだよ」って言ってくれたんだけど。それ聞いて、自分がものすごく情けなくなっちゃって、申し訳ないっていう気持ちでいっぱいになって。要は自分が弱いから勝てないだけなのに、協力してくれた人をそういう気持ちにさせてしまったことが、情けなく、カッコ悪いと思って。『風になれ』をずっと使い続けたんですよ。でも、最終的にはつらくなって、「違う歌をお願いできないですか？」って、『Yesterday,Today & Tomorrow』を作ってもらったんですけど、やっぱり『風になれ』に戻ってきたんですよね。

中村　あの頃のみのるクンは、気持ちはあっても肉体的にそれができないでいたから、つらかったっていうよりも苦しかったんだと思う。そして、引退への道というのも、自分の心の中とは違うもののところに行くわけだから、苦しいよね。

鈴木　なんか、心が削られてる感じでしたね。

――まさに『風になれ』という曲と苦楽を共にしてきたわけですよね。

鈴木　実はセットなんだよ。『風になれ』でスタートして、夢に向かっていくときもこの歌だし、ダメになりかけたときに必要になるのもこの歌なんだよ。

中村　いいときだけじゃなくて、ダメなときの自分もすべて見せて、また這い上がっていくから凄いよね。

鈴木　そこを見せることができるというのが、プロレスならではなんですよ。格闘技は負けたら終わり。負けたらゼロ、勝った人間だけが賞賛される世界なので。だから『風になれ』自体はパンクラスのチャンピオンのときに作ってもらった歌なんだけど、じつは〝プロレスラー鈴木みのる〟の歌なんですよね。

――パンクラス王者の歌ではなくて。

鈴木　そう最近思うようになった。歌詞も完全にそういうものなので。だからプロレスラーの俺と『風になれ」が、いまひとつになったと思う。

中村　この『風になれ』は他の人のイメージはまったくゼロですからね。これはホントにみのるクンだけ。普通、私の作品を作るときっていろんなイメージで作るんだけど、この歌だけは彼だけしかいないから。

鈴木　しかも、的を射てる歌詞がけっこう出てくるんですよ。「俺、こんなこと話したっけ?」っていうような、まさに自分の心を歌ったような歌詞があるので。出だしの「教えてよ、人はなぜ……」みたいなのがあるじゃないですか。あそこからもう、自分がいつも考えていることですからね。

中村 「教えてよ」っていうような世界観は、私とか、いまは亡き尾崎豊が、必ずテーマとして「生きるってなんなんだろう?」ということが入ってるんですよ。これって、「闘うってなんなんだろう?」っていうのと凄く重なるところがあると思うんですよね。

――それはプロレスラーの永遠のテーマですから、『風になれ』が20年間使い続けられる理由でもあるんでしょうね。

中村 やっぱり継続の力が大きいと思うんですよ。その中にも苦しいこととか、他人には言わないだけで何千ときっとあるはずだから。そして鈴木みのるがすごいなって私がいつも思うのは、進化と変化をいつも遂げていること。

鈴木 会うたびに違う人みたいになってるからね。会うたびに違うことをやってるから(笑)。

中村 髪型も、頭の迷路がちょっとずつ変わってて(笑)。だから、ホントにそんな細やかなところが変わりつつ、また昔のように戻ったりして。でも、昔とまったく同じじゃない。ファッションとかで20年前に流行ったものがリバイバルできたりするけど、それも20年前とまったく同じじゃなくて、どっか変わってるでしょ?鈴木みのるも、そんな感じを常に持ってる気がしますよ。

鈴木 いや~、なんかいまの例えに、妙にしっくりきたね。あのときのものは、あのときのものなんだよ。

中村　昔の要素を残しながら、いろんなものを変えて、いまのものがあるっていうね。

鈴木　今年の夏、最近流行ってるサングラスなんかね。あれはバブルのときに流行ったサングラスだよね。ブルーのミラーのレンズのやつ。昔、田代まさしがやってたような（笑）。

中村　だから流行は繰り返すし、いいものは廃れないけど、常にそこには新しい何かが入ってないと時代に置いていかれちゃう。だから『風になれ』は2回も3回も録音し直してて（笑）。

「みのるクンの基本は、日本魂だからね」（中村）

――じつは、いま使ってる『風になれ』は3代目なんですよね（笑）。だから、常にそのときどきの鈴木みのるを曲が映し出しているというか。『風になれ 完全版』のBOXは、鈴木みのるの歴史であり、現在でもあるっていう感じですかね。

鈴木　そうだろうね。映像でもない、文章でもないんだけど、俺のデビューからの歴史がそのまま記されている。

中村　だから、みのるクンのファンが1曲目から聞くと、そのときの試合が頭の中に出てくるんじゃないですか？

――歌っていうのは、当時の思い出をよみがえらせる力がありますからね。

鈴木　でも、最近ファンになった人たちは昔の俺を知らないから。そういう人は、ライナーノーツを読んでほしい。そこに1曲ずつ、歌に対する俺の想いとか、いつ使った曲だとかが書いてあるから、それを読みながら聴いてもらってね。

中村　そうそう、ライナーノーツもふたりで書いてるからね。手作り感満載みたいな。

鈴木　ただいまこのBOXをお買い求めいただきますと、全68ページの豪華ブックレットが入ってますから！　68ページっていったら、もう完全に写真集です。そのうち半分くらいのページには、僕の文章が入ってるので。

――ライナーが書けるぐらいに、鈴木さんも昔の曲を聴くと、そのときの自分を鮮明に思い出したりしますか？

鈴木　思い出すねえ。その曲が流れていた、時代そのものを思い出すよ。『翼が折れたエンジェル』を聴けば、横浜の新星堂に行ったときのこととか、高校時代のことを思い出すしね。あとDVDも魅力満載なんで。『風になれフェスティバル』の中村あゆみライブにもいろんな仕掛けがいっぱいあって、あゆみさん本人だけが知らないサプライズも入っていたりとか。

中村　すごく見ごたえ、聴きごたえがあるよね。みのるクンが東京ドームで試合したとき、私が入場するとき生で『風になれ』を歌ったのも入ってるんだよね？

鈴木　入ってますね。ただ、ちょっと編集して短くなっちゃってるんですけど。そこはテレビ朝日の映像なんで、いろいろ難しい部分があって。

中村　編集してるにしても、よくOKをもらえたよね。それも運だと思う。

鈴木　入場シーンでの生歌は、俺の20周年興行のときも歌ってもらってるんだけど、そっちはサムライTVのほうから「どうぞ使ってください」って言ってもらったんで、フルに入ってます。あと、中村あゆみのリングアナ姿も入ってます（笑）。

――ああ、ありましたね！

中村　あんなの、歌より緊張するよ～（笑）。

鈴木　事前に「やって」って言ったら、「ええ～、無理、無理！」って言うから、「これはもう、いきなりいくしかねえな」と思って。リングに上がったときにちっちゃい紙を手渡したんですよ。「レッドコーナー、誰々、ブルーコーナー、誰々。これを言って」って（笑）。

中村　もう、リング上で突然、信じらんない（笑）。

鈴木　そんなこんなで、『風になれ』のミュージックビデオがあり、入場シーンの生演奏もあり、盛りだくさんになっておりますので、みなさんぜひお買い求めください。

――では、そろそろ締めに入りますが、鈴木さんはこれからも『風になれ』はずっと使い続けていくつもりですか？

鈴木　そうですね。でも、けっこう最近のファン、とくにノアファンには文句言われますよ。「似合わねえ」って。

中村　そうなの⁉（笑）。

鈴木　最近のファンには、「こんな悪いことしてるのにこの歌なのか」とかね。あと、「プロレスのテーマに歌謡曲を持ち込むなよ」みたいなことを言ってくるヤツもいるけど、何を言ってるんだ、と。俺が使わなかったら、日本語の歌詞の歌がプロレス界で定着することはなかったんだから。

中村　そうなんだよねえ。

鈴木　いまはもう、日本語の歌を使うヤツが増えたけど、「何言ってんだよ。俺が走りじゃねえかよ」って。

中村　横文字のヤツは、カッコいいのを作ろうと思ったら、それはそれでできるんだけど、みのるクンの基本は、日本魂だからね。

鈴木　だから、この歌がいいんですよ。

――また、プロレスファンってテーマ曲が好きですけど、なかなかここまで定着する曲ってないですよね。

鈴木　ないですね。『風になれ』の一番凄いところは、プロレスを観に行って、帰りに打ち上げで酒飲んだあと、みんなでカラオケに行くと、プロレスファンが必ず歌うんですよ（笑）。

中村　ああ、そうなんだ（笑）。

鈴木　歌詞はよくわかってなくても、サビの「♪かっぜーにーなれー！」はみんなで大合唱するっていう。プロレスファンの飲み会の定番らしいです。

中村　すごいね、それは（笑）。

鈴木　『風になれ』と、ライガーのテーマ『怒りの獣神』は、カラオケで実際に歌えるんで、必ず入れるヤツがいるっていう。

中村　ホントに定着してるんだね。じゃあ、このまま使い続けたほうがいい。じつは、こないだ後楽園を観に行ったとき、「そうか、こんなに悪いヤツだったらこういうビートがいいな」とか、新しい鈴木みのる向けの曲の構想がじつはあったりするの（笑）。やっぱり、悪役なら悪役にぴったりのビートっていうのがあるから。

鈴木　誰が悪役なんですか？（笑）。俺の中では、俺が正義なんですから。俺が正しいと思ってやってるんで。

中村　でも一般的に見たら、どう考えても正義の味方じゃないからさ（笑）。

鈴木　それは周りがおかしい！

中村　それはさあ、中村あゆみが、自分を「才女のお嬢様」と言ってるようなもんだよ。みんな、そうは思わないじゃん（笑）。

鈴木　何この妙な納得は（笑）。

中村　自分ではお嬢様、お姫様的な面も持ってると思ってるのに、誰もそう思ってないのと一緒だから。

鈴木　あゆみさんのイメージっていうのは、彼氏が盗んできたバイクの後ろに2ケツして乗ってるイメージだから（笑）。

中村　そんなに悪い子じゃないんだよ?（笑）。

鈴木　でも、俺たち人前に出る人間は、そういう〝勝手なイメージ〟を受け入れるしかないんですよ（笑）。というわけで〝姉御〟、これからもよろしくお願いします！

（注1）パンクラスで採用された打撃を禁止としたグラップリングルールの試合形式。首を負傷していた鈴木みのるは、2000年以降のパンクラスではこのルールでの出場が大半となった。

中村あゆみ

1966年6月28日生まれ。福岡県福岡市出身。1985年にリリースした『翼の折れたエンジェル』がCMに起用されて大ヒット。独特なハスキーボイスを持ち味とする。鈴木みのるには入場曲『風になれ』を提供した。近年は、「コロナ禍で疲弊しているママたちを元気にする」をコンセプトにスタートしたママ・アーティストたちの音楽祭「ママホリ」のオーガナイザーを務めている。

鈴木みのる×ファンキー加藤

プロレス大好き少年だったダチ

大のプロレス好きとして知られるミュージシャン・ファンキー加藤。なんと学生時代、本気でプロレスラーになろうと思っていたそうだ。鈴木みのるとの対談ではプロレスラーとミュージシャンの共通点などで話が大盛り上がり。最後はスパーリングの約束も？

写真：大甲邦喜

「いいよお。ロビンに、『みのる、起きて』とか言われるの（ニヤリ）」（鈴木）

――今回はビッグな対談が実現したわけですけど、にもかかわらず、鈴木さんは見事に遅刻して……（笑）。

鈴木　違うの。家を出たら、お婆さんが倒れてて、「大丈夫ですか！　大丈夫ですか！」って介抱してたら遅くなってさ。

加藤　ツイッターで「寝坊した」っておもいっきり書いてましたよ！（笑）。

鈴木　そうだっけ？（笑）。いや、本当は13時に渋谷っていうから、早めに10時には出発しようと思ってたんだよ？　でも、ONE PIECE目覚ましが発動せず……。

加藤　ONE PIECE目覚ましってなんですか？

鈴木　このあいだのONE PIECEのやつ（『SMAP×SMAP』の『第7回芸能界ワンピース王決定戦』）でもらったの。いいよお。ロビンに、「みのる、起きて」とか言われるの（ニヤリ）。

加藤　全員入ってるんですか？

鈴木　全員入ってる。シャンクスにも言われるよ。

加藤　うわっ、いいな～！

鈴木　でもね、あまりのうるささに俺が寝ぼけて止めたらしいんだよね。それで寝ちゃったんだよなあ～（うれしそうに）。

――ま、そんな鈴木さんの遅刻の言い訳を兼ねた自慢はともかく、よろしくお願いします！

鈴木　今回は、ファンキー加藤の売り込み企画だからね！

――そうなんですか⁉

加藤　そうですよ！　ボク、『KAMINOGE』が大好きで、いつかホントに出たいと思ってたんですけど、ピンで出るにはちょっと敷居が高いかなって思ってて（笑）。

――全然、敷居は高くないですよ（笑）。

加藤　いや、若干サブカルの香りがする雑誌なので、鈴木さんとセットでなら、ボクも『KAMINOGE』に出られるかなと思って、お願いしたんですよ。

鈴木　いやらしい男だな（笑）。じゃあ、そのうち俺も『ミュージックなんとか』とか、音楽雑誌に出られたりするの？

加藤　出れます！　出れます！

――そんなバーター契約が成立しますか（笑）。

鈴木　俺が音楽誌に出てなにするの？　とりあえず、暴れる？（笑）。

――まあ、また遅刻で音楽業界にご迷惑をおかけするかもしれませんしね（笑）。

鈴木　違うんだよ。玄関を開けたら、お婆さんが倒れててさ。「大丈夫ですか！」ってやってて……。

加藤　もう、いいですから！（笑）。

鈴木　ま、遅刻に関しては、「正直、スマン」ってことで（笑）。

――では、おふたりの出会いからうかがいたいんですけど。

鈴木　出会いはね……フランスの片田舎のタバコ屋の角だね。紙袋にオレンジとか山積みに入れて歩いてたら角でぶつかって、「あっ、すみません！」って、オレンジがコロコロって坂道を転がっていくわけ。それで、「すみませ〜ん」って言いながら、周りの人が拾ってくれて。で、最後の1個を取ろうとした瞬間に手と手が

触れ合ってパッと目が合ったのが加藤だから。

加藤　……あの、鈴木さん。そういう設定なら始めに言っておいてもらえないですか？（笑）。

――ぶっちゃけ、わけのわからないボケについていけない、と（笑）。

加藤　はい（笑）。ホントのきっかけは、ツイッターなんですよ。ボクが鈴木さんをフォローしてましして。

鈴木　絡まれたんだよな？

加藤　絡まれた（笑）。最初、ボクはプライベートでキックボクシングのジムに通ってるんですけど、「ジムに行ってきた」というツイートに対して鈴木さんがリプライをくれたんですよね。「キックやってるんだ？」って。で、ボクは鈴木さんが『ONE PIECE』が好きなことも知ってたので、「ボクは格闘技と『ONE PIECE』が好きなんですよ」と言って、「俺と一緒だ！」と。そこからやり取りをさせていただいて。DMで「今度ご飯を食べに行きましょう」と送ったのが最初ですね。

――いつ頃の話なんですか？

鈴木　けっこう最近だよね？　春ぐらい？

加藤　今年に入ってからですね。初めてご飯を食べさせてもらったのが、『ALL TOGETHER』の音楽もやったFUNKISTというバンドの、JOTAROくんというベースのコと3人で、秋葉原の居酒屋に行ったのが初めての出会いで。

鈴木　そうだったな。

加藤　そこの居酒屋で3時間くらいしゃべって、それでもまだしゃべり足らず、そのまま西麻布のバーに移動して、朝方までずっとプロレスの話を（笑）。

――プロレスファン同士のように（笑）。

加藤　あのとき凄く印象的なことがあって。秋葉原の居酒屋から西麻布まで行くのにタクシーを拾おうって、秋葉原の街を歩いてたんですよ。そうしたらキャバクラのキャッチのお兄さんが、けっこうしつこく「3名様、いかがですか？」ってついてきたんですよ。それで、面倒くさいな～と思ってたら、鈴木さんがそのキャッチに向かって、「おまえ、誰に口きいてんの？」って睨みつけて、一瞬で退散させたんですよ。それを見て、「こういう場所でも鈴木みのるだ！」と思って、一気にハマッたんです（笑）。

――リング上だけのキャラクターじゃないんだ、と（笑）。

鈴木　あのあとは、朝方記憶がないくらい騒いだ気がするな。

加藤　帰り際に、俺にコブラツイストをしたのを憶えてますか？

鈴木　俺、いつもしてるからわからないんだよ（笑）。

――別れのコブラが恒例なんですか（笑）。

加藤　「お疲れ様でした。お先に失礼します！」って言った別れ際、コブラツイストをかけられて、ギブアップしてはじめて解散という（笑）。

鈴木　ま、それは基本ですね。

――じゃあ、ボクが鈴木さんから、「ファンキー加藤って、あいつすげえプロレス好きなんだよ」って聞いたのは、その西麻布あとぐらいですかね。

鈴木　もうちょっとあとじゃない？　最初は、『KAMINOGE』の山本くん（井上崇宏《たかひろ》編集長）に「鈴木さんと対談できる、有名な人いないですか？」って言われたんだよ。それで、「そんなに有名じゃないけど、ファンキー加藤っていうのがいるよ」って（笑）。

加藤 そこそこ有名だわ！（笑）。

鈴木 そこそこ有名（笑）。

――加藤さんは、いつ頃からプロレスは観られてるんですか？

加藤 小学校の高学年くらいからですね。ただ、世代的に金曜夜8時にはギリギリ間に合わなかったんですよ。だから、新日本は土曜の夕方4時だったし、全日本は日曜日の深夜だったんですけど、もともとプロレスとか格闘技が好きな家系だったんで、ボクも見始めた感じですね。

鈴木 あっ、思い出した。最初に会ったとき、「ボク、ファン歴25年なんです」って言われて、ちょうど25年前って俺がデビューした年だったから、「同期だね」っていう話から盛り上がったんだよ。

加藤 同期というのはおこがましいんですけど、それぐらいからプロレスはずっと観てました。

――でも、当時は周りにプロレスファンとか、あまりいなかったんじゃないですか？

加藤 いや、それでもいまに比べたら、かなりいたと思いますよ。体育館の高跳び用マットでプロレスごっこをするとなれば、すぐ10人くらいは集まってましたから。

――あの、どんな技をかけても痛くない、ふかふかマットですね（笑）。

鈴木 あのマットでプロレスごっこは基本だよ。

加藤 そこでボクは誰よりも先にデスバレーボムを編み出した男ですからね。

――デスバレーボムを開発したのは俺だ、と（笑）。

加藤 これ、ずっと言ってるんですけど（笑）。ボクは中学時代、将来プロレスラーになろうと思って、毎日腕立てや腹筋をやってたんですよ。

そのときに、プロレスラーになるならオリジナルホールドが欲しいなと思って、デスバレーボムを編み出したんです。そうしたら三田（英津子）さんがやり始めて。

鈴木　三田？

加藤　デスバレーボムの元祖って、三田さんですよね？

――そうですね。全女（全日本女子プロレス）のラス・カチョーラス時代に。

加藤　そのあと、高岩（竜一）さんとかも使い始めたんですよ。

鈴木　そうなんだ。

加藤　でも、ホントはボクのほうが三田さんより早かったんです！

鈴木　アハハハハ！　知らねえよ（笑）。

加藤　ブロックバスターを後ろにじゃなく、横から落とすっていう。

――あのふかふかマットは、ボム系がやりやすいですからね（笑）。

加藤　ボム系を決めるのが気持ちいいんですよ〜。

鈴木　俺がファンの頃は、ボム系の技ってほとんどなかったから、俺はニードロップだったね。ブルーザー・ブロディのニードロップ。で、よけられると、ふかふかマットでも床までヒザが届いちゃって、こんなに腫れちゃってね（笑）。

加藤　そんな変な角度でやってたんですか？（笑）。

鈴木　いや、凄い上から飛んだの（笑）。

――ブロディも特別なときしかやらない、コーナーからのやつ（笑）。

鈴木　ドリー・ファンクJr.の息子に血を吐かせたくらいの高さから一気に飛んだら、ヒザがぶわぁ〜って腫れてね（笑）。

——ドリーの息子ディンク君が喰らったニードロップって、昭和のファンしか知りませんよ！（笑）。じゃあ、加藤さんは中学時代から、かなりのプロレスファンだったんですね。

加藤　中学校卒業間近には、新日と全日に入門希望の手紙も書いてますからね。

——そんなに本気でプロレスラーになろうとしてたんですか！

加藤　なろうと思ってたんですよ。三者面談でも「プロレスラーになる」って言って勉強も一切してなかったんですけど、新日、全日からの返事はありませんでしたね。

鈴木　じゃあ、いまからやるか？

加藤　え!?　いや、無理です、無理です！　もうできないですよ！（笑）。

鈴木　いま俺の中で、ファンキー加藤デビュー戦を組んだ自主興行のことを考え始めたんだけど（笑）。

加藤　無理ですよ！（笑）。

——新日、全日から返事がなかったあと、高校時代はどうだったんですか？

加藤　高校に入ってからもプロレスは好きだったんですけど、その頃になると「女の子にモテたい」っていう気持ちが強くなってですね。音楽も好きだったもので……。

鈴木　あ〜。

——そこが分かれ道ですね（笑）。

加藤　そうなんです、そこで音楽に行ったのが分かれ道で。

鈴木　分かれ道で花が咲いてるほうに行っちゃったんだね（笑）。

加藤　音楽のほうが女子からのレスポンスが高めだったんですよ。

——そりゃ、プロレスでレスポンスは高くないでしょうからね（笑）。

鈴木　ちょっとムカついてきたな（笑）。いままで「そう、そう、そう」ってけっこう共感してたのに、高校時代で生き方がクッキリと分かれたね。リアルにプロレスを追い求めるほうと、花が咲いててチョウチョが飛んでるほうに行くヤツと。

加藤　いばらの道を避けてしまいましたね（苦笑）。

鈴木　俺らの頃は、音楽じゃなくて、サーファーっていう道があったんだけどね。神奈川だからさ。

加藤　でも、鈴木さんは、そっちには行かず、プロレス一直線ですか？

鈴木　一直線。俺は履歴書だって、中学校を卒業するまえに、直接新日本の事務所まで持っていったからね。でも、門前払いを食って、悔し涙を流しながら帰って。で、先生に「高校に行ったほうがいい。プロレスに入りたいなら、レスリングという競技があるからやってみたら？マサ斎藤、長州力、ジャンボ鶴田はレスリングのオリンピック選手でスカウトで入っている。おまえもスカウトされるぞ」って言われて、それで「じゃあ、やってみようかな」と思って、レスリング部のある高校に行ったんだよ。

――オリンピックがプロレスに入るための手段っていうのが凄いですね（笑）。

鈴木　ま、結局、インターハイの決勝で負けちゃったんだけどね。見せたっけ？　高校のときの坊主頭の写真。

加藤　いや、見てないです。高校時代？

鈴木　便所でタバコ吸ってて見つかったときの写真（笑）。（携帯で画像を探して）これが高校時代。

加藤　うわっ、変わってないですね！　ていうか、絶対に接したくないタイプの人ですね（笑）。――これ、どう見ても街宣車に乗ってる人ですよ！（笑）。

鈴木　鉄砲玉ですよね（笑）。

加藤　こっちは関東大会の表彰式のときの写真。この1位のところに立ってるのが高橋義生《よしき》。

鈴木　あっ、マジっすか⁉

加藤　高橋って知ってる？

鈴木　もちろんですよ。

加藤　で、俺が2位で。3位が永田（裕志）。

鈴木　えーっ⁉　これはアツい！（笑）。なんか3人とも面影がありますね。

加藤　いまもあんまり変わらないけどね。全然変わってないよ。じつはみんなにはまだ言ってないけど、俺はサイヤ人なんだよ。

鈴木　おっと……。ここは、どうやってバンプ取ったらいいんですか？　受け身の取り方がちょっとわからない（笑）。

加藤　サイヤ人だから地球人より闘える期間が長いんだよね。若い期間が長くて。だから、同い年のヤツはみんな老けていくけど、俺は老けてないからね。

鈴木　鈴木さんの同期っていうと？

加藤　同期は田上明。

鈴木　アハハハハ！　そのチョイスはちょっとズルくないですか？（笑）。

加藤　いま一番おもしろいのを持ってきた（笑）。

鈴木　それはズルいですよ（笑）。

加藤　団体関係なしに俺の同期は、田上明、小橋健太（現建太）、菊地毅《つよし》、北原光騎《こうき》。これが同期。同じ年でデビューのヤツ。

鈴木　凄いメンツですね。でも、田上さんも引退されて。

鈴木 みんな引退しちゃったようなもんだよ。

加藤 実際、第一線で続けてるのは鈴木さんだけですもんね。

鈴木 新日本でベテランみたいになってる小島(聡)とか天山(広吉)は2、3年くらい後輩じゃないかな。あんまりよくわからない。俺が辞めてから入ってきたヤツだから。で、永田は大学を出て入ってきたから4、5年遅れて。でも関係ないよ、先輩とか、後輩とか。

――いまとなっては。

鈴木 いまはね。そこで競い合おうなんてまったく思ってないから。とりあえず、次に凄いヤツが出てきたらそれと競おうとしてるんで。

――加藤さんは、ずっと途切れずにプロレスファンであり続けたんですか?

加藤 あのー、大半のプロレスファンがそうだったと思うんですけど、やっぱりPRIDEに一時、心を奪われそうになったときはありました。

鈴木 (小さな声で) ホントは奪われてるんだよ (ニヤリ)。

加藤 でも、ホントの意味では、ずっとプロレスが好きなんですよ。だから、あの刺激的なPRIDEに心を奪われつつも、ちゃんとプロレスは見続けようと思ってたんです。「俺は違う。プロレスファンなんだ」と。『週刊ゴング』が休刊するまで、ずっと買い続けましたからね。ボクはゴング派だったんですよ。『ゴング』のフラットな記事が好きで、ターザン山本さんの私情の入りすぎた記事があまり好きじゃなかったので (笑)。

――ターザンの煽りには乗らなかったんですね (笑)。

加藤 あと、ボクには3兄弟がいて、弟もプロレス好きだったんですよ。で、弟はUWFが好きだったんです。だから95年の10・9東京ドーム、新日本vsUインターのときは、ボクは新日を応援に行って、弟はUインターを応援しに行って。Uインター好きの弟はどんどんそっちに行くわけですよ。で、たどり着いた先がシューティング。自分でもアマチュア修斗をやり始めて、試合に出て2回勝っちゃって。それまで弟ともよくプロレスごっこをやってて、ちゃんと技も受けてくれたんですけど、一時期から技を受けてくれなくなったんですよ。

一同　ワハハハハ！

加藤　ロープに振っても戻ってこないし。すぐにタックルとか入ってきて。すぐに極めちゃうんですよ（笑）。

——客のことを考えない試合をしはじめて（笑）。

加藤　で、弟に「おまえ、どうしたんだよ？」って聞いたら、「兄貴、俺、いまこういう闘いが好きなんだ」って言ってきて。「おまえ、自己満足だけで試合しやがって」みたいな。寂しい気持ちになりましたね（笑）。

——そんな兄弟間のイデオロギー闘争がありましたか（笑）。

鈴木　その加藤家の兄弟ゲンカと同じことがプロレス界でも繰り広げられてきたんだよ（笑）。俺もパンクラスを始めたとき、業界のいろんな人たちに言われたもん。「なんてことをしてくれたんだ」「ついにやっちまったか」「やってはいけないことをやったな。おまえら」って。

加藤　あれは洗礼ですよね。プロレスファンがどういうふうに受け止め、どういうふうに噛み砕いて、自分のプロレス観に変えていくのかっていう。

——雑誌にもその答えは書かれてないんですよ

ね。

加藤　そうなんですよ！　自分で答えを出すしかないんです。だから、パンクラスが旗揚げしたときも、自分でパンクラスのビデオを買って観て、考えて。しかも、当時はそこそこ高いんですよね、ビデオテープが。

鈴木　しかも、旗揚げ戦は2本出してたんだよね。ダイジェスト版とパーフェクト版と。

――ダイジェストを先に出して、もう一回買わせるっていうやつですね（笑）。

鈴木　そうそう。ただ、ほとんどダイジェストで済んじゃうんだよね。秒殺だから（笑）。

加藤　アハハハハ！　全試合トータルで13分とかですからね（笑）。

――では、加藤さんはリアルファイトという荒波を乗り越えて、プロレスファンであり続けたわけですね。

加藤　だいぶ越えてきましたね。もう意地でしたよね。「それでも俺はプロレスが好きなんだ」っていう。プロレスにたくさんの勇気をもらったし、救われてきたんで。実際にボクは中学生のとき、いじめられっ子だったんですよ。昔は身体が細くて。それで「悔しい。俺はプロレスラーみたいに強くなって見返したい」って思って、毎日、腕立て100回、腹筋100回、スクワット200回をやり始めて、中学のときに筋肉が少しずつ付き始めて。当時、いじめっ子の山口っていう悪いヤツがいて、それが同じ野球部だったんですけど。

鈴木　（レコーダーに）山口、元気？　山口くんはいまごろ、「あいつ、俺がいじめてたんだよ」って言ってるよ（笑）。

加藤　で、やいのやいの言ってきたから、そのとき初めて噛み付いたわけですよ。山口に。

――俺はおまえの噛ませ犬じゃねえと。
加藤　そうです！　で、グラウンドの真ん中でバックドロップでKOしたんですよ（笑）。
――その技のチョイス（笑）。
加藤　バックドロップ、DDT、スパインバスターの3連発ですよ！
鈴木　ケンカじゃなくてプロレスなんだ（笑）。
加藤　ケンカなんですけど、ずっと練習してたプロレス技でKOしてやったんです。それで、ボクはいじめられっ子じゃなくなって、プロレスに救われたわけですよ。「だから、俺はずっとプロレスを応援しなければいけない」と思い続けて。ボクは新日派だったんですけど、いわゆる不遇の時代と言われてた2000年代の中盤くらいですかね。極力、会場に行って試合を観るようにしてましたね。
鈴木　2000年代の中盤の頃っていうと……。
加藤　鈴木さんは全日でした。でも。いじ
鈴木　ノアと全日に出てた頃だな。いじめられっ子からのしあがってきたとかいいよね。で、ここで俺が、「昔、俺もいじめられてた」って言っても、誰も信じないよね？（笑）。
加藤　信じないですよ、高校時代の怖い写真見せられたばかりだし（笑）。
――どう見ても、カツアゲしてるだろうっていう（笑）。
鈴木　じつは、いじめられっ子だったんですよ。
加藤　ホントですか⁉
鈴木　うん。小学2、3年生ぐらいのときだけどね、とにかくつま弾きにされて。ひとりで遊ぶ子だったんだよ。で、ケンカもまったくしたことがなくて、中学のときに一回だけ同級生とやり合う機会があったの。ドッジボールで線から足が出た、出ないでケンカになって。

加藤　理由がいいですねえ（笑）。

鈴木　そこで口ゲンカは終わったんだけど、教室に戻ってきたらそいつが周りのヤツらに煽られてケンカを売ってきた。「おまえよー！」って言われてバンッと何発か殴られて、ブチ切れたんだよね。ボーンって殴ったら吹っ飛んでいって、そのままぶっ倒れちゃったの。まあ、俺の隣に住んでた木村くんっていうんだけど（笑）。

加藤　また個人名が（笑）。

鈴木　そのときに、「あれ？　俺、ちょっと強いのかな？」って思い始めて。で、高校に入ってからなんか目覚めたんだよね。環境が人を育てるんだよ（笑）。

加藤　ボクも中学校のときによくヤンキーの先輩とつるんで、ちょいちょい悪さとかもしてたんですけど、そのときの地元の2つ上のヤンキーの先輩感が凄く鈴木さんにあって、一緒にいて超居心地がいいんですよね（笑）。

「ボクがいま見放したらプロレスはダメになる。だからボクが支えるんだ」（加藤）

――八王子と横浜は、横浜線で一本だから、相通ずるものがあるんですかね（笑）。

加藤　横浜線ラインはあるかもしれないですね（笑）。

鈴木　実際、八王子から横浜高校に通ってるヤツいたからね。まあ、そんな話はさておき、加藤とまえに話したときに、「なんで格闘技が凄く流行ったとき、そっちに行かなかったの？」って聞いたら、「ボクがいま見放したらプロレスはダメになる。だからボクが支えるんだ」って思ったらしいんですよ。すげえ正しいプロレスファンだなって思って（笑）。

――いつの時代もプロレスファンって、そういう気概がありますよね。「俺が支えないで、誰が支える」みたいな（笑）。

加藤　なんか、使命感が芽生えるんですよね。だから同世代のプロレスファンと話をすると、JOTAROとかもそうですけど、みんな同じような気質を持ってますね。「俺たちがプロレスを守る」「もらったぶん、今度は俺たちがプロレス界に返すんだ」っていうような感覚。だから、ボクが凄く憶えてるのは、2008年の新日・両国大会、メインは中邑（真輔）vsカート・アングルのIWGP戦だったんですよ。俺は、「これはいいカードだな」と思って行ったんですけど、まあ……ガラガラなんですよね。

――当時はそうでしたよね。

加藤　「このカードで、こんななんだ……」って思ったら怖くなってきちゃって。で、「これはマズいな」と思って、たまたま隣の升席《ます》に座っている男ふたりがえらい達観しているプロレスファンというか、「これは中邑の勝ちで決まりだろうな」みたいな、そういうスタンスなんですよ。

――妙な裏読みをするファンですね（笑）。

加藤　「このスタンスは絶対に正しくねえだろ」と思ってですね、そのときには俺はもうデビューしていて、街中でもちょっと声をかけられるくらいだったんですけど、マスクを取り外してですね。

鈴木　マスクって、なんのマスク？

加藤　普通の風邪防止用のマスクですよ（笑）。

――プロレスのマスクではないでしょう（笑）。

加藤　で、マスク取って、もう大声援を送りましたよ。せっかく会場に来てるのに、斜めから見て、自分の知識を周りにも聞こえるようにひけらかすファンっているじゃないですか？　それ聞いて、つまんねえなと思って。だから俺は中邑が勝った瞬間に「やったーーー！」って大声を出して喜んだりして。「会場の空気さえも俺が作るんだ」みたいな。「言ってもプロのミュージシャンだから声はでけえぞ」みたいな（笑）。「少しでも中邑に届け！」みたいな感じで、ウワッとやってましたよ。

――いまの新日本人気は、そういう数少なくなってたファンの熱が種火となって始まったんでしょうね。

鈴木　新日ファンって昔からそうだよね。何度も潰れかかってるのに持ちこたえてるのは、そういう支えてくれる人が、いつの時代もいるからだよ。だって、何度も暴動が起きてるんだから。

――新日はファン歴が長い人ほど、そういう荒波を乗り越えてるんですよね。

加藤　だから、ボクは昔から新日が好きだったんですけど、その暴動が起こるぐらい望んでないものをたまに見せられるっていうのもありますね。クセになる（笑）。

――よくよく考えると、新日本プロレスは東京ドーム大会という社運をかけるような場所で、あえてとんでもないことやってるわけじゃないですか？　普通の興行会社だとしたら、ありえないですよね（笑）。

加藤　そうですよ！　ボクなんかも、このあいだワンマンライブを武道館でやらせてもらったんですけど、アクシデントやハプニングは絶対になくすように、リハーサルも打ち合わせも重ねましたからね。

鈴木　最後ちゃんとハッピーエンドになった？

加藤　もちろん。無事にハッピーエンドですよ！

鈴木　おかしいな、新日ファンだったら最後になんか起きないと（笑）。

――昔の新日本なら、いろんな人がステージに上がってきて、めちゃくちゃになって終わってますね（笑）。

加藤　でも、いまの新日は、ちゃんとパッケージプロレスとして、興行としてクオリティの高いものですよね。

――東京ドームといえば、加藤さんもドームでライブやられたとき、「ここが武藤（敬司）vs高田（延彦）の……」とか思ったらしいですね？

加藤　それはそうですよ！

鈴木　思うんだ（笑）。

加藤　初めて武道館に立ったときも、「ここが四天王が伝説を作ってきた聖地か」とか、東京ドームに立ったときも、天井を見上げて、「これが橋本（真也）さんが小川（直也）のSTOを食らって見上げた景色か」とか、そんなことばっか考えてましたもん（笑）。「もしかして、ここ、長州さんが通ったのかな？」とか。

鈴木　ダメだこりゃ（笑）。

――「ここが鈴木みのるがモーリス・スミスにやられたところか」とか（笑）。

鈴木　あ〜、あのときは船木に肩かつがれて引き上げたのが3塁側のベンチだったね。

加藤　だからドームとか武道館っていうのは、そういった数々の名シーンが思い浮かんで、それはもう単純に感慨深いものがありますよ。

鈴木　すげえな。正しいプロレスファンだな、それ。だけど、ファンの子に嫌がられないの？けっこう若い子、中高生の女子とかが多いじゃ

ない。
加藤　そこのバランス感覚はけっこう気をつけてます（笑）。
――あまりプロレスファンの部分を出し過ぎないように（笑）。
加藤　そう。ちょっと出す分は、ボクのファンでもプロレス好きになってくれる人がいるかもしれないけど、あまりにも出しすぎると、逆に拒否されちゃうかなと思って。自分の中でうまくバランスを取ってますね。
鈴木　エロい話もバランス取ってる？
加藤　エロい話も含めてですよ。
鈴木　武道館やるときにツイッターで流れてきたのが、「イクときは一緒だぞ」とか。
加藤　「勝手にイクなよ」とか（笑）。
鈴木　「こいつ何言ってんだ？」って思ったよ（笑）。

加藤　たまに隠しきれないのが出ちゃうんですよ。

――それぐらいのエロトークなら、ちょっと喜ぶかもしれないですね（笑）。

加藤　だから、プロレスもちょいちょい出すんですよ。実際、ボクのファンの20代前半の女の子たちで、新日の会場に行ってハマッてる子がいますからね。

鈴木　だから、最近はファンキー加藤ファンの子がなぜか俺をフォローするっていう不思議な現象が起きてるんだよ（笑）。どんな会話をしてるのか、ファンの子たちは知りたいんじゃないの？

加藤　俺がプロレスファンだってことは知ってますしね。ライブ中にボクは、レインメーカーポーズとか、プロレスLOVEポーズとか、棚橋（弘至）さんのポーズとかを取り入れてやってるんで（笑）。

鈴木　それ、プロレスファンがやりたいことをただやってるだけじゃん（笑）。

加藤　客前でね（笑）。

鈴木　でも、このあいだの加藤の武道館ライブは行きたかったなあ。

加藤　今回のツアーは、ファンキーモンキーベイビーズを解散して、ソロになって初のワンマンだったんですよ。で、前に聞いたら、鈴木さんがパンクラスから新日に戻ってきて、成瀬（昌由《まさゆき》）さんとやったときが35歳で、俺のソロデビューも35歳なんですよ。

鈴木　なんか、リンクするんだよね。

加藤　それで、鈴木さんとお話させていただいたとき、「最初に新日に戻って成瀬とやったときは、どういうふうに自分のプロレスを新日で見せていいのかわからなかった」と。実際にその試合の映像をDVDなんかで観たりすると、やっぱり戸惑いというか、いまの鈴木さんの自信に満ちた表情ではないんですよね。

鈴木　おどおどしてたよね。

加藤　ところが、いま話を聞くと、「46歳のいまが一番楽しい」と。「自分のベストバウトは昨日の試合だ」と。それを聞いて、勇気をもらったんですよね。ボクも、ファンキーモンキーベイビーズとしてある種の頂点を経て、ひとりでの旅立ちに、もの凄く不安があるんですよ。でも、自分の好きなもの、自分の仕事に対して真摯に向き合っていれば、46歳になったときも、いまが最高で一番楽しいし、「ベストバウトは昨日の試合だ」って言えるような人生をボクは歩んでいけるのかなというふうに思えたんですよね。

鈴木　俺も35歳で〝ソロデビュー〟だったからね。

加藤　ある意味でそうですよね。

鈴木　それまで自分たちでパンクラスってものを作って、周りには常に仲間がいて、パンクラスではブームを起こすこともできて。でも、35歳でフリーとしてひとりになったあと、俺はいまが一番楽しいし、いまが一番売れてる気がする（笑）。

加藤　実際に売れてますしね。

鈴木　ただ、ひとりになった最初の1、2年っていうのは、やっぱりパンクラスでやってたっていう貯金で食ってたんだよね。

加藤　いまのボクも、ファンキーモンキーベイビーズの後光みたいなものに助けられているというか、守られているというか。そういう感覚はありますよ。だから、ホントの意味で2、3年後、4、5年後にファンキー加藤として音楽業界の中でどうやって立っているかっていう勝負だと思うんです。

鈴木　俺も新日本に戻ってきたあと、ノアっていう、これまで経験したことがないリングに行って、まったく知らない経験をもらったんだよね。そのあと全日本に移ってから一気に自分のやりたいアイデアが爆発して。その勢いのまま新日本にまた戻ってきて3年間やってきたんだけど。今年になって、その3年間で作ってきたものは一回終わりかなっていう気がしたんだよね。これからの10年を考えたら、また新しい自分を欲しくなっちゃったんだよ。いままでと同じ速度で走っていても惰性《だせい》で続けていけるだろうけど、もう別のところで違う競争が始まってるわけ。そして、俺はそっちの闘いに乗りたい。だったら、自分が走ってきた道を一回乗り捨てて、こっちに乗らないといけないんで。次の10年のための自分作りというのをもう始めてるね。

加藤　鈴木さんと話していると、口を酸っぱくしていうのが、「レジェンドとか、アンチエイジングは嫌だ」ってことですよね。「20代の選手たちの中にいて、そいつらと競い合いたい」ってずっと言ってて。このあいだ、「変えたい」って急に言い出したんですよ。

——自分を、そして鈴木軍を変えたい、と。

加藤　そうなんです。「鈴木軍自体が休憩前の試合に組み込まれるようになって、そこで危機感を感じ始めた」と。「もう1回、俺は身体もすべて作り直して。いろんなものをリセットして変えていきたいんだ」っていう話を熱く語ってくれて。そのとき、ここまでキャリアを重ねた人が、さらにまた自分をブラッシュアップしていきたいと思えるって素敵だなって思ったんですよ。

鈴木　「捨てちゃえばいいんだ」って、その瞬間気づいても、なかなかそれができないんだよね。やっぱり守りながら付け足すしかできなくて。でもまあ、いろんなきっかけが重なって、今年の誕生日（6月17日）を境にいろんなことを変え始めたんだよ。

加藤　その鈴木さんの話に受けた衝撃で、一曲できたんですよ（笑）。『ONE』というアルバムに入っている、『CHANGE』という曲なんですけど。この曲は、鈴木さんのとの会話の中での「変えていきたい」っていうワードから浮かんできた曲なんです。

鈴木　じゃあ、作詞家印税が俺に（笑）。

加藤　アハハハハ！

鈴木　6：4でいいんで。4は取っていいから（笑）。

加藤　いや～、こういう地元のヤンキー感、田舎の先輩感がたまらないっスわ（笑）。

――みかじめ料を要求してくる（笑）。

加藤　みかじめ料ですね（笑）。で、そのアルバムができたときに鈴木さんに聴いてもらって。鈴木さんにも『CHANGE』という曲を気に入っていただいて。そうやって凄く刺激をもらってね。ボクも与えるような人でありたいし。末永くよろしくお願いします。

鈴木　末永くって、俺は嫁か！（笑）。でもね、変わらなきゃいけないよね。

――鈴木さんの「レジェンドになりたくない」っていうのは、ミュージシャンが「懐メロ歌手になりたくない」っていうのと一緒ですよね。

加藤　一緒ですね。サザン（オールスターズ）の桑田（佳祐）さんが、いまなおオリコンチャートというものに向き合ってるんですよ。で、売り方の手法は違えど、「AKB48にセールスで負けるのは悔しい」って堂々と言う人なんですよね。ミスチル（Mr.Children）の桜井（和寿）さんもしかりですけど、もう俺からしたら「いいじゃないか」っていうような人たちが（笑）。

――もう、さんざん売れただろう、と（笑）。

加藤　そういうビッグアーティストがいまなお「なんでこのバンドが売れてきたんだ？」って若手の研究をしたり、「自分が1位になりたい！」とガツガツしてるのを見てて、それこそが正しいんだろうな、と。きっと、どこかで「もう俺はやることとやってきたから、あとはいいかな」って思った瞬間にいろんなものが崩れてくるんでしょうね。

――猪木さんの言う、「人は歩みを止め、闘いを忘れたときに老いていく」っていうのと一緒ですね。

加藤　まさに一緒ですよ！　だからボクは、ファンキーモンキーベイビーズを解散して失ったものはありますけど、またイチからデビュー、リスタートできたことは、人生単位で考えたら凄くプラスになってるなと思ってるんですよ。だから、いまはすげえ楽しいっス。またイチから築き上げていける過程が楽しめるんで。

――だからプロレスラーとミュージシャンは、そういう意味では似た部分が多いですよね。

加藤　共通項はかなりあると思います。だから、ミュージシャンでプロレス好きの人は多いですし。

――ファンの人もその人の曲を聴いてる、試合を見てるだけじゃなくて、その人の人生、生き様を見てたりとか。

加藤　いまなんかは特にツイッターとか、ブログとかでよりその人の考えとかがわかりやすく見えるというか。クリアに見えてくるんで。投影がもっとしやすくなったんじゃないですかね。

「お客に『つまんない』って思われたら、俺の商品価値はないと思ってるからね」（鈴木）

――ファン気質も似てますよね。ミュージシャンの曲を聞いて元気をもらうのと同じように、プロレスファンも試合から勇気をもらったり、苦境に立ったら「こんなとき、猪木だったらどうするんだろう？」って考えたり（笑）。

鈴木　あるある（笑）。俺が中学生のときそんなだったわ。「猪木だったら、これは諦めないぞ」とか（笑）。新日本に入門したあとも、厳しい練習をして、スクワット何千回とかで極限まで苦しくなったとき頭に浮かぶのは、アントニオ猪木とジャイアント馬場なんだよ。「若いときに馬場も猪木もこれを通過してスターになったんだ。あのふたりにできて、俺にできないはずがない！」って。そんなことを真剣に思ってたよね。だから逆にちょっと上の先輩なんて眼中になかった。「いまに見てろよ。俺に文句言ったヤツ、絶対に見返してやるからな」とか思ってなかったから。嫌な後輩だよな（笑）。

加藤　でも、そういう反骨心って大事ですよね。そして、若手の頃から上昇志向を持ってる人が、キャリアを積んでからもガツガツしてることがいいっスね。

鈴木　同世代の人間、同キャリアの人間が次々と辞めていく、もしくは表舞台から下がっていくときに、一緒の括《くく》りにされて自分まで落ちていくのは嫌なんで。自分だけでも新しいことをやっていかないと。そして、とにかくお客さん

に求められないことには、俺が使われることもないんで。どんなに「俺が凄いんだ！」って言っても、お客に「つまんない」って思われたら、俺の商品価値はないと思ってるからね。

加藤　そこでも、すげえ共感できますね。結局、自分のやりたいことっていうのはもちろん凄く大切なんですけど、プロだったらそれ以上に大切なのはお客さんがどう思うか、どう感じるか、どれだけ自分のことを必要としてくれるかっていうところですよね。だからミュージシャンでも客のことを一切考えずに、「俺はやりたいことをやってるんだ」って言う人もいるけど、逆に俺は「すげえな」ってなるんですよ。ボクはハッキリ言って寂しがり屋だし、誰かと繋がっていたいと常に思ってるから、そんなことはできないんです。誰かに必要とされたい。いまの一番の人生の原動力ってそこなんですよ。だから歌を作るときも、自分ひとりがじゃなくて、メッセージを投げる相手がクリアに見えているんです。

鈴木 だから、フラれた歌とか多いよな（笑）。

加藤 そうですよね。それはありますよ（笑）。

鈴木 ファンキー加藤のアルバムとか聴くと思うもん、「フラれた歌が多いな、これ」「甘酸っぺえな、また」って（笑）。

加藤 それは単純にモテなかったってだけですけどね。

鈴木 で、俺はそこに共感したりするんだけどね（笑）。

加藤 またひとつ共通項が出てきた（笑）。

鈴木 若いときは凄くモテたかった？

加藤 それは誰しもが思うことじゃないですか（笑）。

鈴木 やっぱり俺なんかも、モテたかったんだけどモテない現実もあって、自分の思ったことを口に出すと嫌われてたんだよね。それで自分を抑えた時期もあったんだけど、やっぱり女に対してもファンに対しても、自分の思いっていうのは伝えなきゃダメだなって、あるときから思うようになったんだよ。俺がフリーとして闘っている中で、ふと気づくと俺のことが大好きっていうファンがいて、その反対に大嫌いっていうファンがいて。「あんまり好きじゃない」っていうヤツは、ほとんどいなかったんだよね。どっちかだった。だから、突然全員が大好きになるときもあれば、全員に大嫌いって言われることもあったりとかして。それをずっと繰り返してきている。それを考えたとき、結果的に俺の思いっていうのは伝わってるんじゃないのかなって思うんだよね。伝わってるからこそ好きと言ってくれるし、伝わってるからこそ嫌われるんだろうなって。うん、いまいいまとめをした（笑）。

加藤　もう、終わる方向で話を進めないでくださいよ（笑）。

鈴木　いや、いい話ができたなと思って。

加藤　だからボクも、ふわっと無視されるくらいなら、どうせだったら嫌われたいなっていう気持ちがありますよ。それはファンモンをやってたときもそうでしたね。常にそんなことを考えていて。いきなりDJ（ケミカル）が踊り出したのも、無視されないようにしようっていう。多少は嫌悪感を与えてもいいからこっちを見てもらおうっていうのがあって（笑）。そういう気持ちはありますね。

鈴木　やっぱり俺たちプロレスラーっていうのは、その日観に来た観客になんらかの印象を残さなかったら、試合をしてないのと同じだから。俺は対戦相手に勝つ、相手よりもインパクトを残すっていうことはもちろん、他の試合に出てる連中とも、そこは勝負だと思っているからね。

――考えてみたらプロレスラーっていうのは、毎日が対バンであり、毎日が夏フェスみたいなもんですよね。

加藤　そうですよね。プロレスラーに〝ワンマンライブ〟はないですからね。常に夏フェスなんですよ。夏フェスの会場っていうのはいろんなミュージシャンが出るから、ほかのミュージシャンのファンも食ってやろう、ビッグアーティストを叩きのめしてやろうみたいな、そういうピリピリした感じがありますから。

鈴木　えっ⁉　ビッグアーティストを叩きのめしてやろうと思ってるの？　誰を？（笑）。

加藤　そんなことは言えないですよ！（笑）。

鈴木　ちなみに最近の夏フェスでは、誰と共演したの？
加藤　矢沢永吉さんです。
鈴木　あっ、矢沢永吉を叩きのめしたいんだ（笑）。
加藤　違う、違う！（笑）。それはまあ冗談だとしても、そういうふうに思うことが大事なんじゃないかと……。
鈴木　（レコーダーに向かって）矢沢ファンのみなさーん、よーく聞いてくださいねー。
加藤　（レコーダーに向かって）冗談ですよー！　冗談ですよー！
鈴木　そのうちファンキー加藤は、矢沢ファンに囲まれるな（笑）。
加藤　実際にボク、『サマーソニック』に出たときに最前列に矢沢さんのファンがけっこういて、怖かったんですよ。コワモテな感じで。赤いマフラーしてこんな感じで。
鈴木　裸にスーツ着てるからね。
――裸に革ジャンとか。矢沢ファンはいまでも、バリバリのリーゼントの人がたくさんいますしね（笑）。
加藤　そうそう。で、「怖いなあ」と思いながらもウワッとやって、最後にそれこそ『悲しみなんて笑い飛ばせ』を演ったら、矢沢さんのファンが永ちゃんタオルをこうやって（頭上で振り回す）やってくれて、それを観たとき「ちょっと届いたかも」みたいな（笑）。
――矢沢ファンの心にも何かを残した、と（笑）。
加藤　だから、そういうフェスに出るって大事だと思うんですよね。ミュージシャンはワンマンライブでは、そこにいる人たちは全員俺の味方みたいな感じがやっぱりあるんで。多少ヘマしようが、多少ミスをしようが、それでも応援してくれる、付いてきてくれる人がいるっていう。そうなると、ちょっと甘えも出てきちゃうと思うんですよ。でも夏フェスの会場っていうのはピリピリしてて、一回のミスがけっこうな致命傷になったりとかしますから。そう考えると、ワンマンライブがないプロレスラーは凄いな、と。ずっと夏フェスをやってるんだなって思いますね。

鈴木　まあ、フェスと言えばフェスだね。

「客のせいにするのは絶っっっ対に違うと思うんですよ。絶対に違う!」(加藤)

――ミュージシャンが夏フェスに出ながら、プロレスラーの気持ちになってるっていうのもいいですね(笑)。

加藤　たまに、あれはやっておかないとダメなんですよ。ずっとワンマンライブばっかりやってると勘違いしてきますよ。何をやってもみんなが歓声をくれるから、自分が合ってるか間違ってるかのチョイスが麻痺してきちゃう。だけど夏フェスに行くと、そこが凄くリアルに見えるんですよ。「あっ、これ、全然ダメじゃん」みたいな。「ワンマンでは盛り上がったのに、お客さんが全然ついてこねえ」とか。

鈴木　それのカタチを変えたのが、プロレス的に言うと、いま人気があるのは新日本プロレスですよね。ここでずっと育ってたヤツって、ある意味で、ずっとワンマンライブの空間にいたようなもんなんだよ。そういう空間で育っちゃったから、「俺がやれば沸くし、客もいつも入ってる」と勘違いしちゃう。だから、ガラガラで自分のことをまったく知らない人ばかりの会場なんかに行ったら、自分の力不足で沸かせられなかったのに、「今日の客はダメだな」って、客のせいにして帰ってきちゃうんだよ。それと同じことだと思う。

加藤 ボクね、ホントにね、客のせいにするのは絶っっっ対に違うと思うんですよ。絶対に違う！

鈴木 だからね、新日本だけで育ったヤツっていうのは、ノアに行ったり、全日本に行ったり、もしくはインディーにゲストで行ったりすると、みんな戸惑って帰ってくるんだよ。俺はそういうことに気づいたこともあって、とにかく場所を選ばずにいろんな団体に出てるんだけどね。ちっちゃいところだと、最低で観客が20人くらいのところにも出たからね。

加藤 鈴木さんが20人の前で試合してるんですか。凄いな～。

鈴木 あとは女子プロレスの団体とか、俺のことなんかまったく知らない、もしくは応援されない場所にも行くし。

――このあいだなんか、大日本プロレスの商店街プロレスかなんかで、土砂降りの中やってませんでしたっけ？

鈴木 あれはね、公園（笑）。

加藤 ボクもあれネットで見てびっくりしましたよ！　思わず鈴木さんにメールしましたからね。「鈴木みのる、最高だ！」って（笑）。そこに客がいたら、リングがあろうがなかろうがプロレスだっていう。

鈴木 まあ、それはホントにそういう気持ちがあったんだよ。

加藤 ボクたちミュージシャンも地方に行くと、「あんまりここの地域って客が盛り上がらないんだよね」「お客さん、カタい地域だよね」って、ついつい思いがちなんですけど、それって絶対に違いますよね。

鈴木　一個の団体で人気のあるところにいつもいると、そこの客の前でしかできなくなっちゃうんで。だから、自分の目でいろんなものを見て、いろんな客の前でやるっていうのが大事なんだと思うね。だからこそ、どこに行っても「鈴木の試合は特別おもしろい」ってかならず言われなきゃいけないと思ってるんで。それは、どんな田舎であってもそうで、客が少なければ少ないほど、「こんな小さなところで本気でやってくれるんだ」って、観に来た人は思うだろうし。だから、いつも俺は本気だよ。

加藤　ホント、それは大事なことですね。今日はすごく勉強になりました。

鈴木　小さな会場でも本気で暴れすぎて、いつも怒られるんだけどね。「イス、また曲げたでしょ」とか「いい加減、修理代払ってもらいますよ」みたいに。そんときは、「領収書もらっていいですか?」って(笑)。

加藤　アハハハハ！　宛名は「パイルドライバー」で(笑)。

――では、これからも闘う〝リング〟は違っても、お互い刺激し合っていく感じですかね。

加藤　もちろん。鈴木さんからいろんな勇気をもらったし、ボクも鈴木さんに何かを感じてもらえたらなって思います。

鈴木　でもさ、お互いを直に刺激し合うためにも、やっぱり近々、対決しなきゃいけないんじゃないかな?(笑)。

加藤　絶対にそれだけは嫌ですよ！(笑)。

鈴木　どんな形式がいい?　とりあえず、俺が加藤の通ってるキックのジムに行って、スパーリングでもいいよ?

加藤　いやいや！　一度、格闘家の秋山(成《よし》勲《ひろ》）さんが同じジムで練習してて、「軽くマススパーみたいなことをやろう」って言われてやったら、左足の筋肉を断裂させられたことがあるんで、プロは絶対に嫌ですよ！

鈴木　じゃあ、パンクラスの道場で、寝技のスパーリングでもいいよ（笑）。

加藤　そんなのもっと嫌ですよ！　グラップリングもダメ！　こっちの土俵で、カラオケ対決くらいにしてください（笑）。

鈴木　まあ、加藤がジムにいる時間を見計らって、勝手に行けばいいか。

加藤　やめてくださいって！

鈴木　行ってるところって、新田（明臣《あけおみ》）（注1）のとこでしょ？　それなら、新田に聞けばいいや。「あいつ、いつ来てる？」って（笑）。

加藤　ダメダメダメ。それは絶対にダメ（笑）。

——じゃあ、鈴木さんがアポなしでジムに突撃する際は、こっそりと教えてください（笑）。

（注1）元WKAムエタイ世界スーパーウェルター級王者。現在、キックボクシングジム「バンゲリングベイ」代表。鈴木みのるとはかつて、SVGでともにキックボクシングの練習に励んだ仲。

ファンキー加藤

1978年12月18日生まれ。東京都八王子市出身。2006年、音楽ユニット・FUNKY MONKEY BABYSとしてデビュー。現在は主にソロで活動。大のプロレスファンであり、数多くのプロレスラーとも交流をしている。モン吉とFUNKY MONKEY BΛBY'Sとして再始動。最新アルバム『ファンキーモンキーベイビーズZ』が現在発売中。6月10日より、地元八王子から全国ツアー「太陽の街ツアー」がスタート。

鈴木みのる × 愛甲猛

母校の歴史を知るアウトローな先輩

横浜高校時代、夏の甲子園で優勝を果たし、プロ入り後も活躍した愛甲猛。同じく横浜高校でレスリングで汗を流した鈴木みのる。同校スターの夢の対談が実現。ふたりの口から語られる少し危険でワイルドな横浜高校時代の思い出は刺激的な内容となっている。

写真：当山礼子

オレオレ詐欺被害防止
世田谷警察署

「横浜高校を共学なんかにして大丈夫なのかって心配だよ」（愛甲）

――今回は、2020年にあの横浜高校が共学化されるという衝撃ニュースを受けて、野球界、プロレス界を代表する同校のOBで、かつての校風を体現するおふたりにお集まりいただきました！（笑）。

鈴木　なんだよ、かつての校風って（笑）。

――いや、数々の伝説が残っている学校というイメージが強いので（笑）。

愛甲　昔は「ヨタ校」って呼ばれてたからね！

――ヨタ校！（笑）。

愛甲　だから、いまどんな学校になってるか知らないけど、俺らの年代から鈴木みのるの年代くらいまでのOB連中は、みんな「共学なんかにして大丈夫なのか？」っていう心配のほうが大きいよ（笑）。

――女性が足を踏み入れたりして、何か起きないのかと（笑）。

鈴木　当時はそういう発想だよね（笑）。でも、いまはもう大丈夫らしい。

愛甲　そうなんだ。

鈴木　僕の7つ下に格闘家の宇野薫っていうのがいるんですけど、彼に聞いたら「校内でケンカを一度も見たことがない」って言ってましたから。

愛甲　マジで⁉

鈴木　だから僕ら世代が卒業してから数年で、ガラッと全部変わったみたいですよ。「じゃあ、校内でタバコ吸ってて捕まったヤツはいた？」って聞いたら、「いや、知らないです」って。「パーマかけてきて校門で捕まってるヤツとか見てない？」「えっ？　なんですか、それ？」

みたいな。7つ下でそれですから。

愛甲　じゃあ、校門に先生も立ってないんじゃないの？

鈴木　立ってないかもしれないですね。昔は棍棒持って立ってましたもんね。警察署の前で棒持ってる警官みたいに（笑）。

愛甲　また、ボクシング部の先生とか、レスリング部の先生とか、そんなのばっかり立ってるから（笑）。

――ヤンチャな生徒でも敵わないような怖い先生が武器を持って立っていると（笑）。

愛甲　それで呼び止められて、ポケットの中を出させられるんだよ。そうしたら、タバコは隠してるのに、タバコの葉っぱが出てきたりな（笑）。

鈴木　あと手をパッと握られて、指の臭いを嗅がれるとかありましたよね？（笑）。

愛甲　あったあった！　ヤニの匂いでバレるんだよ（笑）。

鈴木　「おまえ、隠してもムダだぞ」っていう（笑）。ホントにね、警察よりも取り調べが厳しいよ！

――まさに検問なんですね（笑）。

愛甲　俺が1年のときに商業科のヤツがタバコを見つかって停学1週間になったんだけど、運悪く空手部の桜井先生のクラスだったんだよ。それで空手部の道場でボコボコにしばかれて、たまたま陸上部の阿部って先生が通りかかったんで、止めに入るのかと思ったら、「俺にもやらせろ」って一緒にボコボコにしてたからね（笑）。

鈴木　名前を出しちゃってもいいんでしょうか（笑）。

愛甲　で、停学1週間なのに全治2週間になっ

たっていう（笑）。

――ダハハハハ！　停学が解けても登校できない（笑）。

愛甲　ひどい学校だったんだから。だってパーマかけるヤツがあまりいるからって、学校内に床屋を作ったんだから。

鈴木　ホントですか!?

愛甲　校舎の裏に野球部の部室がある場所があるじゃん。あの手前の部屋が俺らの頃は床屋だったんだよ。結局なくなって、体育なんとか室になったんだけど。

鈴木　あっ、教官室！

愛甲　そう、体育教官室。

鈴木　あそこ、床屋だったんですか!?　俺らの頃は、あそこは〝恐怖の館〟って呼ばれてたんで。

愛甲　当時はパーマかけてきたヤツが連れてこられて、バリカンで坊主にされる場所だったたから（笑）。

――その部屋に連行されるんですね（笑）。

鈴木　僕は卒業前に、どうしてもパンチパーマにしてみたかったんですよ。それで意気揚々と学校に行ったら、そのまま職員室に連れて行かれて。教師が職員室の机の上にイスをポンと乗っけて、「座れ！」ってそこに座らされて。「はい、みなさん、今日は鈴木がパンチパーマをかけてきましたー！」って拍手されて（笑）。みんなの前で、バリカンで頭刈られたんですよ。

愛甲　ホントにやるからな、あそこは。

――常日頃から見せしめ行為が行われていましたか（笑）。

愛甲　でも、鈴木みのるがレスリングで全国チャンピオンになったら、全然扱いが変わるんじゃない？

鈴木　いや、全然変わらなかったです。僕は日本代表とかにもなりましたけど、何も変わらなかったですね。

愛甲　マジで？　じゃあ、レスリング部はダメなんだ。俺なんか甲子園で優勝したら、ガラッと変わったよ。

鈴木　それは野球部が花形だからですよ。僕なんかタバコ吸ってるのが見つかったとき、「レスリング部の鈴木！　いますぐ職員室に来い！」って、ドスの効いた校内放送で呼び出されて。

――ドスが効いてるって、どんな校内放送ですか（笑）。

鈴木　それで職員室で怒られたあと、校長にも怒られて。「レスリング部が出場停止になるだけなら構わないが、同じ学校の不祥事ということで、野球部が出場停止になったらどうするんだ！」って、そういう怒られ方しましたからね。それで「とにかく、野球部に迷惑をかけるな！」って校長が言ったら、一緒に謝ってたレスリング部の監督が怒りだして、校長室のデカいテーブルをバコンと蹴っ飛ばしたんですよ。

愛甲　マジ？（笑）。

鈴木　「てめえ、何言ってんだ！　この野郎！」って校長に怒り出して、「レスリング部と野球部、どこが違うんだよ、この野郎！」「違うに決まってんだろ！」って。ふたりは立場こそ違えど、学校ができたくらいからの付き合いみたいなので、そこで急に言い合いが始まりましたね。

――レスリング部が軽視される鬱憤《うっぷん》が溜まってたんでしょうね（笑）。

愛甲　ウチの高校は野球、レスリング、ボクシングが三大スポーツだったんだけどね。俺、体育の先生がボクシング部の監督で、1年のときからけっこうかわいがってもらってたのよ。それで甲子園で優勝して帰ってきたら、体育の授業のとき、「愛甲、おまえ今日は授業出なくていいから、職員室に行け」って言われて行ったら、色紙がこんなに積んであって。お茶とみかんも用意されてて、「授業中なのに悪いな」ってずっとサインを書かされて、「なんだったらタバコ吸うか？」って（笑）。

——甲子園優勝したらタバコもＯＫ（笑）。

鈴木　当時は適当ですね～（笑）。

愛甲　授業中に校内放送で「3年5組の愛甲くん、職員室まで来なさい」って呼ばれて、「なんかやべえのかな？」と思って行ったら、副校長に「わりい！　お客さんが来てるんだ」って応接室に呼ばれてお客さんにサインを書いたりして（笑）。

鈴木　お抱えのタレントじゃねえんだっていう（笑）。

愛甲　まあ、雑な学校だったね（笑）。

鈴木　でも、甲子園で優勝するっていうのはやっぱりそれだけのものがありますよね。僕、小学校6年生のとき、愛甲さんエースの横浜高校が甲子園で優勝したとき、優勝パレードを観に行きましたよ。

愛甲　あっ、マジで？

鈴木　家が横浜駅の近くだったんで。

愛甲　あんとき、甲子園って外出禁止だから小遣いの使い道がなくて、横浜戻ってきたときにけっこうカネ持ってたんだよ。それで優勝パレードのあと、ライト守ってたヤツと「カネあまってるし、優勝のご褒美でふたりでソープに行こうぜ！」って言って、パレード翌日に福富町《ふくとみちょう》のソープに行ったの。そしたら、ついたおねえちゃんが「愛甲くんでしょ？　昨日、パレード見てたよ」って（笑）。

鈴木　ガハハハハ！　地元じゃ面が割れすぎで（笑）。

愛甲　だけど、お祝いってことでタダにしてくれたんだよ。昔はそういう粋《いき》なおねえちゃんも多かったんだよね。

――でも、甲子園の大スターが、パレード終わってソープに直行してるとは、誰も思わないでしょうね（笑）。

「俺は将来プロになるんだから、ここで揉まれなきゃダメだな」（鈴木）

鈴木　本当に大スターだったからね。それが自分も同じ横浜高校に行って、卒業後何十年経って、対談でご一緒できるとは思いませんでしたよ。

愛甲　みのるは、ウチに入ったきっかけはなんだったの？

鈴木　レスリングやるためですね。

愛甲　ああ、やっぱりスカウトだ。

鈴木　いや、本当は中学卒業してすぐに新日本プロレスに入ろうと思ったんですけど、履歴書持って行ったら門前払い食らったんですよ。そのとき、中学の先生に「長州力もジャンボ鶴田も、みんなオリンピックに出たあと、スカウトでプロレス入ってるんだぞ。おまえもチャンピオンになれば、スカウトされるんじゃないか？」って言われて、レスリング部のある高校に行こうと決めたんですよ。それから調べたら男子校で、ちょっと悪い高校だって知って、でも「俺は将来プロになるんだから、ここで揉まれなきゃダメだな」って。

愛甲　ハッハッハッハ！　プロレス入りする前に、悪いヤツらに揉まれようとしたんだ（笑）。

鈴木　ホントに思ったんですよ、俺（笑）。それで横浜高校に行きたくて、中3のときに学校見学に行ったらレスリングの先生が出てきて、「シャツ脱げ」って言われて身体を見られて、名前聞かれて。「おまえ、受験のとき、絶対に名前と受験番号を間違えるな。それだけ間違わなきゃ大丈夫だから」って（笑）。

――身体つきだけで事前に内定（笑）。

愛甲　俺も中3の夏にはもう、ほぼ野球部に入るのが決まってたね。

――愛甲さんは、悪いことはだいたい中学時代に済ませてあると伺ってますが（笑）。

愛甲　いえいえ、真面目に野球をやってましたよ（笑）。

――あっ、すみません。人生経験ですね（笑）。

愛甲　だけど、俺も鈴木みのるも悪いこと100パーやって、俺は野球、みのるはレスリング、それも100やってるじゃん。だからいまがあるんだよ。それって、なかなかできない。どっちも50・50ぐらいのヤツは、だいたいダメになる。ウチの高校ではもたないから。

鈴木　もたないですね。僕が入学したとき、野球部は1年生が300人ぐらいいたんですけど、3年生になると4人くらいしか残ってないんですよ（笑）。

愛甲　それくらいしかもたないもん。1年の夏ぐらいにほとんど辞めちゃって、その辞めたヤツをボクシング部とレスリング部がうまいこと持っていくんだよ（笑）。

鈴木　引っ張っていくんですよね（笑）。だからレスリング部もすごく運動能力高い先輩ばっかりだったけど、みんな野球部から来た人だから。横浜高校の野球部は、横浜じゅうの少年野球の4番でエースみたいなヤツが集まるから、辞めた人もみんな運動能力高い。

愛甲　それで野球部を辞めてもどこの部活も入れないヤツは、〝洗車部〟に入れられるんだよ。

——センシャ部？

愛甲　放課後に、体育教師の車を洗うだけの部。

鈴木　洗車部ありましたね～！（笑）。

愛甲　なんちゅう部活やっていう（笑）。

——部活じゃなくて、下働きじゃないですか！（笑）。

鈴木　で、いまはなくなったんですけど、学校の隣に団地があったんですよ。そこで団地の奥さんが洗濯物とかを干してると、授業中だろうがなんだろうがみんなが「団地妻！　団地妻！」って言って外に出て行くわけですよ（笑）。それで団地に住んでる女のコが駅に向かって歩いていくと、みんなが教室の窓から顔を出して「やらせろー！」「パンツ脱げー！」とか散々なこと言って、そんな学校ですよ。

愛甲　でも、もう時代が違うからね。ホントにみんな真面目なんだろうな。

鈴木　当時の話はあまり広げないでくれって言われますね。「おまえが行ってたときの学校じゃないんだから、もう言わないでくれ」って（笑）。

——昔の話を蒸し返すなと（笑）。

愛甲　いまのOB連中にヨタ高って言うと「やめてください！」って言われるよ（笑）。

——当時、地域のみなさんはみんな「ヨタ高」と呼んでたわけですか。

鈴木　そうだね。ろくな学校じゃないと思われてたから（笑）。

愛甲　俺の上ぐらいまでは、もっと酷かったか

らね。先輩がセンバツ（甲子園）で初優勝した映像を見たら、キャプテンが優勝インタビューを受けるときに「どうも！」って帽子を取ったら、ものすごい剃り込みが入ってて（笑）。

――ダハハハハ！

愛甲　「おいおい、全国放送で大丈夫なのか？」って（笑）。でも当時の野球部は大会に入ったら、1年生も全員「剃りを入れろ！」って言われるんだよね。マジで。

――それは気合を入れるためなんですか？

愛甲　相手になめられるなっていうね。

鈴木　それはレスリング部も一緒でしたね。剃りは入れないけど、「気合いで負けるな！」ってことで、試合前に相手と向かい合って握手するとき、目線を逸らすと、あとで先輩から殴られるんですよ。

愛甲　あー、わかるわかる！

鈴木　「まずガンつけろ！」と、そういう教え方をされてたんで（笑）。

――試合の結果だけでなく、ビビったら男として負け、と（笑）。

愛甲　そっちのほうが大事なくらいでさ。野球って試合が終わったら両チームともホームの前に整列して挨拶するんだけど、そのとき、絶対に相手より先に行くな、そして礼をしたあとも、絶対に先に帰るなというのがあったの。で、日大櫻丘《さくらがおか》とやったとき、キャプテンでひとりだけすっげえ突っ張ってるヤツがいて、試合が終わって礼をしてはけても、俺と副キャプテンの安西と、向こうのキャプテンだけは一向に帰ろうとしないで、審判に怒られたからね（笑）。

鈴木　なんの意地の張り合いだっていう（笑）。

愛甲　あと、よく高校野球でさ、打者がピッチャーにバットを向けて「行くぞー！」とかってやるじゃん。あれやられるのが俺は大嫌いで、「いったるわ！」って言って、ぶつけたことあるもんね（笑）。

――故意のデッドボール！　もはや合法的なケンカですね（笑）。

「俺がすげえうれしいのは、鈴木みのるがそのイメージのまんま、いまもプロレスでやってくれてんじゃん（笑）」（愛甲）

鈴木　そういう向こうっ気は、俺らの年代にも受け継がれてましたよ。レスリングなのに組み付いた瞬間にまずヘッドバットを入れてましたから。チョーパンを。

――チョーパン！　また、悪い言葉が出てきましたね（笑）。

鈴木　それで寝技になって、ギュッと内側を取る技があるんですけど、相手の頭に腕を回す瞬間、バコンッとラリアットですよ（笑）。

――ルールギリギリの攻撃ですね。

愛甲　だから俺がすげえうれしいのは、鈴木みのるがそのイメージのまんま、いまもプロレスでやってくれてんじゃん（笑）。

鈴木　素でやってるんで、ただ抜けてないだけですね。

愛甲　アッハッハッハ！

――昭和の横浜高校の校風をいまでもリング上で体現してると（笑）。

鈴木　それが鈴木軍だから（笑）。

――以前、高校時代の鈴木さんの写真を見せてもらいましたけど、かなり気合入ってましたもんね。

鈴木　あれが普通ですよ。何がおっかないんですか？

――スキンヘッドで目だけギラギラしてて（笑）。

鈴木　あれはタバコかなんかで捕まって、坊主になったときの写真だよ。しょっちゅう坊主にさせられてたんで。「やっと髪が伸びてきた。これで女のコを紹介してもらえる～」って思ったら、また悪さして坊主なんですよ。でも、野球部は女の子の人気が凄かったですよね。練習中、他校の女子がネット裏にたくさん集まってきてて。でも、俺らがその横を通ると、「なに、この人たち？」みたいな顔をされるんですよ。汚いものを見るように（笑）。

――甲子園アイドルだった愛甲さんは、とくに女性ファン人気が凄まじかったんですよね？

愛甲　でも、俺ら寮に住んでるから外に出られないからね。だから、土曜日だけ家に帰れるときがあって、そのときはもう寝ずにね。

鈴木　寝ずになんですか？（笑）。

愛甲　寝ずにいろいろ、もう悪いことばっかやってたよ（笑）。で、次の日に練習試合があって、俺あんまり悪いことやりすぎて下痢をして、投げてる最中に「もうダメだ」と思って、タイムしてトイレに行ってるあいだにピッチャーを交代させられてた（笑）。

——思いっきり試合に影響が出てる（笑）。

愛甲　もうね、休み明けに俺とか安西がベンチで一緒にいると、前の日に変なの吸ってるんで、監督に「おまえら、臭いから端っこに行っておけ！」って言われて（笑）。

——タバコよりもよっぽど臭うものを（笑）。

鈴木　これが元祖甲子園アイドルですから（笑）。

——いまだったら大スキャンダルですよね。

愛甲　それどころじゃないよ。俺、家庭裁判所にも行ってるからね（笑）。

鈴木　なんの自慢ですか！（笑）。

愛甲　それでも卒業できてるからすげえ学校だなって（笑）。1年のとき、暴走族でパクられて鑑別所に入ったヤツがいたんだけど。そいつ学校にバレなかったからね。

鈴木　意味わかんない（笑）。

愛甲　2週間行ってたんだけど、事情を知ってる先生が「麻疹《ましん》だ」って言ってて（笑）。

鈴木　どんな学校だよ（笑）。

愛甲　それでちゃっかり学校に戻ってきたからね。坊主になって（笑）。

——さすがですね（笑）。お勉強のほうはあまりされない学校だったんですか？

愛甲　野球部、レスリング部、ボクシング部には、教師も最初から勉強教えるつもりなかったんじゃねえかな（笑）。

鈴木　授業中も「黙って寝てろ」って言われま

したよね。夏場は暑いから机の下にバケツをふたつ並べてそれに足を突っ込んで、下はパンツ一丁。しかもシャツなんか着てないから、ほぼ素っ裸ですよ。それで机にタオルをちゃんと敷いて枕を置いて、「おやすみなさい」って（笑）。

愛甲　俺も寝るためのクッションを持っていってたよ（笑）。

鈴木　起きてるとうるさいから、「寝ててくれたら出席つけるから、静かにしてくれ」って。

――授業中以外は、ずっと練習なわけですもんね。

鈴木　そうだね。もう朝から晩までやってるから。

愛甲　俺たちが住んでた合宿所の上の階がレスリングやボクシングの道場だから、たまにのぞくと、「こいつら、大丈夫か……」っていうくらい練習してたからね。ホントかわいそうになっちゃうもんね。ビンタされるのは当たり前で。

鈴木　例えば、ちょっと掃除で遅れたとか、ちゃんとした理由であっても、先輩よりあとに来たら正座させられて、頭の上に熱々のカレーうどん乗っけられたりしましたから。

――どんな罰ゲームですか（笑）。

愛甲　レスリング部の先生って、いつも竹刀持ってなかった？

鈴木　僕のときは竹刀じゃなくてなんか棒を持ってましたね。

――なにかしらの武器を（笑）。

愛甲　変な先生ばっかりだよ。バットのグリップエンドだけ持ってる先生とかね。あれで叩かれるのはマジで痛いんだよ。グリップエンドでコーンとやれるのが（笑）。

鈴木　アハハハハハ！

――それ、サーベルの肢の部分で殴る、タイガー・ジェット・シンと一緒ですよ!(笑)。

鈴木　やべえ、涙出てきた(笑)。

愛甲　暴力、体罰、当たり前だったからね。

鈴木　商業科の他のクラスであった事件なんですけど、ボクシング部の先生が受け持ってた保健体育の授業で、運動部の連中はその先生が怖いの知ってるからおとなしくしてたんだけど、部活やってないヤツが粋がって先生をバカにしたんですよ。そしたらその先生、「よし、おまえちょっと来い! 授業変更! いまからボクシングを教えたるわ。はい、そこに立って~。これがジャブ!」ってパーンって殴って、「はい、ワンツー!」ってパンパーンってやったらしいんですよ。ひどくないですか(笑)。

――あくまで暴力じゃなくてボクシングの授業だと(笑)。

愛甲　当時の体育教師なんて、そんなのばっかりだもんな。

鈴木　その先生がのちに神奈川大学に移ってボクシング部がなくなり、レスリング部もいまはなくなりましたけどね。

愛甲　えっ、ないの?

鈴木　ないですね。僕のときに校長先生に言われたのは、「だいたいレスリングなんてウチの学校にいらねえんだ。おまえらは問題しか起こさない」って(笑)。

愛甲　俺の上の代にボクシングですごい人がいたんだよ。モスクワオリンピックに出るはずだったのがボイコットで出られなくなった、副島《そえじま》(保彦《やすひこ》)さんって人がいて。これが死ぬほど悪い人でさ(笑)。野球部キャプテンの門崎っていう人と、ボクシング部の副島、このふたりはどうしようもないくらい悪かった。

――愛甲さんが言うんだから、相当なんでしょ

うね（笑）。

愛甲　この門崎っていう人は俺の3つ上だから入れ替わりだったんだけど、あんまり練習をちんたらやってると渡辺監督が「今日は門崎のミーティングを受けろ」っていう一言でもう大変なのよ。昔のコーラあるでしょ？

――はい、瓶のコーラですね。

愛甲　あの王冠（キャップ）を坊主の頭に乗っけて、アップシューズでバコーンって（笑）。

鈴木　刻印を押された（笑）。

愛甲　それで2つ上の後藤さんっていう人が「おまえ、見てみ」って言うから見たら、頭の上に王冠の跡がついていて（笑）。門崎さんに付けられたものなんだよ。それでスパイク履いたまま跳び蹴りをして、30分失神してるとか、そんなの当たり前の時代だったの。

――すごい時代ですね（笑）。

愛甲　レスリング部は合宿はしないの？

鈴木　学校の合宿は夏とか週末にはやってましたね。

愛甲　プールの下にある部屋？

鈴木　プールの下は夏休みとか、長期で泊まるときですね。週末は普通にレスリングの道場に布団敷いて寝てました。まあ、合宿になるとだいたい後輩がひどい目に遭うんだけど、僕なんかはかわいいほうですよ。夜な夜なカブトムシとかカナブンとかをいっぱい捕まえてきて、寝てる後輩の口にガーッと押し込んだりとか（笑）。

――なにをやってるんですか！

愛甲　いじめじゃなくて、遊びだよな。

鈴木　コミュニケーションですね（笑）。

愛甲　俺もけっこうやられたもん。1年のときの3年生が最悪で、「壁で寝ろ」って言われるんですよ。

――「壁で寝ろ」？

愛甲　床で寝させてもらえなくてさ、枕を壁につけて、立ったまま掛け布団を持って寝るんだよ。

――立ったままって、それ戦時中に地下壕《ごう》に潜む下級兵士の寝方ですよ（笑）。

鈴木　俺はマッサージ地獄がありましたよ。朝まで何時間も先輩のマッサージやらされたり。

愛甲　俺はベッドで朝までずっと正座したことあるな。

――それは何かをしてしまったからですか？

鈴木　いや、1年は基本はゴミなんで。1年はゴミかウジ虫（笑）。2年が平民で、3年が神様。それが基本ですね。

――ウジ虫と神様じゃ、まさに天と地以上の差がありますね（笑）。そんな上下関係がある中で、愛甲さんは1年生からエースだから、先輩のやっかみもあって大変だったんじゃないですか？

愛甲　もう3年生に練習でいじめられたよね。ピッチング練習やってたら、「インターバルが長い」って言われて、「10分で100球投げろ」って。投げれっこないよ（笑）。

鈴木　ピッチングマシンでも無理ですよね（笑）。

――そうやってスター選手が潰されていく例も多かったんでしょうね。

鈴木　時代だよね。

――だから愛甲さんは、1年のときに野球部を辞める危機が一度あったとか？

愛甲　合宿所を脱走しましたね。

鈴木　脱走したんですか（笑）。

愛甲　1カ月くらいかな。俺と副キャプテンの安西と。

鈴木　脱走してどこに？

愛甲　地元の友達の家を転々として。

――昔の不良仲間のところに行って、ワルの世界に戻りそうになったんですよね？（笑）。

愛甲　それで友だち何人かと警察にパクられて、親とかが警察に迎えに来るじゃないですか。で、周りはみんな親が迎えに来たんだけど、俺だけ母親が仕事をしてたから「おっせえな……」とか思いながら待ってたら、警察の防犯課のやつが「おい、愛甲。迎えが来たぞ」って言うからパッと見たら監督だったんですよ（笑）。

――なぜか渡辺監督が身元引き受け人（笑）。

愛甲　それで「戻ってこい」みたいに言われて、そっから俺と安西のふたりだけ、合宿所じゃなくて、監督さんの家から練習に通うようになったんですよ。

――先輩たちから隔離してくれたわけですね。

鈴木　でも、24時間拘束みたいなもんですよね

（笑）。

愛甲　そう。タバコを吸うのもひと苦労みたいな（笑）。それで監督さんの家には、小学校1年生ぐらいの娘がいて、俺と安西で「夜中、お父さんとお母さんの部屋から変な声が聞こえてこない？」っていうことを聞いたら、それを娘がそのまま監督に聞いて、俺らめっちゃ怒られて（笑）。

鈴木　アハハハハハ！　高校生はそういうことにしか興味ないですからね。野球と女、俺ならレスリングと女しか興味ないですからね。良かった～、俺だけじゃなくて（笑）。

「結局、どの時代も苦労して自分で身に付けるやつしか、上にはいけないです」（鈴木）

――男子校あるある、という感じで（笑）。やっぱり、男子校であることは、他の共学校に対する反骨心になりました？

鈴木　どうなんですかね。いや、地元の友達はみんな彼女がいて、友達に女の子を一度紹介してもらったんですよ。上大岡《かみおおおか》駅前の喫茶店でそいつとそいつの彼女、それと彼女の友達と会って話して盛り上がってきて、「おっ、いけるかな！」って思ったら、「私、あなたのこと知ってるよ。駅で暴れてたこと」って言われて、それっきりだったたっすね（笑）。

――すでに、他校の女子にまで悪名が轟いていていたと（笑）。

鈴木　あとは「住む世界が違うと思う」って言われたことがあります。けっこうショックですよ。

愛甲　まあでも、カッコいいよね。紆余曲折しながら登っていったヤツのほうが魅力あるよ。でもさ、いまはいろんな意味で俺らの時代とは違うでしょ。いまのガキってどう思う？

鈴木　練習ひとつとっても、質問してくるとき、真っ先に答えを求めてきますね。自分で苦労してわかろうとしたり、身に付けたりするんじゃなく、すぐ答えを求める。それで答えを教えると、それだけでわかった気になってしまうという。とにかく最短距離、最短距離ですね。でも、わかった気になってるだけで、それじゃ本当の意味で理解できてないし、身に付いてないんです。結局、どの時代も苦労して自分で身に付けるやつしか、上にはいけないです。

愛甲　俺なんかも子どもたちに野球を教えたりするんだけど、いまはもれなく親がついてくるからね。

鈴木　それはレスリングも一緒ですね。

愛甲　俺は子どもたちに教えるためにやってるのに、親に説明するのが大変で（笑）。それでまた中途半端な知識を持ってるから、「こういうことをするんじゃなくて、こうしたほうがいいんじゃないか」とか言ってくる。

鈴木　一流のプロに対してね（笑）。

愛甲　「それは違うから」って説明しても、自分のうろ覚えの知識が正しいみたいな捉え方をしてるから、あれが凄い面倒くさい。

――練習方法とかそういう細かいことまで注文つけてくるんですか？

愛甲　「本を読んだらこう書いてた」とか、ハンパなこと言ってくるんだよ。

鈴木　僕も以前、小学生のレスリングクラブを持ってたんですけど、それもまあ親が、レスリングまったく未経験なのに「あの技の連携は良くない」とか、「他のチームはこういう技で勝ってるのに、なんでウチの道場では教えないんですか？　だから勝てないんじゃないですか？」って言ってきて。「うるせえな、このバア」とか正直、思いましたもん。

愛甲　それでガキ共も、すぐあっちが痛いとかこっちが痛いとか言って、「今日は疲れてるので、この辺で失礼します」って帰っちゃったりして。「疲れてるって、なんだよ……」と（笑）。

――疲れるのなんて、当たり前だろうと（笑）。

鈴木　その限界を超えた先に強くなるものがあるのにね。でも、根性がある子どもは、野球でもなんでもそうだと思うんですけど、やっぱりいまでもいますよね。

愛甲　いるいる。

鈴木　その子はいつかドーンと飛び抜けますよね。

――指導者としては、高校時代に受けていた指導が役に立ったりはしますか？

鈴木　僕は高校時代に指導を受けた記憶があまりないです。

――指導と呼べるものじゃない、と（笑）。

鈴木　1年の最初だけ、基礎を教えてもらって、あとは自分で強くなるしかなかったから。先輩から言われたことは、「パン買ってこい」とか、そんなのばっかりで、練習はあまり教わってない。俺はすぐに国士舘大に練習に行かされるようになったし。

――国士舘大に出稽古行ってたんですか。

鈴木　高校1年生なのに、週末は国士舘大の合宿所に泊りがけで練習に参加させられてたの（笑）。

愛甲　ヨタ高からシカンなんて超エリートじゃん！（笑）。

鈴木　先生が国士舘出身だったんで（笑）。

――そういうルートがあったんですね（笑）。

鈴木　それ以外だと県代表の合宿やら強化練習会やら、強化指定選手がオリンピック選手と一緒に練習をやる強化合宿とかもあって、「どうやって手を抜こう」とかそんなのばっかですね（笑）。風呂に入って帰りがけにオリンピックセンターの裏にちょっと隠れて、千葉の高校から来てた高橋義生と一緒にタバコを吸うっていう、あれが唯一の楽しみでした（笑）。

愛甲　俺も高校時代、技術を覚えたっていう感覚はないね。ただ、レスリング部もそうだけど、とにかくメンタルが強くなるっていうか（笑）。

鈴木　「負けるか！」みたいな思いは強くなり

ましたね。「みんなぶっ飛ばしてやる！」とか。
愛甲　俺も鈴木みのるも、ああいう学校にいたおかげで、強い精神力が付いたよね。
鈴木　はい、付きましたね。
愛甲　練習でも「この野郎！」とか思いながらもガマンしてやってたから。俺も最後にはノッカーにボールぶん投げてたけどね。「いい加減にしろ！」みたいな感じで、ケンカ腰で練習してたから（笑）。
鈴木　それが格闘技になると直接手が出ちゃったりするんですよ。俺はプロレス入りしてからホントに問題児だったので、前田日明さんともどれだけぶつかったか（笑）。
愛甲　でも格闘技だからね。それはありだよね。
鈴木　でも、そうやって僕が反発した先輩たち、前田さんや、坂口征二さんもそうですけど、「いまの若いヤツはホントみんなおとなしくなって、おまえみたいなヤツがいなくなったな」って言ってくれたりとかしますね。「おまえみたいなヤツは後にも先にも見たことがない」とか言われると、ちょっとうれしかったり（笑）。
――それは愛甲さんも球界ではそうなんじゃないですか（笑）。
愛甲　まあ、俺は自伝で『球界の野良犬』っていう本を書いたんだけど、あれはなんで野良犬にしたかっていうと「どんな相手でもエサはもらえど絶対に尻尾は振らねえ」っていう（笑）。
――まさにアウトローなわけですね（笑）。いまおふたりは、変わりゆく母校に対して、どんな思いがありますか？
鈴木　校風も変わり、校舎も綺麗になり、共学になっても、卒業生として除外しないでくださいって感じかな（笑）。
――黒歴史にしないでほしい（笑）。

愛甲　でも、そのワルかった時代の卒業生たちも、ウチの高校の歴史を作った人間たちだからさ。様変わりしすぎちゃうのもどうかな、とは思うけどね。どこかに昔の色だけは残しておいてほしいなと。

――原点だけは残してほしいと。

愛甲　素直に生きることも大事だけど、どっかで反逆的なところを持っていてほしい。昔の野球部のモットーはハッタリと根性だったから。「絶対にハッタリでは負けるな!」っていう(笑)。それは残っていてほしいなとは思うんだよな。このままだと、下手すりゃ全員が全員、人に頭を下げて生きていくような人間ばっか育っちゃうよ。それはあってほしくないね。あとは共学になって事件だけは起きてほしくないね(笑)。

鈴木　当時の僕らみたいな男がいる状態で女子が入ってきたら事件が起きるんで、普通の男の子が入ってくるために、もう格闘技とか野球部が邪魔なんじゃないですかね(笑)。

――そういう運動部の生徒を排除することで、浄化を図ろうとしているんじゃないか、と(笑)。

鈴木　昔は横浜じゅうの4番でエース、横浜じゅうの番長たちが集まるような学校ですよ。それであいう校風ができたわけだけど、そうじゃなくするために、まず番長を外そう、次はエースで4番を外そう、そういう話なんじゃないかなって。

愛甲　だっていまの横浜高校、偏差値も尋常じゃないよね。70近いよ。

鈴木　ビックリしましたね。俺たちのときの偏差値なんて、その半分しかないんじゃないですか?(笑)。

愛甲　これは当時のウチの高校では当たり前の

話なんだけど、テスト用紙の名前のところに丸がしてあって「5点」って書いてたからね（笑）。
――「名前がよく書けました」と（笑）。
愛甲　これはマジだから（笑）。ホントにウチの高校ではあったからね。
鈴木　その歴史の最後が僕らの世代ぐらいなんじゃないですかね。そのちょっと下はまったくないと言ってたんで。
愛甲　だから、様変わりしていくのは全然構わないんだけど、ここまでの歴史を作ってきた過去を封印はしてほしくないっていうところはあるよ。チャンピオンにもなってるし、甲子園でも優勝してるし、それは歴史でしょ？
――そういう歴史があって、いまがあるわけですもんね。
愛甲　よそいきの学校にはなってほしくない。昔は学校の便所って、タバコを吸うところだったんだから（笑）。
――当時から〝分煙〟が進んで、事実上の喫煙所だったと（笑）。
愛甲　ある意味、進んでたよ（笑）。
鈴木　当時、トイレでタバコを吸ってたヤツが捕まったことがあって、「他に誰がいたのか言え！」って言われたら、芋づる式に出てきたんですよ。それで同時に160人が停学（笑）。
――ダハハハハ！　もはやタバコで学級閉鎖ですね（笑）。
鈴木　そのとき、俺も吸ってたんで、俺も呼ばれるかと思ってたら呼ばれなかったんですよ。それで、呼ばれたヤツに「なんで俺は呼ばれなかったの？」って聞いたら、「いや、おまえの名前を出したら殺されるだろ」って、みんながそう思ってたらしい（笑）。
――名前を出したが最後、報復が怖い（笑）。

愛甲　俺は中1のときに万引きが流行って、1学年で170人がバレたっていうのがあったな（笑）。

——万引きって、流行るもんなんですか（笑）。

愛甲　でも、昔はそんな感じだよね。なんか悪いことをやるのに興味津々というかさ。あとタバコの話でいうと、甲子園に出たとき、ヒット打たれてピンチになったとき、安西がマウンドに駆け寄ってきて、励ましに来たのかと思ったら、「愛甲、ヤニ切れしてるだろ」って（笑）。

——「イライラすんなよ」と（笑）。

愛甲　俺、甲子園でも球場の通路でタバコ吸ってたからね。それで甲子園に出場中は、キャッチャーの片平と一緒の部屋だったんだけど、いつも旅館の部屋にあるトイレでタバコ吸ってたんだよ。そしたら優勝したあと、渡辺監督が「おまえらはどうも息が合ってるなと思ったら、ふたりでいつもタバコ吸ってたらしいな」って（笑）。

——息のあったバッテリーの要因は、タバコにあったと見抜かれましたか（笑）。

愛甲　いい学校だよ（笑）。いまの時代みたいにSNSがあったら大変だったよね。たぶん、みんな退学だよ。いまは、ちょっとケンカしたくらいで問題になるから。うちの学校なんか、たぶん先生がいなくなってるよ（笑）。

鈴木　確実に世間の槍玉にあがってますね（笑）。一度、体育教官室に用事があって、コンコンってノックしたら、「うるせえな、この野郎！」って聞こえたんでカチャッて開けたら、新任の先生が正座させられていて、竹刀を持った体育教師に説教されてましたから（笑）。

——先生が先生を正座させるって、凄いですね（笑）。

愛甲　だって、あの体育教官室がなんでできたかっていうと、他の教師が「体育の先生と同じ職員室は嫌だ」って言ってできたんだから（笑）。

鈴木　それで隔離されてたんですね。おかげで床屋がなくなりました（笑）。

愛甲　そのまえは、不良生徒の頭を刈る床屋だったから。

鈴木　いや〜、今日の対談はホントに楽しいなあ。横浜高校OBって、いろんなところにいますけど、後輩の格闘技選手、野球選手、タレントとかと、学校の話をしても、こういう話はまったく出てこなんですよ。先生も変わっちゃってるから。だから、あの時代を知ってる先輩と会えてうれしいですね（笑）。

愛甲　いやいや（笑）。俺も横浜高校出身のプロレスラー・鈴木みのるって、ずっと気になってたんだよ。一度、生で試合が見てみたいと思って。なかなか機会がなかったんだけど、去年やっと、とどろきアリーナの試合を観に行ってね。いやあ、やっぱりさすが、うちの学校出身だと思ったよ（笑）。

鈴木　先輩が観に来てくれて、うれしかったです。

愛甲　キャラクターがいいじゃん。このキャラクターじゃなかったら、ここまでおもしろいとは思わないよね。

——しかも作ったキャラクターでもないですからね。

鈴木　そう。試合での鈴木みのるは、作られたものだと思ってる人も多いんだけど、違うんですよ。リング外の自分のほうが作ってる。だいたい敬語でしゃべること自体がおかしいんです（笑）。

——ちゃんと社会生活を送るために、まともな人間のキャラクターを作っていると（笑）。

鈴木　それをプロレス会場で入場の扉が開いたら、素の自分を解放する。だからリングの上だけ、本来の自分を出せる。だからプロレスはいいですよ。先輩も良かったら一度参加しませんか？（笑）。

愛甲　俺、一回セコンドに付きたいと思ってたんだよ（笑）。

鈴木　それ実現したらヤバイですね。まずはふたりの睨み合いから始まりますよ。「目をそらすなよ！」って（笑）。

――愛甲さんが黒バット片手に現れたら最高ですよ！

愛甲　それで試合後、一緒に控え室でタバコ吸ってさ。ギャラもらったら、それ持ってソープに直行だな！（笑）。

愛甲猛

1962年8月15日生まれ。神奈川県逗子市出身。横浜高校時代にはチームを甲子園優勝に導く。1980年にドラフト1位でロッテオリオンズ(現:千葉ロッテマリーンズ)に入団。1996年に中日ドラゴンズに移籍し、1999年の優勝に貢献する。2000年に現役引退。現在は自身のYouTubeチャンネル『愛甲猛の野良犬チャンネル』にて動画を配信している。

鈴木みのる

デスマッチ
世界一のレスラー

×

葛西純

世界一のデスマッチファイター・葛西純と世界のベストバウトを獲った鈴木みのる世界一対談が実現。葛西のハガキ職人だった過去やプロレス界に足を踏み入れた理由。同じチームで旅をした『劇場版プロレスキャノンボール２０１４』などで話が盛り上がった。

写真：大甲邦喜

KILL

「コイツもきっとキ○○イなんだろうなって思ってた」（鈴木）

鈴木　今日はあれでしょ？　葛西がどれだけ変態かっていう話でしょ？（笑）。

葛西　それは……あんまり期待に応えられないと思いますね。

鈴木　そう？　でも、この顔がもう変態だからね。

葛西　変態を装ってる顔です（笑）。

鈴木　ワハハハハハ！　それにしても、葛西との対談なのに、なんでこんなオシャレなカフェでやってるんだよ（笑）。

――渋谷ヒカリエですからね（笑）。

葛西　『ＫＡＭＩＮＯＧＥ』にヒカリエデビューを奪われましたよ。俺は嫁さんと来るつもりだったのに……。

――大事に取っておいたのに（笑）。

鈴木　あこがれの、心に決めた人のために童貞を守ってたのに、うっかり風俗に連れて行かれたようなもんだな（笑）。

葛西　しかも、〝年増〟ばっかりっスよ！

鈴木　周りは女のコばっかりなのに、このテーブルだけオッサンだらけだもん（笑）。

――聞き手、カメラマンも含めて、全員が40代のオッサンという（笑）。

鈴木　まあ、俺にいたっては、ヒカリエ自体を知らなかったからな（笑）。だから関係ねぇや！　始めようぜ。

――よろしくお願いします（笑）。鈴木さんと葛西さんは、先日『劇場版プロレスキャノンボール２０１４』（注１）で同じチーム（鈴木、葛西、高木三四郎、マッスル坂井の「世界一性格の悪いクレイジー大社長チーム」）ですよね？

鈴木　一緒に旅した仲だよ。

――それ以前の関わりって、DDTの両国（2014年8月17日、高木三四郎&葛西純vs鈴木みのる&中澤マイケル）ぐらいですか？

鈴木　あれが初だよね。

葛西　絡んだのはそうですね。

鈴木　だから、それまで接点はなかったんだけど、『キャノンボール』のときに俺のクルマの中で、葛西が突然「20年前の自分に言ってやりたい」って言い出したんだよ。「何を？」って聞いたら、「俺が鈴木みのるのクルマに乗ってる！」って（笑）。

葛西　言いましたね、たしかに（笑）。

――昔、鈴木さんのファンだったりしたんですか？

葛西　ファンでしたね。俺っちは北海道生まれなんですけど、上京してガードマンの会社に就職して。プロレスばっかり観てて。もちろんパンクラスさんの会場にもよく行って。ま、いまでいうプオタですよね。

鈴木　噂によると格通（『格闘技通信』）とかに投稿してたっていうのを聞いたんだけど。

葛西　ハガキ職人でしたね（笑）。

――『格通』の「ゴリラとヘラクレス」という投稿コーナーですよね（笑）。

葛西　あのコーナー、俺っちが作ったみたいなもんですから（笑）。

――実際、当時の『格通』読者のあいだで「サル・ザ・マン」（葛西のペンネーム）って有名でしたからね。

鈴木　伝説化してるんだ（笑）。ちょっと見てみたいな。

葛西　いや、あんまり見てほしくないんですよ。

誤字脱字が凄いんで（笑）。

鈴木　でも、『格通』読んでたってことは、プロレスだけじゃなく、格闘技も好きだったの？

葛西　どっちも大好きで観てましたね。

――ボク、葛西さんとほぼ同世代ですけど、当時のファンは格闘技も観つつ、プロレスもインディーまで幅広く観てた人が多かったですよね？

鈴木　ああ。90年代はインディーも元気だったよね。FMWとかもいいときで。

――いまって、ファンが分散して、棲み分けされてますけど、昔は「立嶋篤史《あつし》（注2）からW★INGまで」みたいなのが普通でしたから（笑）。

鈴木　アハハハハ！　立嶋出てきた！　当時っぽい名前だなあ。

葛西　立嶋篤史も大好きでしたね。

鈴木　立嶋派だったの？　前田（憲作）派じゃなくて？

葛西　俺っちはどっちかっていうと立嶋派でしたね。ああいうヒネくれたことを言う人が好きでした。

鈴木　でもアイツ凄いんだよね。当時としては珍しい、日本人キックボクサー初の年間契約選手で。

――年俸1000万キックボクサーですよね。

鈴木　凄いカリスマ性というか。鬼気迫るものが毎回あって、試合も良かったから。しかも、いまだに現役だしね。

葛西　そうですね、親子でやってますもんね。

――いまでも、立嶋選手の情報を追ってるんですか？

葛西　いまは、自分から探るというより、入ってくる情報だけですけどね。

鈴木　当時、俺は前田憲作と一緒に練習してたんだけど、『格通』とかで対談とかになると、立嶋とか、グループ的にはあっち側に入れられてたんだよね。

――キャラクター的に、船木誠勝と前田憲作、鈴木みのると立嶋篤史って感じでしたよね（笑）。

鈴木　いま、さりげなく分けただろ？　正統派とねじ曲がった派に。

――いやいや（笑）。タイプの違い。トシちゃん（田原俊彦）とマッチ（近藤真彦）みたいなもんですよ！

葛西　わかりやすい（笑）。

鈴木　トシちゃんとマッチかあ。例えが古いな～（笑）。葛西はどっち派？

葛西　俺っちは……ヨッちゃん（野村義男）ですかねー。

鈴木　ワハハハハハハ！

葛西　まぎれもなく。

鈴木　アイドルだっつってんのにバンド組んじゃう（笑）。

――まさに『格通』読んでたのにデスマッチにいっちゃう葛西純という（笑）。

鈴木　たしかに、そうだな。ヨッちゃんは、いまだにギタリストとしてずっとやってるし。

――ギタリストとしての腕には定評がありますからね。まさにデスマッチで一目置かれる葛西純みたいなもんで。

葛西　いや、まさかヒカリエでヨッちゃんの話をすることになるとは思わなかったですよ。もう本題いきましょう！

――失礼しました（笑）。『プロレスキャノンボール』では、1日一緒に旅してみていかがでした？　そういう機会って、いままでまったくなかったわけですよね？

鈴木　ホントなくて、それまで葛西は雑誌の中の人だったから、「コイツもきっとキ◯◯イなんだろうな」って思ってたんだけど、話してみたら意外にキ◯◯イじゃなかったな。

葛西　あのメンバーで一番まっとうだったという（笑）。

鈴木　一緒に旅してて、なんかやらかすのはだいたい（マッスル）坂井だからな。ぶっ飛んでる感じは、あいつだから。

――監督が一番ぶっ飛んでましたか。

鈴木　俺は強引に推し進めるようでいて、意外と周りの状況を見るタイプだしね。

――葛西選手は旅のあいだ、高木さんと坂井さんがツイッターばかりやってるのが、ずっと気になってたんですよね？

鈴木　あれ、ツイッターでリツイートされたら得点になったり、対戦する相手に連絡を取らなきゃいけないから、あいつらはずっとケータイいじってたんだけど、葛西だけはツイッターのアカウントすらなかったんだよな（笑）。

葛西　俺っちはルールも把握しないで参加してたんで、鈴木さんが運転してる中、（高木）三四郎もマッソーも、ケータイをポチクリポチクリいじくって、不謹慎な野郎だなと思って。

――鈴木さんに運転させて、ケータイばっかりいじってるんじゃねえ、と（笑）。

葛西　途中でなんのためにやってるのかわかって、「ちょっと俺っちだけやんねえのもバツが悪いな」って感じになって、そこからツイッターを始めたんですけどね。

鈴木　俺のクルマの後部座席でツイッター登録したからね。

――そこでようやくツイッターデビューでしたか（笑）。葛西さんは、一緒に旅して鈴木さんの印象は変わりましたか？

葛西　その前に両国で試合させてもらってましたけど、鈴木さんに関しては怖い印象しかなかったんで。

鈴木　怖いって何？

葛西　俺っちがまだガードマンをやってた頃に、テレビ東京の『スポーツＴＯＤＡＹ』というスポーツニュース番組で、毎週水曜に「バトルウィークリー」っていうプロレス・格闘技を特集するコーナーがあったんですよ。そこで旗揚げ当初のパンクラスの特集とかをやってたんですけど、道場での姿をカメラで追ったときの鈴木さんが怖すぎてですね。國奥《くにおく》（麒樹真《きうま》）さんがすげー怒鳴られてて。ヤべえな、この人めっちゃ怖いなって。そういう印象が頭にこびりついてたんですよ。

――もう20年以上前なのに忘れられないくらい（笑）。鈴木さんが一番ピリピリしていた、リーゼント時代ですよね？

鈴木　あの頃はカッコつけてたんだよ。

――カメラが回るとよりトゲトゲしくなるというか。

鈴木　佐山サトルタイプだよ（笑）。

――伝説のシューティング合宿映像的な（笑）。それが、いざ会ってみたら違いました？

葛西　そうですね。俺っちのイメージの中の鈴木みのるさんだったら、マッソーがなんかやらかしたら、絶対ぶん殴ったり蹴ったりしてる。そういう人だと思ってたんですけど、そうでもなかったんで。安心しました、はい。

鈴木　最近、お金にならないことで殴らなくなったから。

――一発いくらで換算する（笑）。

鈴木　「とりあえずいまから殴るけど、カネくれ」みたいな（笑）。

――『プロレスキャノンボール』では、鈴木さんのクルマだったんで、全行程を鈴木さんが運転したんですか？

鈴木 うん、そうだよ。俺、運転好きだからな。

――でも、それは葛西さんとしては恐縮しますよね。大先輩がずっと運転手って。

葛西 それなのに、DDTの事務所を出発したときも、三四郎とかマッソーが遠慮なしに言うんですよね。「あそこでメシでも食って行きましょうよ」とか。言えないですよね、普通。

――タクシーの運ちゃんを1日おかかえにしたみたいな感じで（笑）。昔の鈴木みのるをファンとして知っている人間からすると、そんな口の利き方、信じられない、と。

葛西 信じられないですね。

「俺っちは維新力さんにそそのかされたのと、エイズ疑惑でプロレスラーになったようなもんです」（葛西）

鈴木 でも、『格通』を読んだり、格闘系を観たりしてたのに、なんでそっち側には行かなかったの？

葛西 もともとプロレスと格闘技両方好きだったんですけど、上京してきたときは、格闘技をプロでやりたかったんです。

鈴木 そうなんだ。結局、なんかやってたの？

葛西 いや、やってないですね（笑）。

鈴木 やってねえのかよ（笑）。

葛西 ありがちな、上京して、都会の誘惑に負けて（笑）。挫折しかけたときにいろいろあって、気持ちがプロレスのほうに戻ってきたんですね。ちょうど、維新力さんという方と出会ったこともあって。

鈴木　へえー、維新力が関わってるんだ。

葛西　維新力さんが吉祥寺でバーをやってまして、そこへ行ってたとき、維新力さんにそそのかされたんですよ。その頃、俺っちは若かったし、やることもなかったし。いまより身体もデカかったんです。だからリキさんが、あの調子で「おまえ、絶対プロレス団体の入門テストだけでも受けたほうがいいよ」ってそそのかしてきて。その気になって「プロレス、いいな」って。

鈴木　維新力、適当なこと言いやがって（笑）。

葛西　だから俺っちは維新力さんにそそのかされたのと、エイズ疑惑でプロレスラーになったようなもんです。

鈴木　エイズ疑惑ってなんだっけ⁉

葛西　あのー、ガードマンやってた当時、女っ気のない職場なんで、給料が入ると風俗ばっか行ってたんですよ。で、〝スペシャルメニュー〟を頼んでしまって。ガイジンが好きだったんで、「オニイサン、5千円追加すればいいことができるヨ」みたいな。で、あるとき非常に身体の調子が悪くてですね、「もしかして俺はエイズなんじゃないか」って思いまして。で、『ホットドッグ・プレス』とかで、たまにあるんですよね。「キミは大丈夫？　性病チェック」みたいな。

鈴木　『ホットドッグ・プレス』（笑）。

葛西　そのチェックで全部当てはまっちゃって。

鈴木　ワハハハハハハ！

葛西　やべえな、俺っちエイズじゃねえかって。それで西新宿に無料で検査を受けられるところがあったんで。

――西新宿（笑）。

鈴木　もう、地名が怪しいな（笑）。

葛西　そこへ行ってエイズ検査をしたんですけど、結果が出るまで1週間かかるって言われて。結果が出るまではもう、生き地獄ですよ。「エイズになっちまったら、どうしよう。もう死んじまうのかな。こんなことなら、好きなプロレスラーになっときゃ良かった、テストだけでも受けときゃよかった」と。それで「よし、これでエイズじゃなかったら、会社を辞めてプロレスのテストを受けよう」と思ったわけですよ。そしたら1週間後、テストが無事、陰性だったんで辞表を叩きつけて（辞表を置く動き）。

鈴木　いま、「叩きつける」って言いながら明らかに置いたよね？（笑）。下手したら丁寧に置いたよね？

葛西　凄い洞察力ですね……（笑）。

――きわめて常識的に円満退社したわけですね（笑）。

鈴木　見た目と違って、すげえまともなんだよな（笑）。で、最初はどこの団体に行ったの？

葛西　最初はバトラーツっていう、石川雄規さんの……。

鈴木　え、バトラーツなの？

――鈴木さんと関係なくもない、藤原組の分家ですよね。

葛西　でも、バトラーツに履歴書は出したんですけど、ダメでしたね。入門テストも受けさせてもらえなくて。

鈴木　なんで？　歳？

葛西　23歳でしたけど、背もなかったんで、書類で落とされて。でも、とにかく痛みの伝わるプロレスがやりたかったんで、バトラーツとは対極ですけど、大日本プロレスを受けさせてもらって。

鈴木　じゃあ、大日本スタート？

葛西　はい。

鈴木　まだあるもんね、大日本。

――バチバチいくのが蹴りなのかイスなのかっていう違いという。

鈴木　けどいま大日本とはダメなんだよね？（笑）。

葛西　いまはそうですね（苦笑）。いろいろありましてですね……。そして、いまにいたる感じです。

――では、エイズ疑惑で一度は捨てた命というか。人生、悔いがないようにレスラーになったわけですね。

葛西　そうですね、そこカッコ良く書いといてください。

鈴木　「エイズだったから、プロレス団体に入った」と（笑）。

葛西　エイズじゃなかったからですよ！（笑）。

鈴木　そうか（笑）。

――鈴木さんも、先日……。

鈴木　（さえぎって）エイズ？

――違いますよ（笑）。『KAMINOGE』に載った葛西さんのインタビュー（vol.38）を読んで共感する部分があったと言われてましたよね？

鈴木　ザッと読んだんだけど、やっぱりあそこだよ。見出しにもなってた「デスマッチを『死ぬ気でやる』っていうのが違う。俺は生きるためにやってるんだ」ってとこだよね。それは俺のプロレス観と同じだなって。デスマッチももの凄い危険だけど、格闘技もプロレスも危険じゃない？　俺はケガしに行くわけじゃないし、負けるために行くわけじゃないし。いまのヤツって簡単に「死ぬ気でがんばります」とか「これに自分の人生をかけます」とか言うけど、「ウソつけ」って思うじゃん。だからそこが凄くわかりやすかったというか。

――葛西さんのシンプルな言葉が、本音として入ってきたわけですね。

鈴木　俺はデスマッチをやったことないけど、デスマッチファイターと呼ばれるヤツ、いっぱいいるもんね。デスマッチ団体もデスマッチの試合もいっぱいあるし。それで葛西はバルコニーから飛んだり、さんざん危険なことをやってるけど、その答えが出てきたってことに対して、凄く「おっ」と思った。

――鈴木さんはデスマッチに対しては、どんな考えをお持ちですか？

鈴木　（即答で）痛い。

――痛い（笑）。

鈴木　なんだあれ。痛いよ、絶対。

――間違いないですね（笑）。

鈴木　だって、葛西なんて傷があんなにいっぱいあるんだよ？

葛西　ハッハッハッハ！

鈴木　俺なんか普段の生活で、ちょっと指先切っただけで大騒ぎだよ（笑）。もちろん、普通のプロレスも格闘技も痛いんだけど、痛さの種類が違うんだろうな。

――葛西さんは、最初にデスマッチに身を投じて、身体に傷がついたとき、どう思ったんですか？

葛西　初めてのデスマッチは、あんまり印象ないですね。でも、プロレスで初めて流血したのが、アブドーラ・ザ・ブッチャーとやったときなんで。そのときはやっぱり、昔からあこがれてた人と対戦して流血させられたってことで、「俺もついに！」みたいな気持ちは少なからずありましたね。

鈴木　流血させられて喜んでるんだから、変態だよ（笑）。

葛西　まあ変態ですね。

――「俺はあのブッチャーの凶器で血を流してる」と。

鈴木　まあ、ブッチャーは、俺のペットなんだけど。

葛西　あ、組んでましたもんね。

――全日本プロレス時代に組んで、素晴らしいコンビでしたよね。

鈴木　なぜかすんげー俺の言うこと聞くんだよ。みんながびっくりしてたもん。「ブッチャーはなんでおまえの言うこと聞くんだ？　誰の言うことも聞かないのに」って。

――歳もキャリアもはるかに上ですしね。

鈴木　でもなんか気に入ってくれて。シリーズ中ずっと一緒だったから、メシを食いに行ったりとかしてさ。そのとき、なぜ凶器を使うのか、説明してくれたんだよ。

葛西　どういう理由があるんですか？

鈴木　「お客はバイオレンスなものと非日常を観にプロレスに来てるんだ」と。「だから、俺はフォークを使うんだ」って。で、「じゃあ、俺は？」って聞いたら、「おまえは凶器を使わなくても、充分バイオレンスだ」って（笑）。

葛西　ワハハハハ！　たしかに（笑）。

鈴木　「あんなに笑いながらボコボコ殴るヤツは初めてだ」って言われたからね（笑）。

――でも、非日常っていうのは、プロレスの原点ですよね。

葛西　そうですね。

――それこそ、葛西選手がやってるデスマッチというのは非日常の極みで、ほかのどこにもないものですよね？

葛西　でも、だから難しいところですよね。絶対、万人受けはすることはないんですよ。やってることがやってることなんで。

――非日常すぎるというか。

葛西　もちろんテレビでも流せないですしね。だから、デスマッチはアンダーグラウンドでいいんですよ。

鈴木　でも、それも含めてプロレスという社会が成り立ってるというか。支えてる大きな柱のひとつだと思うね。デスマッチという形式自体は、昔からある試合形式だし。いまと昔の何が違うって、昔は五寸釘デスマッチだと、落ちなかったんだよ。いまは落ちるからね。背中にいっぱい穴があいてんだもん。ありえないよ、あんなの。昔は（アントニオ）猪木さんも上田

（馬之助）さんも落ちなかったんだから。

——昔は、実際に落ちたらどうなってしまうのか、誰にもわからなかったんでしょうね。だから、ここ20年くらいのデスマッチというのは、自分たちの肉体を実験台にして、「人間はどこまで耐えられるのか」を試してきた歴史というか。それを踏まえて、デスマッチを闘うレスラーの技術が上がってきたんでしょうね。

葛西　そうですね、だから一番最初にやる形式ってのは怖いですね。何が起こるかわからないんで。

——方向性はまったく違いますけど、パンクラスを始めたときも、同じような試行錯誤があったんじゃないですか？　パンクラス旗揚げ当時は、毎大会が人体実験の連続というか。

鈴木　あったね、そんなときも。だから旗揚げ戦で、初めてあの形式で試合をしたとき、「おまえら、ついにやってはいけないことをやっちゃったな」って言われたもんね。

——それは、ホントに釘板に落ちると同じように、ホントにやっちゃったな、と。

鈴木　でも、デスマッチ……あれは痛いよ！　ぶっちゃけ何が一番痛い？

葛西　俺っちがやった中では……ガラスですかね。

鈴木　あああああ！　もう、聞いただけで寒気がゾゾゾってきた。

葛西　蛍光灯とかだとスパッて切れるんですよ。でも、ガラスの破片のうえでバンプを取り続けていると、肉が削れるんですね。だからめちゃくちゃ痛いし、治りも遅いんですよ。

鈴木　肉が削れるって……おまえ、ハンバーグを食ってる人間の前で話すことじゃないよ！（笑）。

葛西　ワハハハハ！　すいません（笑）。

鈴木　肉食いながら、葛西の背中の肉のことを考えちゃうよ。そんな上品にできてないから、平気で食べるけど（笑）。

――デスマッチもやはり選ばれた人しかできないというか。葛西選手は紆余曲折を経て、ある意味、天職にたどり着いた感じですよね。

葛西　まあそうですね。これでまだガードマンなんてやってたら、ロクな生活してないでしょうからね、俺っちの場合。

「全然大したことやんないんだけど、客がうれしそうなの」（鈴木）

――鈴木さんと葛西さんに共通するのは、デスマッチとプロレス、スタイルは違いますけど、自分のやってる仕事が大好きですよね？

鈴木　まあまあ。プロレスは好きだね。

――自分がやってることに自信もあるし、好きなことに没頭しているという共通点があるのかな、と。

鈴木　俺と葛西の共通点はね、初めて葛西のプロレスを目の前で見たときに見つけちゃった。

――ほう。なんでしょうか？

鈴木　俺は凄い空中殺法を使ったり、技をたくさん出したりするわけじゃないけど、この男も、じつは大したことやってないいんだよ。

葛西　ああ〜。

鈴木　全然大したことやんないんだけど、客がうれしそうなの。凄いこと、身体張ったことやっても、客がウンともスンとも言わないヤツっていっぱいいるのに。どこにでもあるような技を使うのに、客は葛西のことを見てるっていうところが共通点というか。俺もそういうのが好きで、目指してることなんだよ。

――ありきたりのことをやっているようで、特別という。

鈴木　でもそういうヤツじゃなかったら生き残れないよ、この業界。人と違ったことをやると一瞬目立つけど、飽きられるんだよね。同じことで違いを見せられると、飽きられない。……ホント、葛西って大したことやんないんだよなあ。

葛西　ワハハハハハ！

鈴木　もちろん、デスマッチだと凄いことやってるんだろうけどさ。俺とやったときは、デスマッチじゃないから。ホント普通に誰もがやるような技をやるんだけど、客はみんな葛西を見る目がうれしそうなんだよね。その光景を見て、「これはやっぱり違うわ」って。で、帰ってからYouTubeとかで、葛西の試合をいくつか観てみたけど、同じだった。

――ちゃんとYouTubeで観たんですね。

鈴木 検索したら出てきたから。

――鈴木さんって、そうやって気になる選手を凄く研究・観察しますよね。

鈴木 するね。いくつか観た。DDTの両国では、路上プロレス（※2人の初対決の両国大会では、国技館全体を使った路上プロレスルールだった）で闘ったんだけど、一緒に国技館内を移動しながら、客がもう葛西コールで、すげぇアウェー感を感じたよ（笑）。

葛西 あの瞬間は忘れもしませんよ。外で闘ったあと、国技館に入ってすぐトイレがあるんですよね。そこでチョップ合戦をやってたときに葛西コールが起きたんで、「えっ、みんな葛西コールしてるよ。俺、鈴木みのるより……」ってちょっとテンション上がりながらチョップ合戦してました。

鈴木 トイレって入り口一個しかないから、ぶっちゃけ周りに人はそんなにいないんだけどね（笑）。

葛西 それでも感慨深かったです。昔から観てる人なんで。

鈴木 俺のほうがキャリアも長いし、メディアとかもずっと出てるわけじゃん。それに対して、葛西ってそんなに出てないのにさ。地上波なんか、もちろん出られないし（笑）。なのに、どこに行ってもお客が葛西コールのタイミングとかがわかってるから、あれが凄いと思ったね。

――ライブでつかんできたお客さんなんでしょうね。

鈴木 ただ騒いでるだけじゃなくて、本当に「葛西が好きだ」っていう葛西信者がいるように感じたね。実際、俺の知り合いの女の子にも

KILL
DESTROYERS

葛西純の大ファンだって子がいるんだよ。いっつも「葛西さん、葛西さん」って言って、俺は見向きもされません（笑）。

葛西　ワハハハハハ！

鈴木　今日はその子用に、葛西の写真を撮って帰るよ。それでポイント稼ぐよ。せっかくだから動画でいくか。（スマホを構えて）はい、3、2、1、スタート！

葛西　いやいや。これが10年前だったら「鈴木さん、ちょっとその子紹介してくださいよ。一緒にメシでも行きたいんですけど」って言ってたでしょうけど、いまはてんでダメですね。そんな元気はないです。……以上です（笑）。

鈴木　「いつも応援ありがとう」ぐらい言ってよ。はい、3、2、1、スタート。

葛西　「どうも、葛西純です。いつも応援ありがとうございます。5月1日にですね、FREEDOMSの後楽園ホール大会があるので、ぜひともお友達と……ご両親でもいいですから、お誘い合わせのうえ、ぜひご来場ください」。

鈴木　CMかよ！（笑）。サムライTVのコメントじゃないいんだから。

葛西　「ご来場お待ちしております」とお伝えください（笑）。

鈴木　あーあ、なんでこれがいいんだ？（笑）。俺のほうが絶対にカッコいいのにな～。

――納得がいかない（笑）。

「プロレスを辞めるまでは、ずっとああいう試合をやっていこうかなって思ってますね」（葛西）

鈴木　あと、葛西は今後はどうするの？　普通のプロレスやらないの？　痛いのしかやらないの？

葛西　いや、そんなこともないですけどね。

鈴木　だいたい、今日着てるTシャツにも「KILL」って書いてあるからね。おかしいよ。

葛西　でも俺っちに一番合ってるのがあのスタイルなんで。プロレスを辞めるまでは、ずっとああいう試合をやっていこうかなって思ってますね。

鈴木　やっぱり、凶器というか、アイテムをうまく使っていく感じ？

葛西　そうです、そこですよね。過激な方向ばっかり行っちゃうと、それこそ最後はリング上で死んじゃうんで。だからいかに、アイテムを駆使して「ああ、なるほど。こういう使い方があったんだ」って見せ方をしていかないと、もう難しいですよね。

鈴木　客もね、エスカレートしていったら最後は死ぬぐらいまでやらないと、納得しなくなっちゃうもんね。

葛西　そうですね。それは（通常の）プロレスにも言えることですよね。

鈴木　そう。だんだん垂直落下になって、次は雪崩式垂直落下になって。最終的には手を離して落としてね。

葛西　だからデスマッチも、ひとつのアイテムで、どれだけお客さんが凄いと思うことを表現できるかってことですよね。

鈴木　基本、なんか自分の決まった凶器ってあるの？

葛西　いや、特にないです。

鈴木　試合に合わせてアイテムを選ぶわけか。

葛西　そうですね。ただ俺っちは、カミソリの刃を埋め込んだボードを……。

鈴木　痛い痛い痛い痛い痛い！　カミソリボー

ドなんて、想像しただけで痛い。

葛西　あれを世界で最初に出して、自分で食らっちゃった人間なんで。

鈴木　自分で食らったのかよ（笑）。

葛西　それは俺っちの象徴的アイテムではあります。

鈴木　カミソリボード……。あぁ〜〜〜〜ッ！　恐ろしいな。「カミソリのように切れるエルボー」とかじゃないんだ？（笑）。

葛西　そのものです（笑）。

鈴木　そっちかー。それこそ、さっき言ったブッチャーと話したときに、「なぜフォークを使うんだ」って聞いたら凄く衝撃的なことを言ってくれて。

葛西　なんで言ったんですか？

鈴木　「これはなんのために使うんだ？」「食事をするため？」「そうだ、肉を刺すんだ。食事のときに使うもので人を刺したら、おまえどう思う？」「『コイツ、頭おかしい』って思う」「だから使うんだ」って。

葛西　はあー。

鈴木　「日常的なもので人の頭を刺すと、それが一番バイオレンスだ」と。あとボールペンも一緒だって言ってた。アイツ、ボールペンもテープ巻いて、頭とか目にやるじゃん。あれも誰もが使う日常的なものを使って、非日常の世界を生み出すんだって。そういうこだわりがあるんだよね。

――なるほど。

鈴木　だからフォークの向きとかも、よーく見てると凄く細かいよ。咥えるときと、構えてるときと、刺すときと、向きを全部変えるの。一番いい角度がわかってるんだよね。

――へえー。プロですね〜。

鈴木　日本においてのヒールレスラーの草分け的な存在だからね。ブッチャーとかタイガー・ジェット・シンは、ザ・シークみたい。でも、あのスタイルの根本は、それだけなんか持ってたんだろうね。俺は子どものときの印象しかないけど。

――あのスタイルの元祖というか。オリジナル。

鈴木　若い頃は凄みもあったらしいよ。昔、（カール・）ゴッチさんが言ってたんだけど、アメリカでシークと試合をやったとき、投げてグラウンドで極めにいったら突然、シューズの中に手を突っ込んで、「俺は、この中にナイフ持ってるぜ。それ以上やったら刺すぞ」って脅してきたって。

葛西　おおおーーーー（笑）。

鈴木　ゴッチさんも、刺されたくないから「どうしよう、どうしよう」って、思わず離したって。

葛西　いい話っスねえ（笑）。

鈴木　凄いよね。ゴッチさん本人が言ってたから。

葛西　それをシークが言ってたんならね、「デタラメ言ってたんだな」ってなるけど、ゴッチさんが言ってたなら信憑性ありますよね。

鈴木　そのあとはゴッチさんの作り話だと思うんだけど、「そのあとどうなったの？」って聞いたら「ギュギュって極めてやっつけてやったよ」って（笑）。それはやってないと思う。昔はうやむやになる試合、いっぱいあるじゃん。両者リングアウトとかで。

葛西　はいはい。

鈴木　だから、決着はついてないと思うけどね。

――じゃあ、もし鈴木みのるvs葛西純の一騎打ちが実現したら、現代のゴッチvsシークって感じで、葛西選手のシューズからカミソリが出てくるかもしれないですね（笑）。

鈴木　痛いよ！（笑）。やめて。でも、意外と好きだったりしてね。

――デスマッチをやってみたら、ハマるかもしれない。

鈴木　いや、やっぱダメだな。俺は（後楽園ホールの）バルコニーから飛べないよ。あんなの意味わかんない（笑）。

葛西　まあ意味はわかんないですよね（笑）。勝負論から言ったら、あんなことやって、相手にダメージを与えるとはいえ、自分も相当なダメージを食うのは目に見えてますからね。本気で勝とうと思ってるならあんなことやらないですよ。でも、そこにお客さんがいるからやってしまう。

鈴木　そりゃそうだよね。客がいるからプロレスなんだよね。ノーピープルじゃまったく意味がない。

葛西　ホントですよ。

鈴木　そんな話も『キャノンボール』のクルマの中で葛西に聞いた気がする。「なんで飛べるんだ？」って聞いたら「怖いと感じるまえに飛ぶんです」って。

――なるほど。「さあ飛ぶぞ」っていうときが一番怖いですもんね。

葛西　はい。飛べば確実にお客さんが熱狂するじゃないですか。だから飛びたいと思う自分がいるんですよね。いい女がいて、「俺はなんでこの女とセックスしたいんだろう」って考えるヤツいないじゃないですか。いい女だからセックスしたいんですよ。だから、フラれるとか考えるまえにいっちゃうんですよ！

鈴木　だから葛西純と俺は、風が吹いてもチ◯

ポ勃つんですよ。ワハハハハッ！

葛西　いや……俺っちはもう引退ですね（笑）。

鈴木　マジか！

葛西　てんでダメですねー、悲しいかな。食欲と睡眠欲と物欲しかないです。性欲どっか行っちゃいました。

鈴木　それはちょっとオスとしてダメだね（笑）。

――鈴木さんは落ちないですよね。体力から何から。

鈴木　最近、上がった気がする。最近走るの速くなったもん（笑）。

――それは元気すぎです（笑）。

鈴木　葛西は海外とかは？

葛西　アメリカは何回か言ってますね。

鈴木　海外でウケそうだよね。海外のインディー界隈とか凄いじゃん。デスマッチ好きなヤツいっぱいいるじゃん。

葛西　一応、向こうのなんかデスマッチのサークルみたいなのがあるんですけど。そこでは去年のMVPに俺っちを選んでくれて。

鈴木　おっ、すげえ！

葛西　一応、デスマッチではいま……。

鈴木　世界一？

葛西　………。

鈴木　言っちゃえ言っちゃえ！（笑）。

葛西　でも後楽園ホールで鈴木さんと対面した（高木三四郎のパートナーとして発表された）とき、たしか自己紹介で言いましたよね？「はじめまして、世界一のデスマッチファイター、葛西純です」って。俺っちも天狗になってたんで言わせていただきました（笑）。

鈴木　ワハハハハ！　すげえ、世界一だよ。

――となると、昨年度のデスマッチ世界一と、昨年度の世界一のベストバウト（注3）を獲っ

た男の対談だったんですね（笑）。

鈴木　世界一対談だよ（笑）。

――世界が認めたふたりなわけですね。

鈴木　でもね、誰がどんな評価をしようが、ファンの評価が一番だよ。「次は葛西がこんなデスマッチに出る」「次は鈴木がこんな試合に出る」ってチケットを買ってくれる人が、イコール自分の評価だから。それがホントに一番。去年、プロレスに関するいろんな賞がある中で、唯一、俺に賞をくれなかったのは、日本の『（東スポ）プロレス大賞』だったんだよ。だからどうでもいいよ。賞を取ったところで……でも、あの賞もらうと賞金つくんだよな（笑）。

葛西　ワハハハハハ！

鈴木　副賞が意外にデカいんだよね。俺、プロレス大賞でMVP獲ったとき（2006年）、もともと旅行の計画立てて、千葉の鴨川シーワールドと、近くのホテルを予約して、年明けに温泉旅行に行こうと思ってたの。でも、賞をくれるってなったら、キャンセルして沖縄行っちゃった。

――正月旅行がグレードアップ（笑）。

鈴木　鴨川シーワールドから、沖縄の美ら《ちゅら》海《うみ》水族館になった（笑）。それはホントの話。「ヤベえ、お金入ってくる！　使わなきゃ」って。

――まあ、賞金を別としたら、評論家や記者の1票より、ファンの皆さんが買ってくれるチケットの一枚一枚が重要ってことですね。

鈴木　それが一番。どんなに評論家に評価されても、客を集められなかったらプロじゃないもんね。どんなにうまくても、どんなに強くても。お金に換算できないヤツは、俺の中では評価に値しないんだよ。カネを生み出せるかどうか。それがプロだよ。だから、葛西のことを「あんなのプロレスじゃない」とか「あんなのデスマッチじゃない」って言うヤツもいるだろうけど、観に来てくれた客の評価がすべてだよ。

葛西　ホントそうですよね。

鈴木　でも、サル・ザ・マンがデスマッチ世界一になるって、すごいな（笑）。

葛西　ハガキ職人ですから（笑）。

鈴木　まさかの伝説のハガキ職人がこんなことになるとは、誰もわからないよ。だから未来はホントにわからない。もしかしたらまた、葛西とどっかのリングで一緒になるかもしれないしね。上がるリングがちょっと違うだけで、同じ世界にいるんだから。

葛西　ホントわかんないですよね。2年前にこの対談が行われるって想像してた人いないでしょ。

鈴木　去年のDDTの両国からだよね。だからまた、葛西とどっかで絡むこともあるでしょう。

――また次回の『プロレスキャノンボール』とかあるかもしれないですよね。

鈴木　あるよ。絶対にやらせるよ（笑）。だってコイツ、1日目で帰ったんだもん。

葛西　そうなんですよね。

――『プロレスキャノンボール2014』は2日間の日程でしたけど、葛西選手は試合があるから、初日だけで帰京したんですよね。

鈴木　あのあとツラかったんだから。2日目は福島まで行ってさ、結局、朝方まで大家（健）とどうでもいいやりとりがあって（笑）。「かったりい」と思ってたんだから。

――鈴木さん、マジでイライラしてましたもんね（笑）。

鈴木　ホントだよ（笑）。ま、坂井が「次は大阪目指します」とか言っちゃったからね。次回の『キャノンボール』は、ゴールをなんばグランド花月にするって。ホントかどうか知らないけど。でも、あの映画、いますごく評判いいから、実現するんじゃねえの？

葛西　じゃあ、そのときはぜひ、またご一緒させてください。

鈴木　なに？　また、俺に大阪まで運転させようっていうの？

葛西　いや……。

鈴木　まあ、いいや（笑）。また、おもしろいことやろうぜ！

（注1）DDTプロレスリングが製作し、マッスル坂井が総監督を務めたドキュメンタリー映画。プロレスラーたちがチームに分かれて2泊3日、車で旅しながらプロレスの試合を行い、ポイントを競うレースを主軸としている。

（注2）90年代前半、キックボクシング人気を牽引したカリスマ的キックボクサー。51歳となった現在も現役を続け、2023年4月には通算100戦目の試合を行った。

（注3）2014年8月1日、新日本プロレスの後楽園ホールで行われた「G1クライマックス」公式戦、鈴木みのるvsAJスタイルズ。米国『レスリング・オブザーバー』で「2014年ベストバウト」に選出された。

葛西純

1974年9月9日年生まれ。北海道帯広市出身。「デスマッチのカリスマ」の異名を持つほど、過激な試合とパフォーマンスに定評がある。2009年に佐々木貴と共にFREEDOMSを旗揚げ。世界一のデスマッチファイターとして、国内外で人気を集める存在。2023年8月には、デビュー25周年を迎える。

鈴木みのる × エル・デスペラード

撮り下ろし
巻末
スペシャル
対談

ストロングなオレの仲間

鈴木みのる、エル・デスペラード、成田蓮《れん》の共闘宣言により始動した新ユニット『STRONG STYLE』。早くも「NEVER無差別級6人タッグ王座」を戴冠するなど輝きを放っている。今後の新日本プロレス、そしてプロレス界の中心的な存在になるであろう2人の対談に耳を傾けてほしい。

撮影　芹澤裕介

HARAJUKU
NCE2015
GotchStyle
Piledriver
STYLE

「強くなりたいから、自分から鈴木さんに練習をお願いした」（デスペ）

――おふたりの対談はこれが初ですか？

鈴木　やったことないよな？

エル・デスペラード（以下、デスペ）　対談はないですね。

――それは意外ですね。

鈴木　変な話、鈴木軍でやってたときもメンバーの誰とも対談したことないよ。ただ、デスペラードとは控室でもよくしゃべるし、プライベートでも一緒にいることが多いよな？

デスペ　ちょこちょこお店（『パイルドライバー』）に遊びに来させてもらったり、釣りに行ったり。よくご一緒させてもらってますね。

――もともとお付き合いが始まったきっかけはなんだったんですか？

鈴木　馴れ初め？　ボクがラブレターを書いて……（笑）。

デスペ　一回断ったんですよ。でもしつこくて（笑）。

――そういうBL的なお付き合いじゃなくて！（笑）。

鈴木　俺が2011年に新日本プロレスに出るようになってから、すぐだと思うんだけど。

デスペ　ボクは当時付き人をやらせていただいていた方が他団体に出場した際、ボクも付いていったんですけど。その団体に鈴木さんも出られていて、試合前にリング上で一人でアップされてたんです。そのとき、付かせていただいてた方に、「鈴木は『練習お願いします』と言ってくるヤツを断るようなヤツじゃない。練習したいなら行ってこい」と言っていただいて、ボクからお願いしたというのが始まりですね。

――「鈴木さんと練習したい」と思った理由はなんだったんですか？

鈴木　頭がおかしかったんじゃないの？（笑）。

デスペ　いやいや（笑）。だって、そもそも「プロレスラーになりたい」と思った理由に、「強くなりたい」「リング上でカッコ良くありたい」以外に何かあります？　それが原点です。

鈴木　練習を付けると言っても俺はコーチじゃないし、パーソナルトレーナーでもない。だから手取り足取り教えるんじゃなく、実戦スパーリングばっかり。俺自身が若手の頃、藤原（喜明）さんら先輩とスパーリングやらせてもらって、極められて、ギャーギャー叫びながらその中で見つけたものがたくさんあるんで。そうなればいいや、と。たぶんデスペラードは、パンクラスの選手も含めて、俺と一緒にスパーリングした期間は過去最長だと思う。たぶん、丸々5年くらいやったよな？

デスペ　そうですね。

鈴木　昔からいろんな団体で「練習お願いします」って来るヤツ自体はけっこういたんだよ。だけど、だいたい1日終わったら次の日は来ない。

――〝体験〟だけして終わりの人がけっこういますか。

鈴木　あと元格闘家でプロレスのリングに上がってたヤツらもたいてい俺んところに来るよ。「どんだけのもんだよ」って感じでね。

――「練習お願いします」じゃなく、鈴木みのるがどんなもんか試してやろうと。

鈴木　「どうせ昔の名前じゃん」っていう感じで来るヤツは、二度とやりたくないと思わせるくらいに徹底的にやるけどね。

デスペ　もう辞めちゃったヤツだから名前は出さないですけど、試合前の練習のときに鈴木さんのところに来て、「ガチンコ教えてください！」って言ってきて。そしたら近くにいた別の選手が、「テメエ、なんだその言い方は！」ってキレるという事件がありましたね（笑）。

――「〝ガチンコ〟ってどういう意味だ？」ってことですね（笑）。

鈴木　だからぶん殴ったんだよ。「はい、これがガチンコ」って。コイツ、馬鹿だなと思ってね。あと、他にもともとどこかの格闘技道場に通ってたヤツが「スパーリング、一回いいですか？」って来て、俺がガッチリ極めたら「ギブギブ！　マジギブ！　マジギブ！」って言ったヤツがいるんだよ。

――「マジギブ」（笑）。

鈴木　そしたらまた、ちょっと名前は言えないけど、Kってヤツがそれにブチキレてね（笑）。

デスペ　さっきブチキレた人と同一人物です（笑）。「テメエ、なめてんのか！」って。

――ギブアップに「マジ」も「マジじゃない」もあるのか、と（笑）。

デスペ　「マジギブ」にはボクも馬鹿負けして笑っちゃいましたよ。

鈴木　そっから来ねえな、あいつ。だから、こんなに長く来るのはデスペラードくらいだよ。

「『来たらやっちまえ』って言っても、出せなきゃしょうがない」（鈴木）

デスペ　そうやって、ずっとスパーリングをやらせていただいてたんですけど、鈴木さんからある日突然、「お前とグラップリングするの飽きた」って言われて、そこからスタンドの打撃スパーリングをやらせてもらうようになったんですよ。ボクはそうやって、鈴木さんに稽古をつけていただいて、寝技も立ち技も教えていただきましたね。

鈴木　俺がデスペラードとやってる練習は、とにかく実戦で回数をこなしていく苦しい練習なんだよ。それはどんな技術を身に付けても、試合中の苦しいときに出せなきゃしょうがないから。「来たらやっちまえ」って言っても、出せなきゃしょうがない。そして、その技術はいつ必要になるかわからないし、必要じゃない場合のほうが多い技術ではあるけど、その強さはレスラーに絶対に必要なんだっていうことを、若い頃にアントニオ猪木さんと藤原さんから徹底的に仕込まれた。

――それをいまも続けている、と。

鈴木　プロレスって表現の世界でもあるけど、その技術を本当に身に付けているのとモノマネでやっているのとでは、全然違ってくるんだよ。見よう見まねでやってるヤツは、「誰々に習った」とか「ここで鍛えられた」とかアピールすることで、お客さんに対して「本物だ」という錯覚を起こさせることができるので、その部分だけを欲しがるヤツもいる。昔だと「カール・ゴッチ直伝」だとか、「俺の師匠はアントニオ猪木だ」とかね。

――そういう名前を使って、ことさらにアピールする、と。

鈴木　いまだと「鈴木から教わった」なんて言うヤツもいっぱいいるんだよ。最近、デスペラードが教えてくれた謎のツイートがあるんだけど。ある海外のスーパースターが、「大会が始まるまえに、リング上でサブミッションレスリングを繰り返していた俺のことを、ミノル・スズキが『リアル・シューター』と呼んでいた」って語ってるんだよ。俺はそんなことひとことも言ったことないし、「おまえ、やったことねえじゃゃん！」って感じなんだけど。そういうステータスという部分で、俺の名前を使ってくれるのはありがたいな、と思うよ。でも、そのエピソードって、まるっきり逆なんじゃないかと思う。本当は俺とかデスペラードが毎日、試合前のリング上でスパーリングしているのを見て、あいつが俺たちのことを「リアル・シューター」って思ってたんじゃねえの？

デスペ　たぶん、あの選手が新日本にいた頃、ボクは毎日鈴木さんに極められて悲鳴をあげていただけですけどね。

鈴木　そうやってデスペラードが悲鳴をあげると、周りで見ていた外国人選手とかは、クスクス笑ってたよな。「何やってんだ、こいつら？」って感じで。だから俺はデスペラードに「周りのヤツなんか気にすんな」って言ってたんだよ。俺が若手の頃もそうだもん。やらないヤツが笑う、やってた人は誰も笑わない。

デスペ　結局、笑ってたわりに、よそに行ったら自分の武勇伝にしちゃってるってことは、うらやましさもあったのかなって。

鈴木　名前だけ欲しいんじゃねえの？

「『目玉ひとつくらい引っこ抜いてやろう』ぐらいの気概はあった」（デスペ）

――そうやって、ことさらにアピールする選手がいる一方、デスペラード選手は本当に長いあいだ、鈴木さんとスパーリングを続けていながら、そういう練習をしているってことを、これまでほとんど表に出さなかったですよね。

デスペ　だって言う必要ないじゃないですか。自分にとっては、やっていればそれでいい。

鈴木　もしデスペラードがそれを表に出して、それこそ「俺はシューターだ」みたいなことを言い出したら、俺は切ってただろうね。何人かいるんだよ、俺とスパーリングするようになって、まだ2回ぐらいしかやってないのに、急に試合で跳びつき腕十字とかやりだして、「俺、毎日スパーリングやってるんで」みたいに言うヤツが。そういうヤツには「二度と来なくていい」「おまえに教えるものはひとつもないんで」って言う。

――〝やってる感〟出すために利用されたら、たまったもんじゃないですもんね。

鈴木　俺もデスペラードも強くなることが「必要だ」と思って、ずっと練習してきた。俺も若い頃、いい気になったり、天狗になったりすることが何度かあったけど、その都度、その鼻を折られてきた。俺は21歳のときにキックボクシングの世界チャンピオン、24歳のときにアマチュアレスリングの世界チャンピオンとプロレスじゃないルールで闘う機会があって、そのとき本当に世界を見たというか、大きな違いを痛感させられたんで。強さは絶対に必要だなと。キックボクシングの練習だって、それがきっかけで道場の練習が終わってから、周りに黙って行ってたから。最初は技術なんかなにもなかったけど、根性で食らいつくしかなかった。

デスペ　根性論は昨今、否定されがちですけど、根性なかったら勝てねえじゃんってところじゃないですか。

鈴木　根性なかったら、苦しいときになにもで

きないよ。いま、「自分のペースで練習するんで」とか「自分のやり方があるんで」とか言ってるヤツがたくさんいる。そういうヤツがいっぱいいることによって、いつまで経っても俺に仕事があるからいいんだけどね。言っちゃ悪いけど、プロレス界、馬鹿ばっかりだよ。

デスペ　自分のことを「馬鹿じゃない」とはまったく思わないですけど、そういう馬鹿な自分から見ても馬鹿が多いですよ。

――デスペラード選手は海外遠征に出たとき、若手時代から鈴木さんと続けてきた練習が支えになったりしましたか？

デスペ　さっき鈴木さんがおっしゃられてたような、「来たらやっちまえ」というのは、ありましたね。向こうがやってきたら、たとえ技術的、体力的に敵わなかったとしても、目玉ひとつくらい引っこ抜いてやろうぐらいの気概はあったんで。メキシカンでもトッポいヤツはトッポいんで、指一本曲げるとか、平気でやってきてたんで。

――海外マットだと、自分で自分の身を守らなきゃいけませんもんね。

デスペ　なめられたらおしまいだなと思って。メキシコだと、リング下に石ころが転がってるような地方大会にブッキングされて、お昼ごはん代にもならないようなギャラってこともよくあったんですよ。そういうところに行って、対戦相手もプライドがあるのはわかるけど、こっちは向こうを尊重してるのに、「わざわざこんないらんことする必要ないだろ」と思うこともあったんで。

――周りに「あいつに変なことしたら、ヤバいぞ」と、思わせるくらいじゃないとダメなんですね。

デスペ　そういう気構えができたのは、やっぱり鈴木さんとそういう練習をして「なめられるな」って言われてきたのが、いちばんデカいんですよ。プロレスラーはなめられたらおしまいっていうのは、レスラーからもそうですけど、観客からなめられてもダメなんで。

鈴木　俺、試合でいろんな国に行くけど、いまだに俺に仕掛けてくるヤツいるからね。

デスペ　鈴木さんの場合、そういうのを返り討ちにするのが楽しいんじゃないですか？（笑）。

鈴木　細かい仕掛けが多いんだよ。「負けても鈴木にいいキック当てられたら、俺すげぇ」みたいな感じでくるのもいるんで、いちいちしっかり返り討ちにする。

デスペ　まえに異常なローキックを蹴ってきたけど、鈴木さんに脛でカットされて立てなくなってたヤツいましたよね。

鈴木　思いっきりロー入れられて「痛え！」ってムカついたから、2発目は脛でコーンとカットして、悶絶してる足を踏んづけながら「Ｙｏｕ ＯＫ?」って言ってやったからね。

デスペ　だから、そういう部分じゃないですか。何かやられても「なめんなよ」って返り討ちにすれば、精神的にもうこっちに従わせられるんで。それを実際にできるかどうかじゃないですか。そうじゃなくて、「俺は鈴木さんに練習つけてもらってるぜ」って言うのは簡単。でも、虎の威を借る狐じゃないですけど、鈴木さんの名前を借りて自分の鎧代わりにするのは恥ずかしくないですか？　練習つけてもらってるのはありがたいですけど、よそへ出たら自分は自分。でも、鈴木さんから教わったことは、ボクの中にしっかりあるし。逆に、鈴木さんにさんざん練習つけてもらいながら、一本取られるわけにいかないんで。

「デスペラードも成田蓮も『仲間』だよ」（鈴木）

――やはりデスペラード選手は、鈴木さんのプロレスラーとしての姿勢にも影響を受けてるわけですよね？

デスペ　なんならボクのキャリアの8割、いや9割は鈴木さんと一緒にいる時間なので、「影響を受けてない」って言うほうが無理がある。ボクはアメリカンプロレス、メキシコのルチャ・リブレ、それからデスマッチなども含めて、プロレスというジャンル全体の表現が好きなので、いろんなものをたくさん吸収しようとしている。だから、パッと見で「鈴木さんと違うじ

STRONG
STYLE

GotchStyle

ゃん」というふうに見られても全然構わない。声高に「俺は鈴木みのるの弟子だ」と言うつもりもないし。

鈴木　俺も「弟子だ」なんて感覚はないよ。

デスペ　なので、エル・デスペラードは鈴木さんの影響を受けたプロレスラーではあるけど、デスペラードはデスペラードという感じですね。

鈴木　俺は藤原さんにいろんなことを教わったし、すごく影響を受けてもいるんだけど、藤原さんは「師弟関係というものは弟子が決める」という考えの持ち主。教えてもらった側が「この人は俺の師匠だ」と思えば師匠だけど、教える側のほうが「あいつは俺が教えてやった弟子だ」と言うものじゃないっていう。だから藤原さんは、俺のことを弟子とも生徒とも言わずに「練習仲間だ」って言うんだよね。だから今年から、俺たちは『STRONG STYLE』というユニットで活動しているけど、デスペラードも成田蓮も「仲間」だよ。純粋にそう思ってる。

――先日、鈴木さんにお話をうかがったとき、「『デスペラードはルチャじゃねえかよ。なんでストロングスタイルなんだよ』って言うヤツがいるけど、いまの新日本であいつがいちばんストロングスタイルだよ」っておっしゃってましたよね。

鈴木　ストロングスタイルっていうのは、見た目や試合スタイルじゃない。黒パンツ穿いて、卍固めやれば、それがストロングスタイルというわけじゃない。いま、MMAと呼ばれるものが世界中に広まって、トップ選手の中にはたった1試合で何十億円も稼ぐ選手まで出るようになっているけど、そのMMAの大元をすべて作ったのは、初代タイガーマスクじゃん。

――総合格闘技を作って、オープンフィンガー・グローブを導入したのも佐山さんで。

鈴木　だからアニメキャラクターのマスクを被って、空中殺法やってた人が、誰よりもストロングスタイルだったんだよ。だから、見た目や形がどうこうではなく、その中に流れているものやプロレスに取り組む姿勢を〝ストロングスタイル〟っていうんじゃないかな。

――ホント、そうだと思いますね。

鈴木　日本人はすぐ、「誰が受け継いだ」とか「継承者」という言葉で繋げたがるじゃん。だから「なに急にストロングスタイル面《づら》するんだよ」とか「継承者面するんじゃねえよ」とか言ってくるヤツもいるんだけど、そんなことはどうでもいいよ。でも、俺はカール・ゴッチとアントニオ猪木という新日本プロレスの大元を作った2人から直接もらったものがあるし、そこから自分がUWF、藤原組を経てパンクラスで格闘技修行をした経験から、それをプロレスに昇華させたものがあるので、それはデスペラードや成田には伝えたいと思っている。それだけのことだよ。べつにだからといって、ストロングスタイルの継承者だなんて言わないしね。

デスペ　いま、お客さんが求めているストロングスタイル像というものが、ボクの中ではハッキリしない。だからなにを言われても気にならないですね。有名無名にかぎらず、そしてそれを表に出す出さないにかかわらず、「強くなりたくて一緒に練習した」という事実は自分たちの中に残っているから、それでいいんじゃないかと。

「あのドラマと同じく自分がいるプロレス界も『異常の上に成り立つ世界』」(デスペ)

鈴木　15年ぐらいまえ、俺が全日本に出てた頃も毎日スパーリングやってたからね。あの頃は、デビューしたての大和ヒロシがよく「お願いします」って来たんで、あいつとやることが多かった。時々、KAIともやったな。で、SANADAはニヤニヤしてるだけで来なかった(笑)。

デスペ　あー、なんかわかる!(笑)。

鈴木　あとはMAZADAともよくやったね。

デスペ　失礼ながら、MAZADAさんがそういう練習をされてたっていうのは、ちょっと意外に感じますね。

鈴木　とにかく、やったことないから。「日本でもメキシコでも、なめられたくないです」って来たんだよ。

デスペ　やっぱり、そこなんだな。レスラーとしてなめられたくないんだな。

鈴木　結局、みんな「ゴミレスラー」って馬鹿にされた経験があるんだよ。「やっちまえばいいんだ」っていうのは、頭ではわかるけれど、やり方がわからない。「じゃあ、俺と練習やれば覚えられるよ」って、一緒に練習始めたんだよ。

デスペ　「やってしまえばいい」って口で言うだけで、実際にできるヤツが何人いるのかってことですよね。

鈴木　いま、日本に1000人くらいプロレスラーを名乗る人間がいるらしいけど、大半が知らないよ。やり方を知らないし、やる体力もやる根性もない。これ、けっこう大事なんですよ。

――腹を決められるか、その胆力というか、心の強さも必要なんですね。

鈴木　いまだにバックステージで「やんのかこの野郎！　ぶっ潰してやるよ」とか言うヤツいるけど、「ああ、ケンカしたことないんだな」って思うよ。

デスペ　バックステージコメントで口の悪い天山（広吉）選手がいますけど、あの人はホントにやりますね。

鈴木　俺もあいつの頭突きで鼻折られてるからね。

デスペ　お客さんから見て、普段の天山選手って温厚そうじゃないですか。

――試合での「エーッ、オラッ！」は別として、リングを降りたら笑顔を絶やさない、やさしい人っていうイメージですよね。

デスペ　でも、その「やる・やらない」の腹の据わり方っていうのは、すごくデカいと思う。常に殺気立ってる人より、本当にちゃんとやるときにやる人のほうが怖いですよ。

鈴木　そのタイプの人間、もう一人身近にいるじゃん。飯塚（高史）。

デスペ　ああ、そうですね。

鈴木　80年代後半、俺と同じ時期に若手時代を過ごして、練習で立ち上がれなくなったら、過度にボコボコにされる。要はリンチだよね。そういう時代の道場で生き残ってきた仲間なんで。

――いまだったら、Ｎｅｔｆｌｉｘでドラマになるような（笑）。

デスペ　ハハハハ！『サンクチュアリ－聖域－』ですよ（笑）。

鈴木　俺もデスペラードもあのドラマにハマってるんだけどさ（笑）。やっぱり、ああいう世界を生き抜いてきた人間は、格闘技的、競技的に強い弱いではなく、何か別の強さを持ってい

STRONG

るよ。

デスペ　あのドラマの受け売りになっちゃいますけど、「異常の上に成り立つ世界」ってあるんですよ。あのドラマを見ているときは「うわっ！」っと思ったりもしましたけど。考えてみれば、自分がいるプロレス界もそうですから。

鈴木　本来、覚悟を持って入ってくる世界なんだから。おかしな話だけどさ、最近、ある団体で若手にキツい練習させて「足が痛い」って言ったら親が出てきたんだって。「うちの子が『足が痛い』って言ってるのに、無理やりやらせてケガしたらどうするんですか」って。

――マジですか。部活みたいですね（笑）。

鈴木　だったら辞めて田舎に帰ったらいい。みんなカッコいい技をやって、カッコ良く勝つシーンをやりたいってだけで、そのためには根っこの部分でキツいことやらなきゃいけないってことをわかってないヤツがいるんだよ。殴られたら「訴える」っていうらしいからね。俺たち、ケンカを見せる商売じゃなかったっけ？ってね。

デスペ　仕掛けられて、「ちょっと待った！」「訴える」はないですからね。

「猪木さんの後頭部を殴ったら すぐに組み伏せられて 道場でボコボコにされた」（鈴木）

鈴木　道場っていうのは、そういうことを仕掛けられても対応できるための技術、体力、根性を鍛える場でもあるんだから。俺、若手の頃、猪木さんと一緒に練習してるときに殴りかかったことがあるんだよ。

デスペ　えっ！　その後、どうなったんですか？

鈴木　マウントから素手でボッコボコに殴られたけど（笑）。

デスペ　なんで、そんなことになったんですか？

鈴木　猪木さんって忙しい人だから、よく夜中に練習に来てたんだよ。そのとき、道場生がひとり練習相手を務めるんだけど、そのときは俺が夜中1時くらいに猪木さんとふたりっきりで道場で練習して、スパーリングやらせてもらってね。寝技でやられて「痛ぇ」と思いながら、ロープを掴んで立ち上がろうとしたら、後ろから猪木さんに殴られたんだよ。「おまえ、なんで敵に背中を見せるんだ。闘ってる最中だぞ」って言われてね。そこから、「猪木さん、後ろ向かねえかな」って機会をうかがってたの（笑）。で、汗を拭くために猪木さんがタオルを取ろうと後ろを向いた瞬間、バーッと向かっていって後頭部を殴ったら、すぐに組み伏せられて、誰もいない道場でボッコボコにされた（笑）。

デスペ　それを夜中の1時にやってるんですか。翌朝は普通に合同練習があるのに。

鈴木　そう。ボコボコにされて、大して寝る時間もなく、また朝起きて掃除して練習だから。

デスペ　それにしても、よく猪木さんを殴れますね。

鈴木　練習中の話だからね。それに最初に「敵に背中を向けるな」って殴ってきたのは猪木さんだもん。だから、猪木さんの教えに忠実にね（笑）。

デスペ　いま、そんな若手いたら嫌だなー（笑）。

――（獣神サンダー・）ライガーさんも若手時代、そんな話がありますよね？

鈴木　藤原さんに「てめえ、ぶっ〇してやる！」って殴りかかって、逆に半〇しにされたんでしょ（笑）。

デスペ　ボクはそのエピソード、本で読んだんですけど。藤原さんとライガーさんがボクシングのスパーリングやってて、ラウンド終了のタイマーが鳴って、ライガーさんは殴るのやめたのに、藤原さんが頭を殴ったからキレたんでしたっけ？

――いや、ボクシングの練習が終わったあと、ライガーさんが「ありがとうございました！」って頭を下げたところ、藤原さんが冗談で上から頭をポーンと叩いたら、ライガーさんがキレたらしいです（笑）。

鈴木　そこで藤原さんに対して「てめえ、この野郎！」ってなるのが、ライガーさんらしいよね。あの時代の選手は、みんな沸点が低いんだよ。けっこうデタラメなエピソードがあるね。これがストロングスタイルの伝統と言われるとアレだけど（笑）。

デスペ　だからストロングスタイルっていうのは、技術よりも気持ちの持ちよう、心構えのことなんじゃないかと、ボクは思いますね。

鈴木　俺は去年まで自分から「ストロングスタイル」を名乗ることはなかったと思うけど、俺がデビューしてからやってきたプロレスって、常に〝ストロングスタイル〟だと思ってやってきたんだよ。言ってしまえば、新日本をデビュー1年弱で辞めてUWFに行ったのも、パンクラスを作ったのも、それが自分が考える〝ストロングスタイル〟だった気がする。去年の年末、鈴木軍を解散して再びひとりになり、そのタイミングで成田が「ストロングスタイルの息子（サン オブ ストロングスタイル）」と書かれたTシャツを着て現れたので、「いまどき、こんなバカがいるのか。じゃあ、一緒にやろう」と思ったんだよね。そのまえに、何年も一緒にやってきたデスペラードが「また一緒にやりたい」と言って来てくれたこともすごくうれしかったし。そこから「よし、やるか！」って感じになり、『STRONG STYLE』というユニットは生まれたから。

――デスペラード選手は鈴木軍解散後、再び鈴木さんと一緒にやっていこうと思った理由はなんだったんですか？

デスペ　ボクのやりたいプロレスが鈴木さんのスタイルだからですね。

鈴木　「好きだから」って言えよ（笑）。

――またBL的な（笑）。

デスペ　じゃあ「好きだから」（笑）。でも、それはデカい理由ですよ。あの状況で、お客さんの9割9分は当時の『Just 4 Guys』に加わると思っていたと思うんですよ。あそこに入って、「みんなで上を目指そうぜ」っていうチーム感というかグルーヴ感でやるのは絶対に楽しいと思うんですよ。でも、向こうには「刺激がない」という言い方はしたくないし、もしそう聞こえてしまったら申し訳ないんですけど、もっと刺激的にいきたかったのが大きいんで。

――鈴木さんとなら、もっと刺激的なことができるんじゃないか、と。

デスペ　ボクは正直、「ストロングスタイル」という言葉が苦手だったんですよ。この言葉を使うヤツが周りにいっぱいいたので、「もう、いいよ」と。でも、そこで鈴木さんが腹括って「俺たちがストロングスタイルだ」って言ってくれたとき、俺もいい加減、この単語を使っても文句言われないことをやらないとな、と思いましたね。ちょっとずつ、ブラッシュアップし

GotchStyle
Never
Lie,Chea

ていこうと。だけど、無理して自分を変えてもボクじゃなくなってしまうので、自分なりのストロングスタイルを見せていこうと思ってますね。

――成田選手はともかく、あえて「ストロングスタイル」という言葉を使ってなかった鈴木さんとデスペラード選手が名乗ることに意味がありますよね。

デスペ　ボクはなんなら毛嫌いしてましたから。

鈴木　俺の場合は34年前、20歳で新日本を飛び出してるからね。あの言葉は猪木さんの闘う姿勢から生まれた新日本の持ち物。それを俺は名乗ることはできない。なぜなら俺は捨てて出てきちゃったから。でも、正直に言うと、俺はアントニオ猪木になりたくてプロレスラーを目指した人間なんで。若手の頃、先輩方はアメリカやメキシコで華やかなプロレスを身に付けるために海外修行に出ていたけど、俺だけはそっちには目もくれず、ＵＷＦ、藤原組、パンクラスへと走っていった。言葉は合ってるかわからないけど、そういう道を目指すことこそが「ストロングスタイルの王道」だと信じてたのかもしれない。

「刺激を求めて『STRONG STYLE』でいろんな団体に乗り込みたい」（デスペ）

――「ストロングスタイル」という生き方を選んだわけですよね。では、これから新たなユニットでやっていくにあたり、あらためてデスペラード選手から鈴木さんへの要望みたいなものってありますか？

デスペ　要望!?　いや、そんなのないですよ。

普段から言いたいことは、直接言わせてもらってますからね。だから、こういうの困るんですよ。このまえ、新日本公式スマホサイトの生配信に鈴木さんが出演されたときも「デスペラード選手から鈴木さんに聞きたい質問をお願いします」って言われて、困りましたから。聞きたいことは、普段から直接聞いてるし。結局、「過去リング上で対峙して一番怖かった選手誰ですか」っていう質問しか出てこなかったんです。ファンかよ!って（笑）。

鈴木　しかも、真面目なファンかよって（笑）。実際、デスペラードは鈴木軍の頃から、試合が終わったあとすぐに疑問点を聞きにきて解消してたからね。しかも「あのときボクは右に回ったんですけど、鈴木さんはどちらに回ったほうが良かったと思いますか?」とか、すごく細かく具体的に聞いてきた。そうやって具体的に質問できるっていうのは、よく考えている証拠。

——デスペラード選手の評価が年々上がっていったのは、そういう日々の試行錯誤の結果なわけですね。

鈴木　だから、デスペラードからは普段から質問だったり、こうしてほしいっていう要望は聞いてたんだけど。せっかくだから今日は、俺からの要望をひとつ言わせて。

デスペ　えっ、なんですか?

鈴木　俺からの要望は「静かに釣りをしろ」。

——なんですか、それは（笑）。

鈴木　デスペラードと初めて行く沼とかに釣りに行くじゃん。そうすると、まだ夜も明けない真っ暗な中、俺がスタスタスタって先にいくと、すごく邪魔なのに、こいつピッタリそばに付いてくるの、怖いから（笑）。

デスペ　いや、ホントに怖いですよ。真っ暗な知らないところなんですから。

鈴木　ちょっと離れると電話が来て「鈴木さん！　どこですか⁉」とか、うるせえの。だから俺からの要望は、「静かに釣りをしろ」ってことだな（笑）。

デスペ　鈴木さんがボクを置いていくからですよ！　約束した場所と違うところにすぐ行くから（笑）。

――リング上と違って、釣りでのチームワークはまだ改良の余地があるわけですね（笑）。

鈴木　でも真面目な話、せっかく3人で組んだからにはいろんなところで暴れたいっていう気持ちはあるよ。『STRONG STYLE』として、全米サーキットしていくとかさ。

デスペ　鈴木さんとボクと成田の3人だったら、けっこういけるんじゃないですか。鈴木さんがシングル、ボクと成田でタッグって感じで。

鈴木　なんで俺が毎回シングルなんだよ！（笑）。まあ、いいけども。

デスペ　日替わりで誰かシングルとか、そうやって3人でいろんな団体に乗り込んでいくとか。これ、めっちゃおもしろいですよ！

鈴木　もちろん新日本のアメリカ大会とか、AEWとか大きな大会もいいんだけど、ちっちゃいところに行くのもおもしろいよ。俺、200人しか入れない会場でサイン会やって、180枚書いたことがあるからね。全部、俺のファンじゃねえかって（笑）。

デスペ　こういう話してると、ワクワクしてくるじゃないですか！　この刺激が欲しいんです。

鈴木　よし、いつか3人でアメリカを回ろう。そんときは、各地のオフで釣りにも行くから。釣り竿忘れるんじゃねーぞ！（笑）。

エル・デスペラード

新日本プロレスのリングに突如現れた身長、体重、出身地など、すべてが謎に包まれた正体不明のマスクマン。そのたしかな実力で『鈴木軍』の一員として躍動し、IWGP Jr. ヘビー級タッグ王座、IWGPジュニアヘビー級王座を獲得するなどJr.ヘビー級のトップ選手として活躍。新ユニット結成後にはNEVER無差別級6人タッグ王座の戴冠を果たすなど、『STRONG STYLE』でのさらなる活躍に注目が集まっている。

俺のダチ。

2023年7月10日　初版発行

著者　鈴木みのる
聞き手／構成　堀江ガンツ
装丁　金井久幸(TwoThree)
校正　株式会社東京出版サービスセンター
編集　中野賢也(ワニブックス)
Special Thanks　ダチの皆さま

発行者　横内正昭
編集人　岩尾雅彦
発行所　株式会社ワニブックス
〒150-8482
東京都渋谷区恵比寿4-4-9えびす大黒ビル
ワニブックスHP　https://www.wani.co.jp/
(お問い合わせはメールで受け付けております。
HPより「お問い合わせ」へお進みください)
※内容によりましてはお答えできない場合がございます。

印刷所　大日本印刷株式会社
DTP　株式会社 三協美術
製本所　ナショナル製本

定価はカバーに表示してあります。落丁本・乱丁本は小社管理部宛にお送りください。
送料は小社負担にてお取替えいたします。ただし、古書店等で購入したものに関しては
お取替えできません。本書の一部、または全部を無断で複写・複製・転載・公衆送信することは
法律で認められた範囲を除いて禁じられています。

©鈴木みのる2023
ISBN 978-4-8470-7333-5